怒海決戰

THE TWILIGHT WAR

邱吉爾

以海權在二戰初期力挽狂瀾

決策、戰略與領導力
一場攸關國運的存亡之戰

以第一手資料與其親身經歷為基礎
見證邱吉爾從海軍大臣步步邁向首相之位
最終領導英國度過戰爭的黑暗時期

詳細記錄 1939 ～ 1940 年間
英國在歐洲戰場上面臨的關鍵時刻

目錄

致謝	007
序言	009
第一章　戰爭開端	011
第二章　海軍部的任務	027
第三章　波蘭的陷落	045
第四章　戰時內閣挑戰	053
第五章　法國戰線的僵局	071
第六章　戰火蔓延	083
第七章　磁性水雷的威脅	095
第八章　普拉特河口之戰	107
第九章　斯堪地那維亞與芬蘭戰局	123
第十章　黑暗的新年	137
第十一章　風暴前夕	155
第十二章　海上衝突加劇	171
第十三章　那維克戰役	189

目錄

第十四章　特隆赫姆的爭奪戰……………………………201

第十五章　挪威戰線受挫……………………………215

第十六章　挪威戰役的終局……………………………229

第十七章　政府崩解……………………………237

── 本書的銘言 ──

戰爭時：堅決剛毅

失敗時：頑強不屈

勝利時：寬容敦厚

和平時：友好親善

致謝

在撰寫此書的過程中，我在軍事相關事宜上受到了亨利·波納爾爵士中將的極大協助；在海軍事務上得到了艾倫准將的指導；在歐洲及一般問題上，牛津大學瓦德漢學院的迪金上校給予了支持，他在我撰寫《馬爾巴羅傳》時也曾協助過我。愛德華·馬胥爵士在措辭方面為我提供了重要的幫助。我也在此向其他審閱過手稿並提出建議的諸多人士表示感謝。

伊斯梅勛爵曾給予我極為珍貴的協助，他與其他一些朋友將在未來繼續支持我。

承蒙英王陛下政府批准複製部分官方文件，本文中特此致謝。此類文件的皇家版權依法歸屬於英王陛下政府文書局。

溫斯頓·邱吉爾

致 謝

序言

　　如同前幾部著作，我竭盡全力模仿了笛福在《一個騎士的回憶錄》中的寫作方式，在那本書中，作者透過一個人的個人經歷為線索，記錄並評論了重要的軍事和政治事件。我或許是唯一一位身居政府高位並親身經歷過歷史上兩次重大災難的人。不過在第一次世界大戰中，我的職位較不重要，而在第二次對德戰爭中，我有超過五年擔任英王陛下政府的首腦。因此，這本書是我以前所未有的權威立場所撰寫的。

　　我的所有公務工作幾乎都是透過口述由祕書處理的。在我擔任首相期間，我所提出的備忘錄、訓令、私人電報和摘要，總數幾乎達到一百萬字。當時，每天都要處理許多重要事務，依據的是當下所能夠獲取的相關資料，因此，逐日撰寫的這些文件自然難免存在一些缺漏之處。然而，綜合來看，這些文件是一個在大英帝國和戰爭過程及政府政策中負有主要責任的人對那些重大事件的真實紀錄。我不確定曾經或現在是否存在過這種關於戰爭和政府工作的日常紀錄。我不將其稱為歷史，因為撰寫歷史是後人的任務，但我有信心地宣稱，它是對歷史的一個貢獻，將對後世有所助益。

　　在過去三十年的行動和主張中，凝聚了我畢生的努力，我希望人們能以此為基礎來評判我。我始終堅持一個原則：對於戰爭或政策上的任何措施，除非我事前曾公開或正式表達過意見、或提出過警告，否則我絕不進行事後的批評。事實上，在回顧時，我已將許多當時爭論中的嚴厲言辭變得溫和一些。記錄我與眾多我敬愛的人之間的分歧讓我感到十分難過，但如果不將過去的教訓呈現給未來，那更是不對。本書記錄了那些誠實而善

序言

良之人的行為，希望沒有人因此輕視他們，我們更應去反思和檢討本身的公職履行，是否從過去的教訓中汲取經驗以指導自己的未來行為。

我並不期待所有人都贊同我所表達的觀點，也不認為我僅僅只寫迎合大眾的內容。我的論述基於我所堅持的立場。我已經盡可能謹慎地對相關資料進行了查核。然而，隨著取得敵方的文件或其他新發現，歷史真相不斷被揭示，這可能為我的論述提供新的視角。在所有情況尚未完全明朗之前，應以當時可靠的紀錄和書面意見為依據。這種做法的重要性正源於此。

某日，羅斯福總統告訴我，他正在向公眾徵詢意見，為這場戰爭命名。我立刻答道：「不必要的戰爭。」從未有任何戰爭像這次那樣應該被阻止。上次大戰給世界帶來嚴重破壞，而殘存的東西在這次戰爭中又被摧毀。如今，經過億萬人的艱苦努力和犧牲，終於取得了正義的勝利，但我們依然未能獲得全面的和平與安全，如今的危險比我們曾克服的更為嚴重，這堪稱人類的最大悲劇。前事不忘，後事之師。我衷心希望，新一代能夠糾正過去的錯誤，以人類的需求和榮耀為基礎，控制住正在展開的可怕未來。

溫斯頓・邱吉爾

於肯特郡，韋斯特漢，恰特韋爾莊園

1948 年 3 月

英國民眾由於缺乏智慧、麻痺大意以及出於善良，容許惡人再度武裝起來。

第一章
戰爭開端

　　1939年9月1日黎明，德國向波蘭發起進攻。同日上午，我們的所有部隊接到動員命令。首相邀請我下午前往唐寧街與他會面。他告訴我，避免與德國開戰的希望已經破滅，並提議成立一個由少數不管部閣員組成的戰時內閣來指揮作戰。他提到，據他了解，工黨不願參加聯合政府，但他仍然希望自由黨可以加入。他邀請我成為戰時內閣的一員。我未作任何評論，便接受了他的提議。在此基礎上，我們展開了關於人選和措施的深入討論。

　　經過深思熟慮，我認為指揮作戰最高執行機構的成員，其年齡平均值必然會讓人覺得過高。因此，我在午夜過後寫信給張伯倫先生：

1939年9月2日

　　我們不就是組成了一支老年隊伍嗎？我注意到你昨天提到的6個人年齡總和居然達到386歲，這意味著他們的平均年齡超過64歲！僅僅比領取養老金的年齡少1歲！然而，若是將辛克萊（49歲）和艾登（42歲）納入，平均年齡就能降至57歲半。

　　若《每日先驅報》所述工黨不願參與政府的報導屬實，未來我們勢必面臨不斷的指責，以及戰爭中常見令人沮喪和意外的事件。因此，我認為，更為重要的是，應邀請目前的反對黨之一——自由黨果斷加入我們的陣營。艾登對於支持他的保守黨成員以及溫和的自由黨人士有著相當的影響力。在我看來，利用這種影響力也是增強實力的必要手段。

第一章　戰爭開端

　　波蘭人已經面對猛烈攻擊持續超過30小時。我聽聞巴黎方面仍在提及照會，甚感不安。我建議最遲在今天下午議會開會時，你能夠宣布聯合宣戰。

　　若海軍部不立即採取特殊行動並於今日傳達指令，則德國軍艦「不來梅」號將駛離封鎖區。這雖是次要問題，卻可能帶來困擾。

　　我在此等待你的指導。

　　9月2日是極度緊張的一天，然而令我驚訝的是，整整一天都未曾聽聞張伯倫先生的任何消息。我猜測他可能正為了維護和平而在進行最後的努力，事後證明我的猜測無誤。儘管如此，會議召開時卻爆發了一場短暫而激烈的辯論，首相模稜兩可的宣告引起了下議院的普遍不滿。當格林伍德先生站起來代表工黨反對派發言時，保守黨的艾默里先生向他高聲喊道：「要為英國說話。」這句話贏得了熱烈的掌聲。下議院的情緒毫無疑問地傾向於支持開戰。我甚至覺得這股決心和團結比我曾親歷的1914年8月2日更加明顯。當晚，各黨派的一些重要人士來到西敏寺對面的我家拜訪，表達了對無法履行我們對波蘭承諾的深切憂慮。下議院計劃在翌日下午再次召開會議，當晚我寫信給首相，信中內容如下：

1939年9月2日

　　在週五的談話中，我得知我將成為你的助手，你提到這個消息即將公布。然而，自從你告知以後，迄今我未再收到你的任何消息。在這動盪不安的一天裡，我實在不清楚究竟發生了什麼；儘管在我看來，目前的主流觀點似乎與你告訴我「大局已定」時的立場截然不同。我非常理解，為應付如此重大的歐洲局勢，策略的調整或許是必要的，但我認為，我有權要求你在中午辯論開始前，告訴我我們究竟處於何種立場，無論是公務還是私人事務。

在我看來，若工黨保持疏遠姿態，而據我所知，自由黨亦將持相同立場，那麼，在如此狹隘的基礎上，難以籌組一個如您所提及的有效戰時政府。我認為我們應該更加努力，爭取自由黨的參與，並需重新審視您和我曾經討論過有關戰時內閣的結構與範圍。今晚的議會中有一種看法，認為我們決心的明顯削弱已損害了全國團結一致的精神。我並不低估您在應對法國時所面臨的困難，但我堅信我們現在必須做出自己的決定，為法國朋友樹立必要的榜樣。為此，我們需要盡可能籌組最強大且全面的聯合政府。因此，我請您在我們再次會談之前，不要公布戰時內閣的成員名單。

正如我昨日清晨在信中提到的，我隨時聽候差遣，並真誠地希望協助你完成這項艱鉅的任務。

後來我得知，英國已於1939年9月1日下午9點半向德國提交最後通牒，隨後於9月3日上午再次遞交了第二次、也是最終的最後通牒。9月3日早上的廣播中，宣布首相將於11點15分發表演說。因為此時顯然英國和法國將立即向德國宣戰，所以我準備了一篇簡短的演講。我認為這篇演講對於我們生命中以及歷史上的這個莊嚴而重大的時刻是非常合適的。

首相的廣播演說告訴我們，我們已經進入了戰爭狀態。他的話音剛落，我們耳邊忽然傳來一陣陌生而持久的悽厲聲響，這種聲響後來變得習以為常。我的妻子跑進房間，因形勢緊迫而顯得神情緊張，但她對德國人迅速而精確的行動表示讚賞。我們一起登上住宅的屋頂，查看外面的情況。在我們四周，晴朗涼爽的9月陽光下，倫敦的屋頂和尖塔清晰可見。在這些屋頂和尖塔上方，已有30或40個圓柱形氣球冉冉升起。對於政府顯然有所準備的跡象，我們表示滿意。我們預計有15分鐘的準備時間，在這段時間結束時，我們攜帶著一瓶白蘭地酒和其他適用的藥品，準備齊全地前往指定的防空洞。

第一章　戰爭開端

　　我們的庇護所，位於沿著大街前行約 100 碼處，其實僅是一個開放的地下室，外面甚至沒有堆砌沙袋。周圍 6 戶居民早已聚集於此。每個人都保持著愉悅而詼諧的態度。這是英國人在面對未知命運時所展現的民族特質。當我站在門口，凝望著空蕩的街道和擁擠的地下室時，我的腦海中浮現出這樣的景象：毀滅和屠殺的場面；震撼大地的巨大爆炸聲；高樓大廈瞬間崩塌成瓦礫堆；消防隊和救護車在敵機的轟鳴聲中，在濃煙中穿梭。我們不是早已聽說空襲將是多麼可怕嗎？空軍部當然為了強調自身的重要性而誇大了空襲的威力。和平主義者曾試圖利用民眾的這種恐懼心理，而我們這些人一直督促政府應該積極進行準備，建立一支強大的空軍，雖然不認同那些最可怕的預測，但也支持將其作為刺激當局的手段。我知道政府在戰爭初期的幾天內，曾準備了 25,000 張病床，以供空襲中受傷者使用。在這方面，至少沒有低估情況。現在應該觀察實際發生的情形。

　　約莫十餘分鐘後，那淒厲的聲音再次響起。我無法確定這是否是警報的重複，但有一人匆忙趕來，高聲宣告：「警報解除了！」於是我們分散，各自回家繼續各自的工作。我則前往下議院。下議院於正午如常開會，安然無懼地按議事程序進行，並作了簡短而莊嚴的祈禱。在議會中，我收到首相的便函，要求我在辯論結束後，立即前往他的房間。經歷了最近幾天的極度興奮與激動後，當我坐在自己的席位上，聆聽議員們的演講時，一種特別強烈的寧靜感籠罩著我。我感到內心的安詳，並體會到一種超越世俗事務與個人問題的超然感。儘管英國愛好和平且缺乏準備，卻在國家榮譽的召喚下，瞬間展現出大無畏的精神；這種源自舊時英國的光榮傳統，使我整個人充滿了異常的激動，並似乎將我們的命運提升到遠離現實與肉體感受的境界。發言時，我試圖在某種程度上，將這種心情傳達給下議院，結果收到了良好的迴響。

張伯倫先生告訴我，他已經對我的信進行了考慮。他表示，自由黨拒絕加入政府。他準備讓擔任行政職務的海、陸、空三個部的大臣加入戰時內閣，這樣可以在某種程度上符合我對平均年齡的看法，並將平均年齡降低到60歲以下。他說，這樣他就可以邀請我擔任海軍大臣，並在戰時內閣中擔任閣員。聽到這個消息，我非常高興，因為雖然我從未提出這一點，但我當然願意負責具體的任務，而不願僅僅提供建議，監督他人工作。一個部長，不論權力多大，如果不負責具體部門，結果往往如此，頒布命令比提出建議要容易，而有權採取行動，即便範圍有限，也比僅參與泛泛的討論更為合適。如果一開始首相就要我在參加戰時內閣與掌管海軍部之間選擇其一，我當然會選擇海軍部。而現在我卻能夠同時兼顧這兩個角色。

　　張伯倫先生對於我應該何時正式接受國王的委任，沒有任何提及。實際上，我直到1939年9月5日才正式上任。然而，在戰爭剛開始的這段期間，對於海軍來說可能是關鍵時刻，因此我通知海軍部，表示我將立即上任，並計劃在6時抵達辦公室。海軍部收到消息後，立即向艦隊傳達：「溫斯頓回來了。」如此，我重返了25年前我因費希爾勳爵辭職而離開的辦公室，當時我被解除海軍大臣的職務，而那個時候，關於在達達尼爾海峽強行登陸的重要計畫被證明遭受了無法挽回的損失。我重新坐在過去的椅子上，幾英尺之外，是我在1911年安置的木製地圖箱，內有北海的地圖，我曾要求海軍情報局每日在地圖上標注德國公海艦隊的動向，以便集中注意力於最重要的目標。自1911年以來，已經過去超過四分之一個世紀，但我們仍面對著同一個德國的威脅。我們再次為捍衛一個遭受侵略和踐躪的弱國之權利而奮起。我們再次為了生存和榮譽，對抗日耳曼這個勇敢、有紀律但殘酷的民族之瘋狂暴力。我們需要再次奮戰！既然如此，就讓我們戰鬥吧！

第一章　戰爭開端

　　不久之後，第一海務大臣來訪。我在擔任海軍大臣時就認識達德利‧龐德，儘管並不算熟悉，只知道他是費希爾勛爵的親信參謀軍官之一。早在義大利進攻阿爾巴尼亞時，他曾任地中海艦隊的總司令，當時我在議會中對地中海艦隊的部署提出過激烈的批評。如今，我們以同僚的身分相見，龐大的海軍部能否順利運作，取決於我們能否保持親密關係並取得基本一致的看法。我們彼此以懷疑而友好的眼光看待對方。然而從一開始，我們的友誼和相互信任感便逐漸累積增加。我對龐德海軍上將的專業能力和個人品格給予適當評價並加以尊重。在這場變幻無常、勝負難測的戰爭中，我們共同承受巨大衝擊，因此成為彼此忠誠的同事和朋友。四年後，正當對義大利的戰爭全面勝利時，他不幸辭世，我以深切的悲痛悼念海軍和全國的損失。

　　1939年9月3日晚間的大部分時光，我用來會見海軍部的各位海務大臣及各部門的主管，從4日清晨起，我便開始處理海軍相關事務。正如1914年那樣，在全面動員之前，海軍已經採取了防範突襲的預防措施。早在6月15日，大量的後備軍官和士兵就已被徵召入伍。後備艦隊的人員已經到位，進行演習，並於8月9日接受了國王的檢閱；到了8月22日，其他級別的後備人員也被徵召入伍。8月24日，議會通過了《國防緊急授權法案》，並下令艦隊駛往戰時據點；事實上，我們的海軍主力已經在斯卡帕灣駐紮了數週。在艦隊接到全面動員的命令後，海軍部的作戰計畫逐步順利展開；儘管當時存在某些嚴重的不足，特別是在巡洋艦和反潛艇艦隻方面，但就像1914年一樣，面對挑戰時，艦隊完全能夠承擔當前的重要任務。

　　讀者可能已知，我對海軍部與皇家海軍擁有相當豐富的知識。在1911～1915年這段時間中，尤其是在最初的10個月，我負責準備艦隊

的作戰事宜,並主持海軍部的工作。這4年間的經歷在我的人生中留下了深刻的印記。我對艦隊及海上作戰累積了大量詳細的資料,並從中學到了許多教訓。在此之後,我對海軍問題進行了深入的研究和撰寫。我多次在下議院就這些問題發言。我一直與海軍部保持緊密聯繫,雖然我是他們的主要批評者,但我也暗中參與了他們的許多機密。我曾在防空研究委員會工作4年,因此熟悉雷達的最新發展,這些發展對海軍事務產生了重要影響。正如我之前提到的,1938年6月,第一海務大臣查特菲爾德勛爵曾親自陪跟我參觀波特蘭港的反潛艇學校,並乘驅逐艦出海,參加使用「潛艇探測器」偵察潛艇活動的演習。我與曾在1928年擔任海軍部軍需署長的已故亨德森海軍上將有著親密的友誼,當時的海軍大臣鼓勵我與查特菲爾德勛爵討論新戰艦與巡洋艦的設計,這使我對海軍船艦新的建造有了全面的了解。此外,根據已發表的紀錄,我對於英國艦隊的實際及潛在實力、組織與結構,以及德國、義大利、日本海軍的類似情況,自然是非常熟悉的。

在我的公開演說中,為了激發批評和引起反響,我著重強調了英國海軍的不足之處;然而,這些演說本身並未充分表現出皇家海軍的強大實力,也未能展現我對其的信心。如果有人認為海軍在對德國或對德國和義大利的戰爭中準備不足,那麼這種看法對於張伯倫政府及其海軍顧問來說並不公平。至於如何有效防禦澳洲和印度免受日本可能的攻擊,這個問題帶來的挑戰更為嚴峻,但目前這種攻擊不大可能發生,而且這樣的攻擊幾乎一定會將美國捲入其中。因此,在我上任時,我深信自己所指揮的是世界海軍作戰中最精銳的艦隊之一;而且我敢肯定,我們將有時間來彌補和平時期的不足,並應對戰爭中必然出現的不愉快意外事件。

目前的情勢絕非1914年海軍態勢的翻版。當年我們加入戰鬥時,主力

第一章　戰爭開端

艦與敵方的比率是 16 比 10，巡洋艦的比率是 2 比 1。我們動員了 8 個作戰分艦隊，包括 8 艘戰鬥艦，每個分艦隊都配有 1 個巡洋艦隊和 1 個小艦隊，外加一支重要的獨立巡洋艦隊。我期待著與一支實力較弱但仍然強大的敵方艦隊展開全面戰鬥。如今，德國海軍剛剛開始重建，甚至還未能組成一個完整的戰鬥陣勢。儘管我們必須假定他們的 2 艘大型戰鬥艦「俾斯麥」號和「提爾皮茨」號在噸位上已違反《凡爾賽條約》的限制，但距離完成至少還需一年。他們的輕型戰鬥巡洋艦「沙恩霍斯特」號和「格奈森諾」號，德國人以詐欺手段將噸位從 1 萬噸增加至 2 萬 6 千噸，已於 1928 年完工。此外，德國還擁有 3 艘 1 萬噸級的「袖珍戰鬥艦」，即「施佩伯爵」號、「舍爾海軍上將」號和「德意志」號，以及 2 艘裝備 8 英寸口徑大砲的 1 萬噸快速巡洋艦，6 艘輕巡洋艦，60 艘驅逐艦和較小艦艇。因此，在海面艦隻方面，敵人絕無法對我們的制海權構成挑戰。在實力和數量上，英國海軍相較於德國，無疑占有壓倒性優勢，且在科學訓練與技術方面，亦無可挑剔。艦隊雖然在巡洋艦和驅逐艦的數量上有所欠缺，但始終保持其一貫的高水準。未來的挑戰不在於如何戰勝敵人，而在於如何應對繁重的任務。

當我進入海軍部時，我對海軍策略形勢的理解已經基本成型。對於敵方而言，掌控波羅的海至關重要。為了獲得來自斯堪地那維亞的供應，特別是瑞典的鐵礦石，以及為了防止俄國進攻而保護未設防的德國北部海岸（其中一地距離柏林僅百餘英里），德國海軍必須努力掌控波羅的海。因此，我研判，在戰爭初期，德國一定會不惜一切代價來維持對波羅的海的控制權。它可能會派遣潛艇和商船襲擊巡洋艦，或是派出袖珍戰鬥艦來擾亂我們的航運，但絕不願冒險損失任何對波羅的海控制至關重要的艦隻。根據當前德國艦隊的發展態勢，它必須將波羅的海的控制作為主要甚至唯一的目標。為了維持制海權這個核心目標，並繼續突破我們的主要海軍攻勢──封鎖，在北海方面，我們當然需要維持一支優勢艦隊；然而，監

視波羅的海及赫爾戈蘭灣的出口，似乎不需要過於強大的英國海軍力量。

基爾運河是連接波羅的海的關鍵通道，若對其進行空襲，即便暫時癱瘓其運作，也將大幅提升英國的安全。

一年前，我向英斯基普爵士提交了一份摘要，探討了這類特定的軍事行動：

1938 年 10 月 29 日

在對德國的戰爭中，切斷基爾運河將成為具有首要意義的成就。對此，我不打算詳加說明，因為我認為這是普遍認同的。現在應由一個專業技術委員會來制定實現這個目標的計畫，並在必要時，設計計畫內容變更的各個細節。基爾運河因閘門稀少，且運河兩端海平面無顯著差異，因此，即使使用最重型的炸彈進行破壞，也能迅速修復。然而，若能在運河中投放多枚附有定時引信的中型炸彈，部分在一天內爆炸，部分在一週內爆炸，部分在一月內爆炸，由於其爆炸的時間與地點無法預測，這將能封鎖運河，使軍艦和重要船隻無法通行，直至整個河床被重新挖掘。此外，使用具有磁性感應的特殊引信也應當被考慮。

考慮到我們即將面臨的情況，文中提到的磁性水雷一詞尤為引人關注。然而，當時並未採取任何特殊行動。

戰事爆發時，英國的商船隊總噸位超過 2 千 1 百萬噸，與 1914 年的資料大致相同。由於船隻的平均體積增加，數量有所減少。然而，這個總噸位並非全部用於商業用途。海軍需徵調各類輔助船隻，主要從大型定期遠洋商輪中選取。各國防部門也需要特種用途的船隻：陸軍和皇家空軍需要船隻運輸軍隊和裝備至海外；海軍則需要船隻支持艦隊基地及其他任務，特別是運輸油類燃料，供應全球各個戰略據點。為達成這些目標所需的噸位約 300 萬噸，此外還需要滿足海外帝國的航運需求。至 1939 年底，

第一章　戰爭開端

　　經過計算損益平衡後，英國可供商用的船隻總噸位約為 1,550 萬噸。

　　義大利尚未正式宣戰。情勢已經十分明顯，墨索里尼正在觀望局勢的變遷。在情況尚未清晰、我們的部署仍未完全到位之前，為了謹慎起見，我們認為應該將航運改道經過好望角。然而，除了我們的海軍力量對德國和義大利聯合海軍擁有壓倒性的優勢外，我們還有強大的法國艦隊支援。法國海軍在達爾朗海軍上將的卓越指揮下，已達到其帝政時期以來未曾有過的強大實力和效能。如果義大利成為敵對國，我們的首要戰場將是地中海。除了作為一種臨時措施外，我完全反對任何關於放棄地中海、僅僅封鎖這片大內海兩端的計畫。我們的實力，即使沒有法國海軍及其設防港口的協助，也足以將義大利船艦逐出地中海，最多不會超過兩個月，就可以完全掌控地中海。

　　英國一旦掌控了地中海，對於敵對狀態的義大利來說，勢必造成重大的損害及威脅，這可能會對其持續作戰的能力造成致命的影響。義大利在利比亞和衣索比亞的軍隊，將如同瓶中插花般無法行動。法國和我們在埃及的部隊可以輕易獲得增援，而義大利的軍隊即使不至於餓死，也將面臨過重的負擔和疲憊不堪的境地。反之，倘若地中海無法守住，埃及、蘇伊士運河及法國的屬地將處於暴露狀態，可能會受到由德國主導之義大利軍隊的攻擊。如果在戰爭初期的幾週內能在這個戰場上取得一系列迅速而重大的勝利，對於與德國的主要戰爭必將產生最有利的影響。因此，我們在海軍和陸軍方面取得這些結果的決心不會被任何阻力所干擾。

　　在我重返政府之前，我便全然地接受了海軍部對於潛艇戰評估的觀點。雖然在早期多次與潛艇的交鋒中，「潛艇探測器」的技術效能已被證實，但我們的反潛策略仍然相當有限，因此無法避免重大損失。我當時曾表示：「在公海上，敵方的潛艇應該可以得到局勢的控制，而在地中海，

則必須達到完全控制。未來在戰爭中損失在所難免，但這絕不能影響到整體戰局的發展。」這個觀點並非錯誤。在潛艇戰的第一年，並未發生任何重大事件。大西洋之戰要等到 1941 和 1942 年才會展開。

如同戰前海軍部的一般觀點，我未能充分預見空襲對英國戰艦的潛在威脅，以及因此所延伸而來，對情勢的影響。戰爭爆發前幾個月，我曾寫道：「依我謙卑的看法（因為這些問題難以斷定），以現有的武裝和防護，空襲無法阻止英國戰艦在海上發揮其優勢力量。」然而，雖然針對防禦敵軍空襲的遏止作用過於樂觀，但在不久之後，我們便實際承受了空襲對我們艦隊行動所造成的嚴重影響。空襲迅速顯示其可怕的威脅，尤其是在地中海地區。防空能力幾乎為零的馬爾他島，成為一個無法立即解決的問題；然而，在宣戰之後的第一年，沒有英國的主力艦因空襲而沉沒。

在這段時間之中，未見日本方面有任何敵對行動或意圖。日本最關注的國家顯然是美國。在我看來，即便美國尚未捲入戰爭的漩渦，但要他們被動地目睹日本全面奪取歐洲國家在遠東的所有利益，似乎是不太可能的。在這種情況下，若日本成為敵國，雖然會為我們帶來許多困擾，但若因此而促使美國參戰，且可能只對日本一國作戰，那麼相比之下，對我們而言，利大於弊。無論如何，不管遠東有什麼危險，我們絕不可因此而忽視對歐洲主要目標的關注。我們無法保護我們在黃海的利益和財產，並防止日本的攻擊。如果日本參戰，我們所能防禦的最遠地點，將是新加坡這個要塞。新加坡必須堅守，直到地中海安全得到保障並且義大利艦隊被消滅為止。

倘若新加坡要塞派有充足的駐軍，並儲備足夠支撐半年的糧食與彈藥，那麼在戰爭爆發時，我對日本派遣艦隊和陸軍來征服新加坡並不感到畏懼。新加坡與日本的距離如同南安普敦至紐約的遙遠。若日本企圖在

第一章　戰爭開端

新加坡登陸並進行圍攻，必須派遣其主力艦隊護送載有至少 6 萬人的運輸艦，航行 3,000 英里的海路；然而，一旦日本的海上補給線被切斷，這樣的圍攻注定以失敗告終。然而，若日本占領法屬印度支那和暹羅（即泰國），並在距泰國灣僅 300 英里的地方建立強大的陸軍和空軍，這個觀點便不再適用。然而，這些情況是在一年半後才發生的。

只要英國海軍未遭受挫敗且新加坡得到有效防守，普遍認為日本無法進攻澳洲或紐西蘭。我們能向澳洲提供可靠的保證，確保他們免受侵略威脅，但必須依循我們的策略和戰爭優先順序來行事。若日本成為敵國，在完全控制黃海後，從海上派遣遠征軍征服並殖民澳洲的可能性很小。日本需長期維持一支龐大且裝備精良的軍隊，才能令澳洲軍隊感到威脅。這計畫將迫使日本艦隊輕率地分散力量，導致在澳洲陷入持久而分散的戰鬥。一旦在地中海取得決定性勝利，可以調派強大海軍切斷侵略者與其根據地的連繫。美國方面可輕易向日本表明，若日本將艦隊和運輸艦開往赤道以南，將被視作戰爭行為。美國或許會考慮發表此宣告；對於這種極為遙遠的可能事件，我們現在不妨徵詢其意見。

我堅信（並有紀錄為證）在世界大戰的第一年，澳洲與紐西蘭在其本土領域內，不會面臨任何威脅，而且在第一年結束時，我們有理由期待海上的敵人已被消滅。這些觀點，作為對於第一年海戰的預測，結果證明是精確的。

以《泰晤士報》為首的媒體輿論，支持由不管部的 5～6 名閣員組成戰時內閣的構想。據稱，唯有如此，才能對作戰政策，尤其是重大政策，形成廣泛而協調的共識。簡而言之，「五人專注於戰爭指揮，不涉其他事務」的做法被視為理想。然而，這種方式也存在諸多不足。許多擁有超然地位的政治家，即便名義上權威再高，和與其密切相關的重要部門主管大

臣交涉時，經常處於不利地位，尤其是在海、陸、空三軍部門。戰時內閣成員並不擔負每日事務的直接責任。他們可以作出重要決策，事前提供廣泛意見，或事後糾正。但是，他們無法與海、陸、空三部大臣抗衡，因為後者精通問題細節，並有專業同僚的支持和行動責任。戰時內閣若團結一致，也許能決定一切，但實際上其內部意見時常不統一。他們無休止地討論和爭辯，戰爭卻迅速推進。戰時內閣成員自知不如那些掌握全部事實和資料的負責大臣，故不敢苛責。他們不願增加具體負責執行和指揮大臣的負擔，故漸漸成為理論上的監督者和評論者；每日閱讀大量文件資料，卻不知如何運用知識促使工作能順利進行，而不致增添麻煩。各部之間發生糾紛時，他們通常只能仲裁或求得妥協。基於此，負責外交和作戰部門的大臣理應成為這個最高機構的成員。「五巨頭」中，部分人並非因作戰知識和才能入選，而是基於政治勢力。因此，戰時內閣人數開始超出原本設計限度。若首相兼任國防大臣，人數可大減。就我而言，主持國政時不喜歡身邊有不管部的閣員。我寧願與各部門的負責大臣合作，而非顧問。每人應每日認真工作，負責具體任務，避免無事生非或譁眾取寵。

　　張伯倫先生原本的戰時內閣計畫，由於形勢所迫，幾乎立刻需要擴大，將外交大臣哈利法克斯勳爵、掌璽大臣塞繆爾·霍爾爵士、財政大臣約翰·西蒙爵士、國防協調大臣查特菲爾德勳爵和不管部大臣漢基勳爵納入其中。除上述成員外，還增加了海、陸、空三部的首腦，我是其中之一，還有陸軍大臣霍爾·貝利沙先生和空軍大臣金斯利·伍德爵士。此外，殖民地事務大臣艾登先生和兼任國內安全的內政大臣約翰·安德森爵士雖非戰時內閣的正式成員，也必須經常參加會議。這樣，總計11人。3個負責作戰的部門大臣加入戰時內閣的決定，明顯的影響了查特菲爾德勳爵作為國防協調大臣的權威。他憑藉其一貫的善良性格，接受了這個職位。

第一章　戰爭開端

除了我之外的所有其他內閣成員，近年來無不直接參與國家政務，或者與當前的外交和戰爭形勢密切相關。艾登先生於1938年2月因外交政策辭職，而我已經11年未擔任任何行政公職。因此，對於過去的事件以及當前的狀況明顯準備不足，我不承擔任何責任；相反，過去6、7年中，我不斷預測災難將至，如今大多數不幸的預言已經成為現實。因此，即使我現在掌管海軍這一個強大機構，並且在當前階段，海軍是唯一承擔實際作戰責任的部門，我並不覺得自己處於不利地位；即便有不利之處，也因首相和其他同僚的善意和忠誠的支持而得以克服。我與這些內閣成員都很熟悉。我們大部分曾在鮑德溫先生主持的內閣中共事5年，並且在議會生活的多變局勢下，始終保持聯繫，有時關係融洽，有時則發生爭執。約翰·西蒙爵士和我代表了老一代的政治家。在任何其他內閣成員擔任公職之前，我已在英國歷屆政府之中斷斷續續任職了15年，而西蒙爵士的經歷也幾乎一樣長。在第一次世界大戰緊張時期，我曾擔任海軍大臣和軍需大臣。就年齡而言，雖然首相比我年長幾歲，但我幾乎是唯一的老一輩人物。在危急關頭，人們通常期望年輕人的活力和新觀念，而老一輩人物掌權難免遭致批評。因此，我認為應該盡最大努力，與現任的一代以及隨時可能出現的年輕而才華橫溢的人士共同合作，以免顯得落伍。在這方面，我依賴自己的知識以及所有的熱情和智慧。

為了達成這個目標，我再度採用了1914年和1915年在海軍部時被迫習慣的生活方式，我認為這顯著提升了我處理日常工作的能力。每天下午，我總是儘早上床休息至少1小時，充分利用我幾乎能立即入睡的能力，這是一種值得慶幸的天賦。透過這種方法，我能將一天半的工作壓縮至一天內完成。大自然並不打算讓人從早上8點一直工作到深夜，而不在中途稍作愉快的休息；即使只有20分鐘的短暫休息，也足以恢復精力。儘管每天午後像小孩一樣上床睡覺讓我感到有點不好意思，但這種習慣讓

我能夠通宵工作至次日凌晨 2、3 點，有時甚至更晚，然後在第二天早上 8、9 點再度起床繼續工作。在整個戰爭期間，我都遵循這個日常習慣，並向他人推薦這種方法，尤其在需要長時間充分利用人體最後一絲精力時。第一海務大臣龐德海軍上將得知我的方法後，立即嘗試，然而他並不上床，而是坐在扶手椅上打盹。他甚至更進一步，在內閣會議上也會入睡。然而，只要有人提到「海軍」這個字，他便會驚醒，精神抖擻；他的聽覺極為敏銳，反應快速，因此沒有事情能逃過他的耳目。

第一章　戰爭開端

第二章
海軍部的任務

　　在希特勒猛烈攻擊波蘭後，英國和法國陸續對德國宣戰，但隨之而來的是一段長期且沉寂的停頓，令人驚訝不已。由張伯倫先生傳記作者所發表的一封張伯倫私人信件中，將這段時期稱為「晦暗不明的戰爭」。法國的軍隊並未對德國發起進攻。儘管已經完成動員並在整個前線保持接觸，他們卻按兵不動。德國除了空中偵察外，亦未對英國採取任何其他空中行動；同時，也未對法國進行空襲。法國政府要求我們暫時不要空襲德國，認為這會導致德國對法國未設防的軍火工廠進行報復。我們只有空投了一些小冊子，希望喚起德國人更高尚的道德觀念。這種奇異的陸、空戰爭局面令人不明所以。法國和英國始終未採取行動，而在數週內，德國的戰爭機器已經完全摧毀或征服波蘭。對於這種局面，希特勒自然志得意滿。

　　另一方面，自戰爭伊始，兩邊的海上戰鬥便展開猛烈的攻防態勢，因此，海軍部成為衝突中最活躍的中心。1939年9月3日，我們所有的船隻仍在全世界各地航行，執行正常任務。突然，它們遭到預先部署的德國潛艇襲擊，尤其是在英國西面海域的出入口。當晚9時，開往國外的「雅典娜」號客輪，重達13,500百噸，被魚雷擊沉，造成120人喪生，其中包括28名美國公民。此暴行在數小時內迅速傳遍全球。為避免引起美國的誤會，德國政府立即發表宣告，聲稱我曾親自下令將炸彈放在船上，以炸毀客輪來破壞德國與美國的關係。沒想到竟然還有人相信此等謊言。9月5日和6日，「波斯尼亞」號、「皇笏」號和「里奧・克拉羅」號等重要船隻

第二章　海軍部的任務

相繼在西班牙沿海被擊沉。

我提交給海軍部的首份摘要，涉及潛艇威脅在不久的將來可能達到的規模：

海軍情報局局長

1939 年 9 月 4 日

請提供一份報告，詳細說明德國目前和未來幾個月的潛艇實力，區分遠洋航行和小型潛艇。對於每種類型的潛艇，請分別預測其續航能力的天數和英里數。

我迅速得知敵人擁有 60 艘潛艇，至 1940 年初可能增至 100 艘。9 月 5 日，他們提供了更詳細的報告，值得深入研究。潛艇具備長距離航行能力，數量龐大，顯示敵人的確有意圖想讓潛艇早日於遙遠的海域進行攻擊行動。

海軍部已經制定了一個極為詳盡的計畫，以增加反潛艦艇的數量。特別是，他們已經準備徵用 86 艘速度最快、體積最大的拖網船，並在船上安裝潛艇探測器；這些拖網船的改裝工作已經達到了一個相當的階段。關於戰時建造各種驅逐艦、巡洋艦以及多種輔助船隻的計畫，也已經詳細擬定，並自宣戰以來便自動實施。過去的大戰已經證明護航制度的必然優勢。海軍部已經多日控制所有商船的行動，並要求船長遵從航線和護航隊的指令。然而，由於護航艦隻數量有限，敵人開始了無限制的潛艇戰之後，海軍部不得不採取海上迴避政策，最初也僅能將護航隊限制在英國東部沿海地區。然而，「雅典娜」號的沉沒改變了這些計畫。此後，我們開始在北大西洋實施護航策略。

護航隊的架構早已徹底完善，並曾多次召集船主，針對防禦事宜進行例行磋商。此外，各船長已接獲指令，指導他們如何應對戰時將遇到的諸多

不熟悉情況,並為他們提供了特定的訊號和其他裝備,以便參加護航隊。商船船員面對不可預測的未來,展現出勇敢的決心。他們不滿足於僅執行消極任務,要求武裝自衛。商船配備大炮以適當反擊,根據國際法向來被視為合法。武裝遠洋商船並訓練水手以便自我防衛,成為海軍部實施計畫中的關鍵部分。這迫使德國潛艇必須潛入水下進行攻擊,而非在水面上以炮火襲擊,不僅增加船隻逃脫的機會,還讓潛艇浪費寶貴的魚雷,常常徒勞無功。由於高瞻遠矚,上次大戰中用於對抗潛艇的大炮被保存下來,但防空武器仍極度匱乏。直到數個月之後,商船才獲得足夠的防衛裝備,但在此期間,它們遭受了嚴重損失。最初階段是我們計劃在戰爭爆發後 3 個月內,使 1,000 艘船艦至少配備一門反潛艇大砲。這個目標,事實上是實現了。

除了確保我們自身的航運安全,我們亦需壓制德國的海上貿易數量,以期阻斷德國的所有進口。我們嚴格地實施了封鎖政策,設立一個經濟作戰部來負責政策的指導,而海軍部則負責執行。敵國的航運,如同 1914 年般,幾乎立刻從公海上消失。德國的大部分船隻都選擇避入中立國的港口,或在被攔截時自行鑿沉。然而,截至 1939 年底,盟國仍俘獲了 15 艘敵船,總計 7 萬 5 千噸,並將其用於己方用途。德國的大型郵輪「不來梅」號最初藏匿於蘇聯的莫曼斯克港,後來得以返回德國,乃因英國潛艇「薩蒙魚」號嚴格遵守國際法慣例而未予攔截。

9 月 4 日晚間,我主持了首次海軍部會議。鑑於議題的重大性,我在深夜入睡之前,以個人立場記錄了會議結論,以供傳閱並依此執行:

1939 年 9 月 5 日

(1)在戰爭的初始階段,當日本未見動作,義大利雖然猶豫不決但依然中立時,來自大西洋的英國海洋入口似乎成為敵方的主要攻擊目標。

(2)護航制度正在形成。所謂護航制度,專指反潛艇護航。至於抵禦

第二章　海軍部的任務

海上巡洋艦或重型軍艦襲擊的問題，本文不予討論。

（3）第一海務大臣正考慮從東方和地中海戰區調集所有可用的驅逐艦和護送艦隻，部署於英國西部海域的入口處，目的是在可能的範圍內，將護送艦隻的數量增至12艘。這些艦隻應該在一個月內可供使用，直至大量裝備潛艇探測器的拖網船開始服役為止。應準備一份關於這些拖網船隻在10月中旬可能交付數量的報告。至少在最初的交付中，最好不要等待在船上安裝大炮，而應先依賴深水炸彈。等到海域壓力略微減輕後，裝炮問題可以重新考慮。

（4）貿易司司長應具備以下能力；首先，能夠每日通報所有駛近英倫三島的英國船隻之航行狀況。為實現此目標，如有需求，可以增設辦公室並增加人員。其次，應設定一幅大型航線圖，於每日早上標注距離英國海岸2～3天航程內的所有船隻，並對每艘船的指導與管理進行預先規劃，以確保在我們的能力範圍內，每艘船都能獲得個別處理。此措施需在24小時內實施，請提出補充建議以便未來改進。同時，應保持與貿易部或其他相關部門的必要聯繫，並提交報告。

（5）貿易司需於明日制定方案，規範由大西洋（含比斯開灣）航行而來的商船，要求每艘抵達後由具備資格的海軍人員進行訪查。該人員應代表貿易司司長審核航行紀錄，包括任何迂迴航行的細節。如發現違反或不符海軍部指令的情況，海軍部人員應予以指出；若有嚴重違規者，則予以處罰，最嚴重者可撤職，以儆效尤。海軍部承擔相對責任，商船船長必須遵循指令。相關計畫的人事安排、規範及懲罰措施，應予以詳盡制定。

（6）如今，商船的最佳航線應從地中海轉向好望角。然而，這個規則不適用於運輸軍隊的船隻。任何商船若有機會，無疑可加入護航隊。然而，這些護航隊只能偶爾組織一次，即每月或每3週至多一次。此外，這些護航隊不應被視為保護貿易，而應視作海軍作戰行動的一環。

（7）由於上述各種原因，在戰爭爆發後的前6週或2個月內，除海軍行動或前往埃及沿岸的航行外，所有船隻應被禁止進出紅海。

（8）這種不愉快的局勢，在潛艇探測器裝備於拖網船後，將會逐漸緩解。其次，則要視義大利的態度而定。我們無法確保義大利猶豫不決的態度，在未來6週內會變得清晰化，儘管我們應該加緊要求英王陛下政府促成對我們有利的結果。同時，我們在地中海的重型艦隻應採取防禦策略，因此，可以不再需要它們在接近義大利沿岸時所需的某些驅逐艦保護。

（9）關於德國的5～7艘重型軍艦突然襲擊的潛在威脅，這將對海軍構成極為嚴峻的挑戰，亟需制定專門的應對計畫。海軍部無法派遣護航艦隊來保護商船免受重大的海上襲擊。若此類襲擊發生，只有動用主力艦隊才能應對，並展開海戰。主力艦隊將組織必要的搜索艦隊以攻擊敵軍，商船在結果未明之前應盡量遠離事發地。

海軍大臣將上述各節綱要提交給他的海軍同事，請求他們進行考慮、批評和修正，並希望收到基於上述原則的行動建議。

護航隊的組織迅速付諸實施，以保護開往國外的商船。至1939年9月8日，3條主要航線已經啟用，分別是從利物浦和泰晤士河駛向西方，以及泰晤士河與福思河之間的沿海路線。在這些港口及其他國內外港口，負責護航的工作人員已經納入作戰計畫，並開始派遣。同時，所有未加入護航隊的船隻，無論駛往何處，均被命令前往普利茅斯和米爾福德，所有單獨航行的出口船隻被取消許可。在海外，返國護航隊的籌組工作正加速推進，首批護航隊於9月14日從弗里敦出發，9月16日從哈利法克斯港出發。到月底，正常的遠洋護航隊已經運行，出發船隊從泰晤士河和利物浦起航，返回船隊則從哈利法克斯、直布羅陀和弗里敦出發。

我們亟需為島國提供充足糧食並增強軍事力量，然而突然禁止我們使用南愛爾蘭的港口，嚴重影響了這個需求。我們的驅逐艦數量本已不足，

第二章　海軍部的任務

此舉進一步削弱了它們的續航能力。

第一海務大臣和其他人員

1939 年 9 月 5 日

有關部門的首長應該針對所謂愛爾蘭自由邦的中立問題，編寫一份特別報告，並由第一海務大臣和海軍參謀部提交給海軍大臣。這引發了多方考量：

（1）西愛爾蘭港口的愛爾蘭不滿分子是否有可能支援德國潛艇，情報局的看法是什麼？如果他們能在倫敦進行爆炸行動，難道他們不會為德國潛艇提供燃料嗎？我們必須保持高度警惕。

（2）由於無法使用貝雷黑文港或其他南愛爾蘭的反潛艇基地，這導致我們驅逐艦的航程增加，這個問題需要研究，並且應該指出如果擁有這些便利條件，我們能獲得的利益。

海軍部應該意識到，我們可能無法獲得理想的結果，因為愛爾蘭的中立問題引發了前所未有的政治爭端，海軍大臣也不確定能否解決。然而，應該將所有情況提交以供考量。

護航制度建立後，海軍的第二大需求是為艦隊尋找一個安全的基地。9 月 5 日晚間 10 時，我就此問題召開了一次長時間的會議，這勾起了我許多往事。在與德國的戰爭中，斯卡帕灣是名副其實的戰略據點，英國海軍可以從那裡控制北海的出口並進行封鎖。在上次大戰中，直到最後兩年，英國的大艦隊才被認為擁有足夠的優勢力量，能夠南移至羅塞斯灣，因為在那裡，艦隊可以利用一個一流的造船廠。然而，由於斯卡帕灣與德國空軍基地距離遙遠，如今顯然是最佳位置，海軍部已在作戰計畫中明確選定其為海軍基地。

1914 年秋季，英國的大艦隊中忽然瀰漫著一種不安的氛圍。人們紛紛

傳言:「德國潛艇已經尾隨他們進入了港口。」當時海軍部的官員們都不相信潛水艇能夠穿越複雜而湍急的航道進入斯卡帕大湖。朋特蘭海口的潮流速度約為每小時 8～10 海里,被認為是一個強大的障礙。那時,大艦隊約有 100 艘艦船,在這龐大陣容中,突然蔓延著一種恐懼情緒。在那段時間內,尤其是在 1914 年 10 月 17 日,曾經有 2、3 次警報聲稱在停泊區域內發現潛艇。於是,艦炮齊鳴,驅逐艦在海面上搜索,整個龐大的艦隊慌亂而憤怒地駛向海洋。最終結果證明海軍部的看法是正確的。在那次大戰中,沒有 1 艘德國潛艇能夠克服這條航道的危險。一直到 1918 年,戰爭即將結束時,曾有一艘德國潛艇試圖闖入,但最終在這孤注一擲的嘗試中被摧毀。儘管如此,對於當時的種種狀況,以及我們為了封鎖所有入口並讓艦隊安心所做的最大努力,我仍然留下了非常鮮明但並不愉快的回憶。

此刻,1939 年,有兩類危險必須審慎評估:(1) 既存的威脅,即潛艇的入侵;(2) 新出現的威脅,即空襲。在會議中,我注意到在這兩方面,防禦現代化攻擊的措施尚未進一步加強,令我頗感意外。在 3 個主要入口已安裝了新型反潛水柵,但這些僅僅是鐵絲網。在斯卡帕灣東側狹窄曲折的入口,防禦設施僅是上次大戰遺留的幾艘封港船的殘骸,現今雖增添了 2、3 艘封港船,防禦有所提升,但情勢仍然令人憂慮。鑑於現代潛艇體積龐大、速度快、動力強,過去認為洶湧急流能阻止潛艇穿越這些入口的觀點,現已無法再令負責人員信服。次日晚,我在海軍部召開的會議結果是,下達多項命令,要求增設鐵絲網並派遣船隻封鎖入口。

來自空中的新威脅在過去幾乎未曾被關注。在斯卡帕灣,除了在霍伊島的海軍油庫和驅逐艦停泊處設有兩個高射炮中隊進行保護之外,幾乎沒有其他防空設施。艦隊駐紮期間,雖然在柯克沃爾附近有一座機場供海軍飛機使用,但缺乏皇家空軍直接參與防禦所需的裝備;至於沿海的雷達

第二章　海軍部的任務

站，雖然可以使用，但效果並不完全理想。駐紮兩個皇家空軍戰鬥機中隊於威克的計畫已獲批准，但此措施在1940年前無法實施。我要求制定一個立即行動的計畫，然而我們的防空力量非常緊張，資源極其有限，而易受空襲的地區，包括龐大的倫敦在內，數量眾多，因此過多的要求也是徒勞的。另一方面，目前只有5、6艘主力艦需要空中保護，這些艦隻本身配備了強大的防空裝置。為確保順利進行，海軍部計劃在艦隊駐紮斯卡帕灣期間，派遣兩個海軍戰鬥機中隊駐守當地以提供保護。

最為關鍵的一點，應該是在最短時間內完成炮隊的部署。除此之外，我們別無選擇，只能繼續採用1914年秋季被迫使用的「捉迷藏」策略。位於蘇格蘭西海岸的多個被陸地包圍的錨地，只需加強防禦鐵絲網的設置，並持續進行巡邏，即可輕鬆防範潛艇的襲擊。在上次大戰中，我們發現一種有效的安全措施是隱藏，但即便如此，一架可能由叛徒提供燃料的飛機，在無目標的飛行中出於好奇進行偵查，也曾讓我們心生恐懼。如今，飛機的航程使整個英倫三島隨時暴露在攝影偵察機之下，因此對於大規模的潛艇或空中襲擊，目前並無可靠的隱蔽方法。然而，需保護的艦隻數量有限，且它們可以經常移動，因此在未找到其他解決方案前，我們只能接受這種風險。

我感到有責任儘早前往斯卡帕灣進行視察。自1938年6月與查特菲爾德勛爵共同參觀波特蘭港反潛艇學校後，我便未曾與總司令富比士爵士會面。因此，我請假不參加每日的內閣會議，帶領幾名隨員於1939年9月14日晚間前往威克。接下來的兩天，我大部分時間都在檢查港口入口以及水柵和鐵絲網。我確信這些設施與上次世界大戰時一樣完好，且有重要的增強和改進計畫。我與總司令共同留在「納爾遜」號旗艦上，與他及幾位高級軍官們討論了斯卡帕灣及整體海軍問題。其餘艦隊隱藏在尤灣。

9月17日，海軍上將和我搭乘「納爾遜」號前往那裡。當我們穿過出入口進入大海後，我驚訝地發現這艘巨艦竟無驅逐艦護航。我表示：「我以為，即便是戰鬥艦，至少也需兩艘驅逐艦護航才能出海。」海軍上將回答：「當然，這是我們所期望的；但驅逐艦數量不足，無法遵循此規則。周圍有許多巡邏艇，我們不需數小時便可進入明奇海峽。」

這一天，如同往常一樣，令人愉悅且順遂。夜幕降臨，我們在尤灣靠岸，當地聚集了4、5艘本土艦隊的巨艦。通往海灣的狹窄入口被多層鐵絲網封鎖，無數裝備潛艇探測器和深水炸彈的巡邏艇和哨船來回穿梭。蘇格蘭壯麗的紫色山峰環繞四周，我的思緒回到了25年前的另一個9月，那時我在這個海灣拜訪了約翰‧傑利科爵士及其艦長們，看到他們的戰艦排成長列，停泊在港內，正如我們現在一樣，任憑無法預測的命運擺布。當時的艦長和海軍上將，多數已經過世或退休。如今我逐一拜訪各艦，與我介紹的高級軍官，當年只是年輕的海軍上尉甚至准尉。在上次大戰前，我有3年的準備時間，因此能結識大部分高級軍官並批准他們的任命，但現在，這些都是新面孔和新人物。完善的紀律、良好的風度和舉止以及慣常的海軍儀式依舊如故，但穿軍服和任職的人，已是完全不同的一代。只有艦艇，幾乎都在我任職期間開始建造，沒有一艘是新的。這確實是一種奇異的體驗，彷彿突然回到了前世。在我多年熟悉的環境中，如今似乎只有我一人尚存。然而這種想法也不正確，因為危險仍然存在。來自海面下的威脅，由於更強大的潛艇而更加嚴重；來自空中的威脅，不僅能發現你的隱藏地，還能實施更嚴重或毀滅性的襲擊！

1939年9月18日清晨，我再次檢閱了兩艘軍艦。因為在訪問期間，我對總司令建立了無比的信任，所以從尤灣乘車前往印威內斯，然後轉乘在那裡等候的火車。途中，我們在明媚的陽光下，於一條清澈的小溪旁享

第二章　海軍部的任務

用了野餐。許多往事在我心頭翻湧，令人難以平息。

看在上帝面上，讓我們坐在地上，敘述君主們離世的悲劇故事。

從未有人在如此短暫的時間內，兩次面對同樣恐怖的旅程。也從未有人如我般感受到在巔峰時的危險與重擔。當個人威信跌落之際，若重要的軍艦沉沒或事務出錯，海軍大臣會面臨何等的境遇？假若我們必須重溫過往，我是否能再忍受一次被解職的痛苦？費希爾、威爾遜、巴登伯格、傑利科、貝蒂、帕克南、斯特迪，他們都已經不在人世了！

我覺得自己像是一個孤獨失群的人，

在空寂的宴會廳裡徘徊，

燈火已經熄滅，

花環已經凋謝，

人群已經離開，唯獨他依然留在原地。

我們再度無法逆轉地被拋入極大的、無限的痛苦之中，這究竟是怎樣的情形呢？波蘭正經歷著極度的困境；法國過去的戰爭熱情，如今幾乎徹底消退；俄國這個巨人不再是盟友，甚至不再是中立者，反而很可能成為敵人。義大利不是夥伴。日本也不是盟友。美國會再次站在我們這一邊嗎？英帝國雖然完好無損，光榮地團結一致，但準備不足，缺乏充分的應戰條件。我們仍然擁有制海權，但在飛機這一項關鍵武器上，我們的數量卻悲慘地落後。整個前景似乎相當黯淡。

我們從印威內斯搭乘火車，整個下午和夜晚都在車上度過，前往倫敦。翌日清晨抵達尤斯頓時，我在月臺上意外見到了第一海務大臣。龐德海軍上將顯得極為嚴肅。「我要告訴您一個不幸的消息，大臣。『勇敢』號昨晚在布里斯托海峽被擊沉了。」這艘航空母艦是我們最古老的戰艦之

一,但在當時仍然具有極為重要的地位。我感謝他親自告知這個消息。我說:「在這樣的戰爭中,這類事件難免時常發生。我以前也見過不少。」隨後,我便回去盥洗,準備迎接新一天的繁忙工作。

從戰爭爆發到我們的反潛艇輔助艦隊建成,其間有 2、3 週的間隔。為了填補這個漏洞,我們決定大膽地使用航空母艦,協助護送當時駛向我們海岸的眾多無武裝、無組織且無護航的船隻進港。這是一種必要的冒險策略。「勇敢」號由 4 艘驅逐艦護衛,負責此類任務。1939 年 9 月 17 日傍晚,兩艘驅逐艦前去搜索 1 艘正在攻擊商船的潛艇。薄暮時分,「勇敢」號調整航向,迎風以便讓飛機降落在甲板上。在這次未曾預料的航行中,竟然以一成的機率與 1 艘德國潛艇相遇。在艦上總共 1,260 名船員中,有 500 人遇難,包括殉職的馬凱格・瓊斯艦長。3 天前,另一艘航空母艦,即後來聞名的「皇家方舟」號,在相似的情況下遭遇潛艇襲擊。幸運的是,魚雷未擊中要害,且潛艇被護衛的驅逐艦迅速擊沉。

在我們的海軍問題中,首要的挑戰是如何有效應付海上出現的襲擊巡洋艦,正如 1914 年一樣,這類艦艇在不久的將來肯定會不可避免地頻繁出現。

9 月 12 日,我發表了以下摘錄:

海軍大臣致第一海務大臣

1939 年 9 月 12 日

巡洋艦政策

過去,我們曾嘗試以巡洋艦來阻止貿易被突襲;鑑於需要控制的海域廣闊,原則是巡洋艦的數量「越多越好」。在搜索敵方襲擊艦或巡洋艦時,即便是小型巡洋艦也能發揮作用,正如「埃姆登」號的例子,我們動

第二章　海軍部的任務

用了 20 多艘軍艦才將其捕獲。然而，若從長遠觀點來看巡洋艦政策，我們似乎有必要建立新的搜索艦隊。假設一支由 4 艘軍艦組成的巡洋艦分隊能搜索 80 英里的海域，那麼 1 艘巡洋艦在航空母艦的護送下，可以搜索 300 英里，若再考慮艦隻的移動，應能覆蓋 400 英里。另一方面，我們必須理解未來的襲擊巡洋艦將是強大的軍艦，它們若有機會，將樂於與單獨的軍艦交戰。僅僅增加力量薄弱的小型巡洋艦數量，絕非清除海上強大襲擊巡洋艦的對策。事實上，這些小型巡洋艦只能任憑敵艦擺布。即使襲擊巡洋艦最終被包圍，它仍能摧毀一艘較弱的巡洋艦後突圍。

每支搜索艦隊必須具備搜索、捕獲及摧毀敵艦的能力。為實現此目標，我們需要多艘超過萬噸級的巡洋艦，或將兩艘萬噸級巡洋艦編成一組。這些艦隊需由載有約 12～24 架飛機的小型航空母艦護航，且排水量越小越好。一支理想的搜索艦隊應包括 1 艘具致命威脅的巡洋艦或兩艘火力不足的巡洋艦，並配以 1 艘航空母艦、4 艘遠洋驅逐艦，以及 2、3 艘特製的快速油船。這樣組成的艦隊在巡邏時，能預防潛艇襲擊，搜索廣袤海域，並摧毀任何發現的單獨行駛的襲擊巡洋艦。

該上述摘錄中所探討有關組織搜索艦隊的策略，目的在建立一支能夠巡航廣闊海域並在其搜索範圍內制伏任何敵對艦艇的平衡力量，曾在我們可及的範疇內進行推行。這個議題，將在後續章節中進一步探討。美國後來採用的特遣艦隊制度，便是對此方法更深一層的擴展，進而對海戰技術做出了重大的貢獻。

接近月底之際，我認為讓下議院對過去事件及其成因有一個全面的認知是至關重要的。

海軍大臣致首相

1939 年 9 月 24 日

關於反潛戰和海軍整體狀況，是否應由我向下議院提交比你演說中更詳盡的報告？我可以在這個問題上發表 25～30 分鐘的談話。我認為這樣做會更有益。無論如何，那天我私下會見 60 名記者，當他們聽到我提供的情況後，顯然感到非常安慰。如果你認為這個提議可行，可以在演說中宣布我將在後續討論中進行更詳細的報告。我建議在星期四提交報告，因為預算案將在星期三討論。

張伯倫先生欣然地表示同意。因此，他在 9 月 26 日的談話中告訴下議院，當他談話結束後，我將就海上戰爭進行報告。這是我進入內閣後，除了答覆問題外，首次在議會發言。我帶來了一個好消息。在宣戰後的最初 7 天裡，我們的噸位損失相當於 1917 年（即上次大戰中潛艇攻擊達到高峰的一年）4 月某一週損失的一半。我們在以下方面取得了進展：首先，實施護航制度；其次，強化所有商船的武裝；第三，對德國潛艇展開反擊。「在第一週中，被潛艇擊沉的船隻共計 6 萬 5 千噸；在第二週中為 4 萬 6 千噸；而在第三週中為 2 萬 1 千噸。在過去的 6 天裡，我們僅損失了 9 千噸。」 在發言中，我始終保持低調，避免任何樂觀的預測，這是從過去痛苦的經驗中汲取的教訓。我說：「人們不應過分依賴這些令人安心的數字，因為戰爭中充滿了不愉快的意外。但我們可以肯定地說，根據這些數字，我們確實不必過度失望或驚慌。」

同時（我繼續說），我們遍布全球的龐大貿易依然如常，未受阻礙，亦無明顯減少。大量運輸軍隊的艦隊在護航下安全抵達目的地。敵方船隻和貿易已被驅逐出海洋。現今，隱匿於德國港口或被扣留於中立國港口的德國船隻總量已超過 200 萬噸……在戰爭開始的前兩週，我們實際上截獲、占有並轉作己用的德國商船，比我們自身商船的損失多出 6 萬 7 千

第二章　海軍部的任務

噸……我要再次提醒各位，勿過分樂觀。然而，事實是，今天下午，我們獲得的國內供應品確實比戰前及潛艇活動之前還要多。按此比例，我們可以不謙虛地說，要使我們因飢餓而屈服，尚需很長一段時間。

德國潛艇艇長常常竭力確保其行為符合人道。我們得知他們曾通知我們，並努力協助海員前往港口。一位德國艇長親自發來電訊，告知剛擊沉的英國船隻位置，並提醒我方派船營救。他在電報上署名「德國潛艇」。當時我對如何回電感到猶豫，但如今他已經落入我們的手中，並受到妥善款待。

在戰爭初期的兩週內，擊沉的德國潛艇數量，即便以 6～7 艘為最保守的估計，已占宣戰時敵人所有潛艇的十分之一，或許是活躍潛艇的四分之一甚至三分之一。然而，英國對潛艇的攻勢才剛展開。我們的搜索艦隊正在不斷增強中。到 1939 年 10 月底，我們預計搜索艦隊的實力將是戰爭初期的 3 倍。

這次僅耗時 25 分鐘的演講，受到了下議院的熱烈歡迎。實際上，它記錄了德國潛艇最初未能成功襲擊我們貿易的情況。我所關心的是未來，但我們為 1941 年所做的準備，目前在我們龐大資源允許的範圍內，正以最大規模迅速推進。

到了 1939 年 9 月底，我們對於海戰最初交鋒的結果幾乎沒有任何不滿。我覺得我已經掌握了這個我所熟悉且偏愛的重要部門，並且行事有效率，稱職有餘。我現在了解海軍部正在進行的工作，以及未來的任務。我掌握了一切事務的要點。我已經訪視了所有主要的軍港，並會見了全部的總司令。根據創設海軍部的特別準則，海軍大臣「就海軍部的一切事務對英王和議會負責」。我確實感到自己應該不僅在形式上要準備好，而且在實質上更應承擔這種責任。

整體而言，1939 年 9 月分對海軍來說是成功且富有成效的。我們順利

完成了從和平時期轉入戰爭時期的這個重要且微妙危險的過渡。一個全球性的貿易網路，突然遭受到違反正式國際協定的無限制潛艇戰衝擊，在最初的幾週內無法避免損失；然而，護航制度如今已經順利執行，每日有數10艘商船離港，船尾配備一門火炮，有時炮位還調整為適合高角度射擊，並配備少數訓練有素的炮手。裝備潛艇探測器的拖網船和載有深水炸彈的其他小艇，皆由海軍部在戰爭爆發前已經做好充分準備。它們現在參與服役的數量每日增加，且均由訓練有素的水手操作。我們相信，潛艇對英國貿易的首次進攻已被擊退，其威脅受到徹底且有效的遏制。顯然，德國將大量建造潛艇，數量預估以百計，毫無疑問，許多潛艇正在造船架上處於不同的完成階段。我們推論，在 12～18 個月內，主要的潛艇戰將不可避免地爆發。但到那時，希望我們優先建造的大批新型小艦隊和反潛艇船隻能準備就緒，以相對的優勢迎擊潛艇。不幸的是，高射炮，特別是 37 英寸口徑和雙筒自動式的，仍非常短缺，需要等待數個月後才能改善；但在我們資源允許的範圍內，我們已經採取各種措施保護海軍軍港；同時，我們的艦隊雖然能控制海洋，但仍需繼續採取「捉迷藏」策略。

　　從更大範圍的海軍戰鬥戰略來看，敵方尚未對我們的戰略位置做出決定性的挑釁。在地中海的航運經歷短暫中斷後，我們的艦船不久之後便再次利用這條重要通道。同時，將遠征部隊運送到法國的行動也順利展開。「在北方某處」的本土艦隊隨時準備迎擊敵方少量重型艦艇的突襲。對德國的封鎖策略，與上次大戰的做法相似。北方的巡邏線位於蘇格蘭和冰島之間，至第一個月結束時，被截獲運往德國的貨物總計近 30 萬噸，而因敵人行動以致我們在海上損失的則有 14 萬噸。在海外，我們的巡洋艦正在追捕德國船隻，同時保護我方船隻免受襲擊巡洋艦的攻擊。結果，德國的海運完全癱瘓。到 9 月底，停留在外國港口且無法活動的德國船隻達到 325 艘，將近 75 萬噸。因此，落入我方手中的戰利品相當有限。

第二章　海軍部的任務

我們的盟國也做出了貢獻。法國在地中海的掌控中承擔了一部分重要任務。在本國領海和比斯開灣，它們協助我們進行反潛艇作戰。在中大西洋，以達卡為基地的一支強大海軍力量，成為盟國對抗海上襲擊巡洋艦計畫的一部分。

波蘭海軍的年輕戰士們在戰爭初期展現了卓越的戰技。3艘新型驅逐艦和兩艘潛艇「威爾克」號及「奧澤爾」號成功逃離波蘭，對抗著德國在波羅的海的海上力量，最終抵達英國。「奧澤爾」號的逃亡堪稱一部壯麗的史詩。當德軍入侵波蘭時，它從格丁尼亞港啟航，初期在波羅的海航行，於9月15日進入中立港塔林，將生病的艇長送上岸。愛沙尼亞當局決定扣留潛艇，派衛兵看守，並拿走了航海圖和大炮的尾栓。然而，指揮官毫不氣餒，制服了看守衛兵後駕駛潛艇離港。接下來的數週，這艘潛艇持續遭受海、空巡邏隊的追捕，但即使缺乏航海圖，最終仍從波羅的海逃入北海。在北海中，它以微弱的無線電訊號將推測的位置告知英國電臺，於10月14日被一艘英國驅逐艦發現並護送至安全地帶。

在1939年9月中旬，我接獲了羅斯福總統的一封私人信函，這令我倍感欣喜。在上次大戰期間，我與他僅有過一次短暫的會面。那是在格雷飯店的一場晚宴上，他年輕有為，風度翩翩，使我留下了深刻的印象，但當時並未有深入交談，只是簡單致意。

羅斯福總統致邱吉爾先生

1939年9月11日

由於在上次世界大戰中，我們曾擔任相似的職務，因此我必須告訴你，我對你重返海軍部感到非常高興。我完全理解，新的因素令你的問題變得更加複雜，但其本質並無太大不同。我希望你和首相明白，若兩位認為有任何事項需要告知我，我隨時歡迎你們直接聯繫。我們可以經常將密

封信件透過你們的外交郵袋或我的外交郵袋傳遞。

在這些事件發生之前,你能完成《馬爾巴羅傳》全書,這讓我非常欽佩 —— 這本書我已經讀過,並且覺得非常吸引人。

我立即回覆了他的信件,並在結尾簽上「海軍人員」。由此,我們展開了一段持久且值得紀念的通訊交流 —— 雙方各自撰寫了近千封信件,直至 5 年多後他的逝世。

第二章　海軍部的任務

第三章
波蘭的陷落

　　當時，我們圍坐在內閣的會議桌旁，目睹一個弱小國家，按照希特勒的陰謀和精心策劃的計畫，幾乎如同颱風過境般迅速地被摧毀。波蘭從 3 個方向遭到德國的進攻。進犯的軍隊共有 56 個師，其中包含所有的 9 個裝甲師和摩托化師。第 3 集團軍（8 個師）從東普魯士向南推進，攻擊華沙和比亞維斯托克。第 4 集團軍（12 個師）奉命從波美拉尼亞出發，殲滅但澤走廊的波蘭部隊，隨後沿維斯杜拉河兩岸向東南進軍，攻擊華沙。波森突出部的邊境由德國後備部隊防守，但在他們的右翼一直向南，則是第 8 集團軍（7 個師），其任務是掩護主攻部隊的左翼。擔任主要進攻的是第 10 集團軍（17 個師），受命直取華沙。再向南一點，是肩負雙重任務的第 14 集團軍（14 個師），首先要占領克拉科夫以西的主要工業區；其次，如果主攻前線順利，它將直取波蘭東南部的倫貝格（即利沃夫）。

　　因此，德軍計劃首先突破駐紮於邊境的波蘭軍隊，隨後展開雙重鉗形攻勢以將其壓制並包圍。第一道鉗形攻勢自北方與西南向華沙推進；第二道鉗形攻勢範圍更廣，由從布列斯特 - 立陶夫斯克前進的第 3 集團軍與攻占倫貝格後的第 14 集團軍合流組成。如此一來，波蘭軍隊從華沙的合圍中脫逃後通往羅馬尼亞的退路便被封鎖。德國出動了 1,500 餘架新式飛機，在波蘭領空進行猛烈轟炸。它們的首要任務是壓制波蘭空軍，接著協助地面部隊作戰，並攻擊軍事設施及所有公路與鐵路交通設施。同時，它們也將戰爭的恐怖散布至波蘭境內各處。

第三章　波蘭的陷落

　　波蘭軍隊無論在人力還是裝備上都無法與入侵的勢力抗衡，他們的戰略部署也顯得愚蠢。他們選擇將部隊分散在國境周圍，且沒有設立集中的後備部隊。波蘭在面對德國的擴張野心時，表現出驕傲和自負，但又因懼怕被指責為挑釁而未能在適當時機進行動員，以應對敵軍的重兵集結。當時，波蘭軍隊能夠或即將準備迎擊初期突襲的部隊只有 30 個師，僅占現役軍隊的三分之二。形勢的迅速變化和德國空軍的猛烈攻勢，使波蘭其他部隊無法在前線防線被突破前及時增援，而最終只能全面崩潰。因此，30 個師的波蘭部隊面臨著比他們數量幾乎多上一倍的敵軍半圓形包圍，而他們的背後卻毫無援軍。不僅在人數上處於劣勢，他們的火炮也不及敵軍。他們僅有 1 個裝甲旅，卻要對抗當時 9 個德國裝甲師。他們有 12 個騎兵旅，英勇地對抗敵方的坦克和裝甲車，但他們的刀劍和長矛對這些裝甲車輛毫無威脅。他們擁有 900 架一線飛機，其中大約一半是新式機型，卻在敵人的突襲中遭到重創，多數在未起飛前即被摧毀。

　　根據希特勒的計畫，德國軍隊於 1939 年 9 月 1 日發動攻擊，空軍率先對波蘭飛機場上的波蘭空軍中隊展開襲擊。僅僅兩天內，波蘭的空軍事實上已被摧毀。一週之內，德國軍隊已經深入波蘭境內。波蘭軍隊雖然在各地進行了英勇的抵抗，但最終未能奏效。邊境上的波蘭軍隊，大部分被迫撤退，除了在波森兩翼陷入重圍的部隊之外。在羅茲的部隊被德國第 10 集團軍主力切割成兩部分，一部向東撤退至拉多姆，另一部被迫向西北撤退；德國的兩個裝甲師穿過突破口直逼華沙。稍北一些的德國第 4 集團軍抵達並渡過維斯杜拉河，沿河流轉向華沙。只有波蘭北部的部隊能夠短暫抵擋德國第 3 集團軍的攻勢，但不久之後被包圍，退守納雷夫河，僅能依靠事先準備的唯一堅固防線。這是閃電戰第一週的結果。

　　第二週的顯著特徵是激烈的戰鬥，最終導致名義上擁有約 200 萬士兵

的波蘭軍隊潰散，失去組織性和作戰能力。在南部地區，德國第 14 集團軍持續向桑河推進。曾經撤退至拉多姆的 4 個波蘭師被這支軍隊的北翼包圍並殲滅。第 10 集團軍的 2 個裝甲師推進到華沙郊區，但由於缺乏步兵支援，遭到華沙市民的頑強抵抗，無法取得進展。在華沙的東北方向，德國第 3 集團軍從東側包圍華沙，其左翼部隊已經抵達距離戰爭前線 100 英里的布列斯特-立陶夫斯克。

波蘭軍隊在華沙的夾擊中奮戰犧牲。波森的波蘭兵團與因德國猛烈進攻而自索恩和羅茲撤退的數個師會合，總計有 12 個師。德國第 10 集團軍在較弱的第 8 集團軍掩護下，突破波蘭部隊南翼，直逼華沙。儘管實際被圍，波森兵團司令庫特爾齊亞將軍決定向南襲擊德軍主力側翼。這場波蘭的勇敢反攻，即「布楚拉河之役」，造成嚴峻形勢，不僅牽制了德國第 8 集團軍及部分第 10 集團軍，迫使他們放棄華沙目標，甚至吸引第 4 集團軍的 1 個兵團從北方增援。在這些強大軍隊的攻勢下，波森兵團在無法抵抗的空中轟炸重壓下，持續了 10 天的光榮戰鬥；最終在 1939 年 9 月 19 日全軍覆沒。

同時，外圍鉗形包圍的部隊已經會合並完成合圍。第 14 集團軍於 9 月 12 日抵達倫貝格的外圍，向北推進，並於 9 月 17 日與越過布列斯特-立陶夫斯克的第 3 集團軍部隊會合。此刻已經完全包圍，沒有任何通道供分散或冒險者逃脫。9 月 20 日，德國人宣布，維斯杜拉河之戰，「是歷史上最大規模的殲滅戰之一」。

現在輪到蘇聯採取行動。他們所謂的「民主」需要具體展現。9 月 17 日，俄國軍隊大舉越過幾乎毫無防禦的波蘭東部邊境，在廣闊的前線地帶以勢如破竹之勢向西推進。9 月 18 日，他們占領了維爾納（維爾紐斯），並在布列斯特立陶夫斯克與德國軍隊會合。布爾什維克黨人曾在此地違背

第三章　波蘭的陷落

與協約國的協定，與德皇時代的德國單獨媾和，接受了苛刻的和約。而現在，俄國共產黨人竟與希特勒的德國在同一個地點握手言歡。波蘭的覆滅以及被征服的過程相當迅速。然而，華沙和莫德林尚未陷落。華沙的抵抗主要源於民眾激昂的愛國情緒，雖然偉大悲壯，但毫無希望。經過數日猛烈的空襲和從西線調來的重炮瘋狂炮擊，華沙電臺終於停止播送國歌，希特勒進入這片廢墟的城市。莫德林是維斯杜拉河下游20英里處的要塞，曾容納索恩的殘部，持續抵抗至9月28日。於是，一個月內，一切塵埃落定。一個擁有3,500萬人口的國家就此陷入殘酷的桎梏，施加這種桎梏的人不僅要征服，還要奴役，甚至消滅其廣大人口。

我們已經目睹了現代閃電戰的完整範例；目睹了陸軍與空軍在戰場上的緊密合作；目睹了對交通線及所有潛在目標城鎮的猛烈轟炸；目睹了第五縱隊的活躍表現；目睹了間諜與傘兵的肆意運用。最為關鍵的是，目睹了大批裝甲部隊勢如破竹的推進，然而，波蘭並非最後承受這種苦難的民族。

蘇聯軍隊持續推進，直至抵達與希特勒協定的界線。1939年9月29日，蘇、德兩國正式簽署瓜分波蘭的條約。我仍堅信蘇、德之間存在深仇大恨，並認為這種仇恨難以化解。我始終期望蘇聯在局勢壓力下會倒向我方。因此，儘管我個人對蘇聯無情殘酷的政策感到憤怒，並且內閣中的很多同僚都感到情緒激動，而我依然必須保持冷靜。我從未對蘇聯抱有幻想，深知他們沒有任何道德準則，唯圖本身利益。相對的，他們實際上對我們並無支持的義務。此外，在攸關生死的戰爭中，我們的憤怒情緒必須服從於戰勝主要敵人的重大目標。所以我決心用最佳的表達方式解釋他們可憎的行為。因此，在9月25日致戰時內閣的文章中，我以冷靜的語氣表示：

儘管俄國在近期談判中展現了極為不值得信任的行為而應受譴責，伏羅希洛夫元帥曾主張，若俄國作為波蘭的盟友，俄軍應當占領維爾納（維爾紐斯）和倫貝格。這個要求在軍事上是完全合理的，然而波蘭卻以自然但現在看來不足的理由加以拒絕。結果，俄國以波蘭敵人的身分占領的地區，恰與其作為不可靠且受懷疑的盟友時可能占領的地區相同。實際的差異並不像想像中那麼大。俄國動員了龐大的軍隊，並已證明能迅速從戰前陣地向前推進。如今，俄國與德國在邊界對峙，德國無法不防守其東部戰線，必須駐紮大量兵力。據我所知，甘末林將軍推測這支軍隊至少有20個師，可能達到25個師甚至更多，因此，東部戰線的存在是可能的。

然而，也很可能會形成一條對俄國、英國和法國都有共同利益的東南戰線。這隻北極熊的左爪已經封鎖了從波蘭通往羅馬尼亞的通道。俄國對於巴爾幹地區的斯拉夫民族有著傳統的利益關係。德國若進入黑海地區，將對俄國構成重大威脅，而土耳其也不例外。這兩國自然會合力阻止這種情形發生。這正好滿足我們的期望，且絕不會與我們對土耳其的政策相衝突。俄國可能會占領羅馬尼亞的比薩拉比亞地區，但這未必會與我們的核心利益發生衝突，因為我們的主要目標是阻止德國在東南歐的擴張。羅馬尼亞在上次大戰中因協約國的勝利而獲益匪淺，避免了徹底的失敗；若此次戰爭結束時，它只失去比薩拉比亞及多布羅加南部地區，已算幸運，因為為了巴爾幹集團的利益，它應該樂意將多布羅加讓予保加利亞。根據目前的情況判斷，俄國的行動在整個巴爾幹半島，尤其在南斯拉夫，將產生正面影響。因此，除了一條可能的東部戰線之外，還可能形成一條東南戰線。這條戰線將呈現新月形，從里加灣延伸至亞得里亞海岸（或許從那裡繼續延伸，穿越勃倫納，抵達阿爾卑斯山脈）。

我們自然極願意看到這些國家聯合起來，共同對抗這個唯一的共同敵人——納粹德國；隨著時間推移，這種可能性不應該被排除。如果德國經由匈牙利進攻羅馬尼亞，或者更進一步，如果它進攻南斯拉夫，這種可

第三章　波蘭的陷落

能性便會迅速實現。我們當前的政策是鼓勵並加強這條戰線，並在任何部分受到攻擊時，力求使其同步行動。顯然，這個政策是完全正確的。這個政策意味著需要重新與俄國建立關係，正如外交大臣早已預見的。同時，這個政策要求我們遵循首相所宣布的政策：不對任何特定領土問題的解決作出承諾，而集中英、法兩國的全力來摧毀希特勒主義，並確保「德國的恐怖」未來不再重臨西方民主國家。這一點對法國人而言極具吸引力，並在首相的話中明確表達：「我們的終極目標……是將歐洲從對德國侵略的長久恐懼中解放出來，使歐洲各國人民能夠維持他們的自由與獨立。」這種觀點應被廣泛而持續地宣傳。

根據這些總體推測，我們在與土耳其的談判中該如何行事，便更容易權衡。我不認為，這個問題的緊迫程度與當初傳言希特勒將動用28個師侵犯羅馬尼亞時一樣。如今看來，那個人因受到警告而未在東線進行他的計畫；然而，他當然可能隨時重施故技，而我們面臨的主要利益問題是確保所有巴爾幹國家和東部戰線都對德國採取敵對立場，因此，簽訂土耳其條約似乎至關重要。

如果最終局勢的演變導致希特勒在東線遭遇阻力（當然，目前尚無法確定此點），他面臨三種選擇：

（1）主力部隊可能經由比利時對西線發起進攻，並順勢占領荷蘭。

（2）可能對英國的工廠和海軍軍港，以及法國的飛機製造廠，進行激烈的空中攻擊。

（3）首相所提及的「和平攻勢」。

依據我的個人見解，我認為只有當德國在比利時和盧森堡邊界對面集中至少30個師時，以上提及的第一點才有可能實現。至於第二點，那個人似乎很可能會選擇這種策略；然而，他也可能不這樣做，或許他那些目前看來更具權威的將軍們會因為害怕空襲必然引發的大屠殺而阻止他，這

樣的行動可能會與英國結下深仇，甚至可能將美國捲入其中。至於第三點，如果他不嘗試第二點，那麼在我看來，我們的責任和政策應當是：拒絕任何能讓他脫困的方案，讓他在冬季承受其行為的後果。與此同時，我們應加速自身的武裝並籌組我們的同盟。因此，整體前景似乎比1914年秋季更為有利，因為當時法國的大部分領土已被占領，而俄國在坦嫩堡慘遭失敗。

然而，第（2）點依然未能被排除，這正是目前令人感到不安的原因。

1939年10月1日，我在廣播中再次提到：

波蘭再次面臨兩個大國的侵略。這兩個大國曾與其他強權聯手奴役波蘭150年之久，卻未能摧毀波蘭民族的精神。華沙的英勇抵抗顯示了波蘭靈魂的不可毀滅，如同一塊岩石，雖然暫時被浪潮淹沒，最終依然顯露出來，仍然屹立不倒。

俄羅斯採取了一種冷酷無情的自利政策。我們原本可以期待俄羅斯軍隊以波蘭的朋友和盟友身分駐紮在他們目前的陣地上，而不是以侵略者的角色。然而，俄羅斯軍隊駐紮在這些陣地上的原因顯然是出於自身安全的考量，以抵禦納粹的威脅。無論如何，這裡形成了一道防線，並且東部的一道防線已經建立，使得納粹德國不敢輕舉妄動……

我無法預測俄國的行動。這是一個極為神祕的謎中之謎，但或許有一個關鍵可以解開這個謎團，那就是俄國的國家利益。德國若想在黑海沿岸建立勢力，或是侵犯巴爾幹國家並征服東南歐的斯拉夫民族，這些舉動都與俄國的利益和安全不相符。若如此行事，將違反俄國歷史性的生存利益。

首相對我的言論表示完全贊同。在寫給他妹妹的一封信中，他提到：「我們剛才聆聽了溫斯頓的一場非常精彩的廣播演說。我的觀點與他完全一致。我們相信俄國將始終根據它自認為符合其利益的需求而行動。絕

第三章　波蘭的陷落

不能相信，它會認為德國的勝利及隨之而來的德國對歐洲的統治對它有利。」

第四章
戰時內閣挑戰

　　戰時內閣連同其增補的閣員,以及海、陸、空三軍的參謀長與若干祕書,於 1939 年 9 月 4 日召開了首次會議。此後,我們每日開會,有時一天兩次。我不記得何時有過如此炎熱的天氣──我穿著一件黑色羊駝毛上衣,裡面只有一件亞麻襯衫。這正是希特勒入侵波蘭時所需的天氣。波蘭在其防禦計畫中依賴的幾條大河,幾乎在每個地方都能涉水而過,地面堅硬,坦克和車輛均可通行。每天早上,帝國總參謀長艾恩賽德將軍站在地圖前,進行詳細的報告和評估,不久,我們都清楚波蘭的抵抗將迅速崩潰。我每日向內閣報告海軍部的情況,通常涉及被德國潛艇擊沉的英國商船清單。總計 4 個師的英國遠征軍開始向法國出發,空軍部對於不得轟炸德國軍事目標感到失望。在其他方面,大部分工作涉及國內防務,外交方面也進行了長時間的討論,特別是蘇聯和義大利的態度及在巴爾幹半島應採取的政策。

　　關鍵的一步在於設立地面部隊委員會,該委員會由時任掌璽大臣塞繆爾・霍爾爵士擔任主席,負責向戰時內閣提供關於軍隊規模和組織的建議。我作為這個小型機構的成員,參加了在內政部舉行的會議。僅在一個悶熱的午後,聽取了軍方將領的建議後,我們一致同意立即著手建立一支由 55 個師組成的軍隊,並同時設立各種軍火工廠及必要的軍需供應設施。當時的目標是希望在第 18 個月時,這支龐大的軍隊的三分之二能夠部署到法國,或者至少具備作戰能力。在這方面,塞繆爾・霍爾爵士顯示

第四章　戰時內閣挑戰

出卓越的眼光和積極的行動力，我始終支持他的努力。然而，空軍部擔心如此龐大的軍隊及其後勤需求會過度消耗我們的技術工人和人力，進而影響他們計劃在2、3年內建立一支強大且具有絕對優勢的空軍。首相受到金斯利·伍德爵士的分析影響，對於是否同意建立如此規模的軍隊及其附帶條件感到猶豫不決。戰時內閣在這個問題上意見分歧，直至一週多之後才作出決定，接受地面部隊委員會的建議，或至少認可了這個目標。

身為戰時內閣的成員，我認為有必要採取全域性觀點，將我所負責部門的需求置於主要計畫之下。我極希望能建立一個與首相立場一致的廣泛基礎，並願意將過去在相關領域中累積的知識提供給他利用。在他的善意鼓勵下，我在問題出現時，常常以書信形式向他表達意見。我避免在內閣會議中與他發生爭執，始終偏好以書面呈遞意見。幾乎在所有情況下，我們的看法都能達成一致。雖然起初他似乎對我存有戒心，但隨著時間推移，他對我的信任和善意明顯增強。這一點在他的傳記中有所證明。此外，我也給戰時內閣的其他成員及與我在部務或其他事務上有接觸的其他大臣寫信。戰時內閣很少單獨開會，通常有祕書或軍事專家列席，因此工作時常受到干擾。戰時內閣是一個嚴肅而有效的機構。大家為了共同的任務緊密團結，彼此自由討論，不拘形式，也不做記錄。這樣的好處確實不少。這類會議對正式的會議能發揮重要的輔助作用，在正式會議上，各項事務得到處理，決議被記錄，作為行動的準則。這兩種程序在處理極其困難的事務時，都是不可或缺的。

在上次大戰期間，我擔任軍需大臣時曾製造大量重炮，對於它們的去向，我深感關注。此類武器需要一年半時間才能完成，但無論是防禦還是進攻，若軍隊擁有大量重炮，將大有裨益。我記得勞合·喬治先生在1915年與陸軍部的爭論，也記得因為建立一支優勢重炮隊的問題所引發的政治騷動，以及後來事件如何證明他觀點的正確。8個月後，即1940年，陸地

戰爭的性質終於顯現出來，事實證明與1914～1918年的陸地戰爭截然不同。然而，這些大炮在本土防務中滿足了重要需求。我此時想起這個被忽視的寶庫。若我們遺忘它，那實在是愚蠢至極。

針對這個問題及其他相關事宜，我致函首相：

海軍大臣致首相

1939年9月10日

我有幾個建議想私下與你分享，希望你不會介意。

（1）我仍然認為，我們不應該首先發動轟炸，但法國軍隊作戰的臨近戰區不在此限，因為我們對於法國軍隊的作戰區當然要給予援助。從我們的利益出發，我們在進行戰爭時，應該符合相對人道的戰爭觀念；在加強嚴酷和激烈的戰爭手段方面，儘管這個過程無疑難以避免，但我們絕不能先於德國實施，必須等它行動後，我們才跟進。隨著時間的推移，倫敦和其他大城市的居民將獲得更多的藏身之所，再過兩週左右，我們擁有的避難所將比現在多得多。

（2）你應該明白，針對我們小型遠征軍的現狀，人們提出了一些批評，認為我們缺乏坦克和受過訓練的塹壕炮部隊，尤其是重炮隊。如果我們的確缺少重炮隊，那麼這種批評確實是有道理的⋯⋯在1919年戰爭結束後，我擔任陸軍大臣時，下令將大量重炮進行保存，塗油並妥善保管；我也記得在1918年，應總司令部的要求，為了支援軍隊於1919年進入德國，建造了兩門12英寸口徑的榴彈炮。這兩門炮未曾使用過，但當時確實是最先進的武器。它們並非輕易遺失的物品⋯⋯我認為最為重要的是，首先，應盤點我們國內還有什麼資源；其次，應立即進行修復，並製造新式炮彈。對於這類笨重的武器，我在海軍部或許能提供幫助，因為我們對於一切笨重的事物，自然是最能輕鬆應付的⋯⋯

第四章　戰時內閣挑戰

（3）你可能會想了解我在修改海軍新造艦計畫時所依據的基本原則。我建議除了最初的 3 至 4 艘新戰鬥艦之外，應暫停所有造艦工作，目前對於在 1943 年之前無法參與戰鬥的艦隻應暫時擱置。這個決策應在 6 個月後重新審視。正因為這樣的調整，我才得以支援陸軍。此外，我應當全力推進建造較小型反潛艇艦隊的計畫。這類艦隻的數量至關重要。許多艦艇可以在 1940 年內完成，但若考慮到我們在 1940 年夏季可能面臨 200 至 300 艘潛艇的襲擊，那麼這些數量顯然是不足的⋯⋯

（4）關於軍隊的供應以及與空軍的關聯，請容我分享一些得來不易的實踐經驗和知識，這些並非從師長那裡學到的。軍需大臣目前基於 55 個師的框架來制定計畫，這一個計畫不會對空軍部或海軍部造成不利，因為：〈1〉在確定地基和建造工廠的準備階段，並不需要大量的技術工人長期投入；在這些時間當中，挖掘地基、鋪設混凝土、砌磚、粉刷以及鋪設排水系統等工作，只需普通建築工人即可完成；〈2〉即便因其他需求未能在 24 個月內組建 55 個師的軍隊，你可以將時間延長至 36 個月甚至更久，而不影響既定規模。反之，若軍需大臣起初未制定宏大計畫，當現有工廠必須擴建時，將遭遇不必要的延誤。最好讓他制定大規模計畫，並透過調整時間來滿足空軍和陸軍的需求。一旦工廠建成，即使暫時無需使用，也可備而不用，但若工廠不存在，當需要進一步努力時便會無計可施。只有在這些大型工廠啟動後，方能達到最佳效益。

（5）截至目前為止（中午），尚未收到有關船舶遭潛艇擊沉的最新報告，換句話說，我們在過去 36 小時內並未遭受損失。或許潛艇都去度週末了！但我卻將時間耗費在準備應對打擊中。然而，我堅信一切終將好轉。

我還致函伯金博士：

海軍大臣致軍需大臣

1939 年 9 月 10 日

在 1919 年於陸軍部任職時，我曾下達過詳細的指示，要求將大量重炮妥善上油並保存。如今，這些重炮似乎已經被找到了。在我看來，首要之務便是掌握這些資源，優先進行修復，並生產重炮彈。至於重炮彈的供應，或許海軍部能提供協助。如需幫助，請直接聯繫。

他的回信令我十分滿意：

軍需大臣致海軍大臣

1939 年 9 月 11 日

自 1938 年 9 月的危機以來，陸軍部對你信中提及的超級重炮持續關注，並計劃加以運用。9.2 英寸口徑大炮和 12 英寸口徑榴彈炮的炮身與炮座，實際上在今年 1 月分已經開始修復。

這些重炮於 1919 年存放時，保存工作進行得極為謹慎，結果顯示其整體狀況良好。然而，部分零件已經損壞，需要更換新的配件，這項工作目前仍在進行中。本月內，我們一定能完成部分重炮的修理，這項工作自然被賦予最高的優先順序……

我對於收到你的來信深表感謝。當你得知依照你的建議，已經完成了許多工作，你一定會感到欣慰。

海軍大臣致首相

1939 年 9 月 11 日

人人都認為應設立一個海運部。在今日與船主的會議上，船舶商會會長極力倡議此事。貿易大臣亦要求我與他共同提交申請，這無疑會減少他本身的職責。議會內必然也會對此有強烈的呼聲。此外，我也相信此方案極具價值。其功能有三：

第四章　戰時內閣挑戰

（1）根據內閣的戰時政策及當前局勢的緊迫性，確保海運達到最佳效益和最大節省。

（2）制定並推動全面的船舶建造計畫。1940年夏季可能遭遇潛艇襲擊，預計噸位損失將非常嚴重，因此，全面的造船計畫乃是必須預防措施。這無疑應涵蓋混凝土船隻的建造研究，以便在鋼鐵短缺時，降低對鋼材的依賴。

（3）關懷、慰問及激勵商船船員。在遭遇魚雷攻擊後獲救的他們，仍然必須持續出海工作。於這場戰爭中，商船船員是極其重要且潛力強大的因素。

貿易大臣已經告知，若要將他所管理部門中的相關機構拆分出來成立海運部，將需要2～3週。我認為，允許這樣的過渡期是相當明智的。在新的大臣人選確定並公布後，他還需要招募必要的助手，並逐步接管貿易部的相關機構。此外，另一個看似重要的點是，政府應該在議會或航運界施壓，或聽到人們對現行制度的強烈反對之前，先行採取必要措施來設立海運部。

經過一個月的商議後，該部門成立，並於10月13日正式宣布。張伯倫先生選擇了吉爾摩爵士作為首任部長。然而，普遍的評論認為這個選擇不太合適。吉爾摩是一位非常和藹可親的蘇格蘭人，也是著名的議員。他曾在鮑德溫先生和張伯倫先生的政府中擔任閣員。不幸的是，他的健康狀況日益惡化，任職僅數個月便去世了，隨後由羅納德‧克羅斯先生接任。

海軍大臣致首相

1939年9月15日

由於事務繁忙，我將於下星期一才返程。我希望能在此分享我對當前主要形勢的見解，供您參考。

我相信在這個季節的晚些時候，德國不太可能在西線展開攻勢……可以肯定的是，他的策略似乎是持續向波蘭、匈牙利和羅馬尼亞推進，直至黑海。他或許已經與俄國達成某種協定，使俄國能獲取波蘭的一部分並收復比薩拉比亞……

在今年冬季的幾個月裡，希特勒最明智的策略似乎是與東鄰建立友好關係，以獲得穩定的供應，進而向他的國民展示持續的勝利景象，並讓他們相信我們的封鎖已被削弱。因此，我認為在他尚未從東線輕而易舉地獲取戰利品之前，他不會在西線發起攻擊。儘管如此，我仍然堅持我們應該在西線做好一切準備，以便自衛。我們應盡全力促使比利時與法國和英國的軍隊合作，採取必要的防範措施。同時，在比利時後方的法國邊境上，應利用一切可能的資源日夜建設防禦工事。在這個縱深的防禦體系中，特別應關注坦克的防禦障礙，例如：豎立鐵軌，挖掘深壕，豎立混凝土樁，有的地方還應埋設地雷並準備可以瞬間淹沒敵人的洪水等。在對波蘭的戰爭中，已經證明3、4個德國裝甲師可以發揮極大的攻擊力量，對於這種攻勢，必須有障礙物，結合沉著應戰的部隊和強大的炮隊防衛，才能夠阻止……如果沒有障礙物，對於裝甲車輛的進攻，將難以進行有效抵抗。

1919年，我曾將大量戰時製造的大炮進行保存，現今能夠派上用場，令我非常欣慰。其中包括32門12英寸口徑、145門9英寸口徑、大量8英寸口徑，以及將近200門6英寸口徑的榴彈炮，還有大量軍火。這些重型火炮不僅能夠增強我們的小規模遠征軍，還足以支援一支大規模的軍隊。部分重炮應盡速運往前線，如此一來，無論我們的軍隊還有什麼不足，至少在重炮方面將不會有缺乏。

我希望你能對我之前所述的情況進行仔細考量。我這樣做的目的僅在於協助你履行責任，同時也完成我自身的義務。

在隔日的回信中，首相對我表示：

第四章　戰時內閣挑戰

　　所有的來信我都會仔細閱讀，並且認真考量。我之所以一直沒有回覆，只是因為我們每日相見，而且在我看來，我們的觀點非常一致。……根據我的理解，從波蘭戰役中得出的教訓在於空軍的力量，一旦空軍完全掌握制空權，它就能使地面行動陷於癱瘓……因此，我認為，迅速增強我們空軍力量的計畫應該被置於絕對優先的地位，而我們在陸地上的努力程度，應該根據滿足空軍擴充後所剩餘的資源來決定。當然，我必須等到地面部隊委員會的報告提交後，才能在這方面做出最終的決定。

海軍大臣致首相

1939 年 9 月 18 日

　　您認為空軍是我們的首要需求，這一點我完全贊同。事實上，我有時甚至覺得這可能是取得勝利的關鍵因素。然而，我正在審閱空軍部的報告，其中所提的要求似乎過於龐大而不切實際，目前無需立即執行。如果將其置於絕對優先地位，必定會影響其他重要的作戰行動。我正準備對此報告撰寫一份意見書，目前我只先提出一個令人驚訝的數字與您討論。

　　如果航空業目前擁有 36 萬名員工，每月能生產近 1,000 架飛機，而要達到每月生產 2,000 架飛機則需 105 萬人，這似乎不合常理。我們通常認為「提高產量後應能顯著減少人力需求」，尤其是在大規模生產的情況下。我不相信德國每月需要動用 100 萬人來生產 2,000 架飛機。儘管我大致同意每月生產 2,000 架飛機應是我們的目標，但是目前我無法接受為了達成這個目標，必須如報告所示，對我們的勞動人力提出如此巨大的要求。

　　我之所以急切地主張我們應以 50 或 55 個師的規模來建設軍隊，是因為我不相信法國人會同意那種分工方式，即由我們負責海、空作戰，而將陸地戰鬥的流血犧牲幾乎全部留給他們承擔。這樣的安排，我們自然樂見其成；但我對僅限於海、空作戰的想法並不贊同。

若對任何部門賦予絕對優先權,將帶來極大的風險。

在上次大戰期間,特別是在海軍部實力強大且美國海軍已經參戰的最後一年,海軍部卻專橫自私地濫用其優先權。現在,我每天都在為共同利益抑制這種傾向。

在我寄給你的首封信中,我已經提到,關於興建製造炮彈、火炮以及充填火藥工廠的計畫,以及炸藥和鋼鐵的供應,在這些工廠的建造過程中,將不會與飛機工業所需的勞動力產生直接競爭。這是一個如何巧妙協調的問題。另一方面,機械車輛的供應則存在直接競爭,因此必須妥善調整。最理想的情況是,先大規模建設陸軍軍火工廠,然後在資源允許和戰爭需求的範圍內啟動運作。你可以根據局勢變化調整時間安排。但如果現在不開始建設工廠,那麼就沒有選擇的餘地了。

我相信,我們應該通知法國,我們計劃籌組一支由 50 或 55 個師組成的軍隊。然而,要實現這個目標,可能需要 24 個月,甚至 30 到 40 個月,並且應該保持一定的彈性。

在上次大戰結束時,我們在各戰場上部署了大約 90 個師,我們每個月的飛機生產量達到 2,000 架,此外,我們的海軍規模遠超當時的需求,也超過當前計畫的標準。因此,我認為,建立 50 或 55 個師並每月生產 2,000 架飛機這兩個目標是可以協調並行的,儘管現代化的部隊設備和飛機在工業需求上比以往高得多 —— 如今一切都變得極為複雜。

海軍大臣致首相

1939 年 9 月 21 日

我不確定您是否考慮過,讓戰時內閣的成員們偶爾獨自開會,在沒有祕書和軍事專家的情況下,進行交流。在我們的正式會議中,重大問題已經全面討論過了,但我對此仍不滿意。作為被任命負責作戰事務的閣員,我堅信,若我們經常整體開會,將更符合公共利益。許多不屬於三軍參謀

第四章　戰時內閣挑戰

長職責的事務現已加諸其上。他們提供了許多有價值且具啟發性的報告，我們也已經加以利用。然而，我大膽建議，我們有時應獨自討論整體局勢。在多個方面，我認為我們尚未完全理解問題的本質。

至於此事，我尚未與任何同事討論過，也不清楚他們的看法。我向你表達我的觀點，因為這是我的責任。

9月24日，我致函財政大臣：

我常常想起你和你所面臨的挑戰，因為當我在財政部任職時，我也曾經歷過類似的困難。我預測未來的預算將越來越不容易編列，並且將呈現出嚴峻的特徵。然而，我建議你發起一場有力的反浪費運動，以此相輔相成。考慮到我們目前的龐大支出而收入甚微，我認為「金錢的價值」從未如此低迷。1918年時，我們為了避免浪費，曾實行過許多不受歡迎的限制，但這些措施在戰爭的勝利中發揮了一定作用。在你計劃於星期三發表的宣告中，應特別強調這一點。你應該努力向大眾說明哪些行為應予以避免，這並不是禁止消費的手段。在生產力未能提升之前，一切消耗都應該節制，包括奢侈品。以文具為例，各部門應立即加以限制。使用過的信封應重新黏合，以便重複使用。雖然這些事情看起來似乎微不足道，卻能提醒每位官員——而我們目前擁有數百萬名官員——注意節約的重要性。

1918年，我們一再強調前線人員認真推行的「節約運動」，民眾也開始以節約為榮，將其視為戰時國民責任的一部分。為何不一開始就向尚未投入戰鬥的備戰區英國遠征軍灌輸這些理念呢？

我正試圖取消海軍部那些龐大的改革方案，凡是在1941年前無法實施的，或在某些情況下甚至在1940年底前不能落實的計畫，都應予以刪除。請留意，不要讓負責防禦的人員及其他本位主義者將我們的資源耗費在長期發展計畫上，因為這些計畫必須等到決定我們命運的關鍵時刻已過之後才能落實去執行。

我注意到，即使各部門在財務上受到嚴格監控，仍然存在許多鬆散與浪費的情況。為了改善這個狀況，建議你偕同你的團隊，從批判的角度審視這些浪費行為，而非採取拖延策略。在這個危急時刻，更應提醒各部門的運作準則，責任應由他們承擔；若他們無法達到節約目標，則必須立即對其進行訓斥。

關於上述問題，我致信給您，但希望您不會因此感到不快。我對財務節約的重視，如同我對戰爭付出的努力一樣，因為財務節約確實是戰時歷程中不可或缺的一環。在這些事務上，您可以依賴我的支持。此外，身為一個負責開支的部門首腦，如您有需要審查的地方，我定會遵從指示。

在每次戰爭中，當皇家海軍掌握制海權時，必須承受一個代價，即在敵人面前暴露其龐大目標。私掠船、進行海上襲擊的巡洋艦，尤其是潛艇，採用各種不同的作戰方式，對我們貿易和糧食供應的生命線造成重大損害。因此，我們常常被迫將防禦作為首要任務。由於這個現實，產生了一種危險，即我們被迫實施或退而採取防禦性的海軍戰略和思考習慣。現代的種種發展，更加強了這種傾向。在兩次大戰中，在我主管海軍部的時期，我經常設法尋找各種反攻的方式，以杜絕對防禦思想的過度依賴。只要讓敵人無法預測下一次襲擊的地點，就可以大大促進數百個商船隊和數千艘商船安全進入港口的工作。在第一次世界大戰中，我起初希望透過進攻達達尼爾海峽，後來希望透過進攻博爾庫姆和其他弗里西安島嶼，重新獲得主動，並迫使海軍較弱的敵國專注於自身問題，而無暇干涉我們的問題。1939 年我再次受命主管海軍部，在緊迫的需求得到妥善處理、急迫性危險被防止之後，我立即感到不能滿足於「護航和封鎖」政策。我竭力尋求以海軍進攻德國的方法。

波羅的海首當其衝地映入我的腦海。若英國艦隊能掌控波羅的海，將可能獲得具決定性的重要成果。一旦斯堪地那維亞半島不再受德國入侵威

第四章　戰時內閣挑戰

脅，儘管不一定正式加入我們的陣營，卻自然會融入我們的戰略體系。英國艦隊若在波羅的海取得制海權，便可支援俄國，或將對整個蘇聯的政策與戰略產生關鍵影響。負責且消息靈通的人士對此無異議。波羅的海的掌控權顯然不僅是皇家海軍的，更是整個英國的重要戰利品。我們能否奪得這項戰利品？在這場新戰爭中，德國海軍並不構成阻礙。我們在重型艦艇上占據優勢，因此迫切期待在任何時刻、任何地點與其交鋒。水雷區可被強大的海軍隊伍清除，而潛艇對於有高效驅逐艦隊防護的艦隊也無能為力。然而，德國如今雖無1914和1915年的強大海軍，卻擁有一支不可低估且日益重要的空軍。

若在2、3年前，我們成功與蘇俄結盟，如今派遣一支英國戰鬥艦隊與俄國艦隊聯合，並以喀琅施塔德為基地，便可掌控波羅的海。我之前曾在友人間推崇此計畫。至於此提議是否付諸行動，則無從得知。這無疑是一種制衡德國的方法。如今已是1939年秋季，俄國成為敵對的中立國。瑞典擁有數個可供英國艦隊駐紮的良港。但我們不能期待瑞典招致德國的侵略。若無法掌控波羅的海，我們便無法利用瑞典的港口；而若無瑞典的港口，我們便無法控制波羅的海。這是策略思考上的一個困境。這個困境是否有解？尋求解決方案，始終是正確的。在戰爭期間，我曾推動參謀部對各種作戰計畫進行深入研究，結果常使我相信這些計畫暫時擱置為宜，否則難以與整體戰局相符。其中首要便是關於掌控波羅的海的計畫。

在我到達海軍部的第4天，我便指示海軍參謀部草擬一份關於開放通往波羅的海通道的計畫。計畫處迅速回覆指出，若要確保計畫成功，必須確保義大利和日本保持中立；空襲的威脅似乎使該計畫難以實現；然而，除此之外，這個作戰計畫應予以詳細研究，若被認為可行，即應於1940年3月或之前執行。與此同時，我與1911～1912年間結識的老友、海軍

建設局局長史坦利・古多爾爵士就此計畫進行了深入討論，他立刻對此構想深感興趣。我將此計畫命名為「凱薩琳計畫」，以紀念俄國偉大的女皇凱薩琳，因為我的想法中隱含著俄國的影響。1939 年 9 月 12 日，我撰寫了一份詳細的備忘錄，並將其呈交給相關單位。

9 月 20 日，龐德海軍上將回應我，他認為該計畫的成敗取決於俄國是否會支持德國，並且取決於挪威和瑞典是否能保證合作；他指出，無論部署何種力量進入波羅的海，我們必須具備能夠對抗任何可能與我們作戰的國家力量並取得勝利的能力。他對這場冒險行動表示全力支持。9 月 21 日，他批准海軍元帥科克-奧里伯爵，一位德高望重且技藝高超的將領，進入海軍部工作，並為他準備了辦公室與少數精選的參謀人員，以及所有為制定和策劃波羅的海攻勢所需的情報。這種做法在上次大戰中已有先例，當時我曾得到費希爾勛爵的完全同意，將外號「拖船」的著名威爾遜海軍上將調回海軍部，執行此類特殊任務；而在此次戰爭中，也經常以這種毫無拘束的友好方式探討重大問題，且未引起相關參謀長們的反感。

科克勛爵與我一致認為，應建造專門抵禦飛機和魚雷攻擊的主力艦。正如備忘錄所示，我建議將「皇家君主」級的 2、3 艘船艦改造，配備抵禦魚雷的強化艦殼和防炸彈的堅固裝甲甲板，以便在沿海或海峽中作戰。為達成此目標，我願意犧牲一個或甚至兩個炮塔及 7、8 海里的速度。這類艦艇不僅可用於波羅的海，還為我們在靠近敵人的北海海岸，特別是地中海，提供了戰略優勢。然而，即便我們對海軍建造和船塢工程的最樂觀預測能如期實現，這一切也不可能在 1940 年春末前完成。即使如此，我們隨即依此情況著手準備。

1939 年 9 月 26 日，科克勛爵提出了他的初步假設，這假設自然基於純軍事的問題研究。他認為未來由他指揮的作戰計畫是可以實行的，儘管

第四章　戰時內閣挑戰

存在風險。他指出，開闢通路時必然會有損失，因此至少需要比德國艦隊多出 30% 的艦隻作為備用。如果我們計畫在 1940 年中期行動，那麼艦隊的集結和所有必要的訓練應在 1940 年 2 月中旬之前完成。因此，我推測「皇家君主」級艦隻的甲板加裝鐵甲和船舷加裝護殼的計畫無法在時間上允許。這又是一個難題。然而，如果這類工作繼續，或許一年後可以按計畫進行行動。但在戰爭中，如同日常生活，所有其他事物也在發展。如果能有 1、2 年的時間冷靜和有條不紊地安排，則可能找到更好的解決方案。

在這些事務中，副參謀長湯姆·菲利普斯海軍上將（於 1940 年底「威爾士親王」號在新加坡附近海域沉沒時罹難）以及海軍部軍需署長兼第三海務大臣弗雷澤海軍上將都給予我強而有力的支持。弗雷澤海軍上將建議將格倫輪船公司的 4 艘高速商船納入攻擊艦隊，這些船隻後來在其他事件中發揮了作用。

我在海軍部最初承擔的任務之一，便是審核當前的新艦建造方案以及戰爭爆發時的戰時擴張計畫。

在任何時刻，海軍部至少在同時推行 4 個連續的年度造艦計畫。在 1936～1937 年間，已有 5 艘戰鬥艦開始建造，預計在 1940～1941 年投入使用。1938～1939 年間，議會又批准建造 4 艘戰鬥艦，但自下訂之日起，至少需要 5～6 年才能完成。此外，還有 19 艘巡洋艦正處於不同的建造階段。在過去 20 年中，由於條約的限制，皇家海軍的設計才華和卓越名聲受到了扭曲和束縛。我們所有的巡洋艦，都是在遵循這些條約限制和「君子協定」的基礎上建造的。在和平時期，艦艇按照這些標準在複雜的政治環境中年復一年地建造，以維持海軍的實力。在戰時，所有艦艇的建造必須以清晰的戰術目標為基準。我非常希望建造若干艘排水量 14,000 噸的巡洋艦，配備 9.2 英寸口徑的火炮，擁有能抵禦 8 英寸口徑炮彈的堅

固裝甲,並且具備長距離的航行能力和超過任何現有「德意志」號或其他德國巡洋艦的速度。在此之前,條約的限制阻止了我們採取這種政策。如今我們已不再受其限制,但戰時的諸多事務亟需優先處理,這使得這類長期計畫同樣難以實現。

驅逐艦是我們當前最亟需的戰艦,也是我們最薄弱的一環。1938 年的造艦計畫中完全沒有驅逐艦的規劃,但到了 1939 年,卻訂購了 16 艘。在造船廠中,這類必不可少的艦隻共有 32 艘,但在 1940 年底之前,僅能交付 9 艘。由於每個新建的驅逐艦隊都要比前一代更出色,這種無法抗拒的傾向將建造時間從兩年延長至近 3 年。海軍自然希望擁有能夠在大西洋上抗風浪的艦隻,並要求艦體足夠大,以容納所有現代化的火炮,尤其是防空設施。顯然,按照這種合理推理建造的艦隻,很快就會變成小型巡洋艦,而不再是驅逐艦了。這些無裝甲的艦隻排水量接近甚至超過 2,000 噸,載有 200 名海員在海上航行,極易成為任何正規巡洋艦的犧牲品。驅逐艦本是對抗潛艇的主要武器,但隨著艦體增大,它本身反而成為了有價值的攻擊目標,已經從獵人成為了獵物。我們需要的驅逐艦越多越好,但因為它們不斷改進和擴大,限制了造船廠的產能,並極大地延遲了完工時間。

另一方面,英國在海上航行的商船數量通常超過 2,000 艘,每週進出國內港口的遠洋輪船數量達數百艘,沿海商船則多達數千艘。為了實施護航制度,為了在英吉利海峽及大不列顛與愛爾蘭之間的海域進行巡邏,為了保護英倫三島的數百個海口,為了供應我們遍布全球的基地,為了保障掃雷艇執行其不間斷的任務,所有這些因素迫使我們大幅增加小型武裝艦艇的數量。數量和建造速度是至關重要的兩個因素。

我的職責在於調整造艦計畫,以滿足當前需求,並最大限度地增加反

第四章　戰時內閣挑戰

潛艦艇的數量。為此，我確立了兩項原則：首先，應完全停止或嚴格推遲長期的造艦計畫，以便將勞動力和資源集中於能在一年或一年半以內建造成的艦隻上；其次，必須設計新型反潛艦艇，使其能在島國附近海域活動，進而釋放較大型的驅逐艦執行遠洋任務。

針對這些問題，我連續撰寫了數篇節略發送給海軍部的同事：

鑑於到 1940 年底潛艇威脅勢必更為嚴重，我們必須專注於驅逐艦的數量和建造速度，而非其尺寸和火力。我們應該能設計出可在一年內完成的驅逐艦，基於此情況，至少應立即動工建造 50 艘。我完全理解需要一定數量的小型艦隊指揮艦和適合遠洋的較大驅逐艦，但若我們的艦隊能獲得我計畫中的 50 艘中型緊急驅逐艦，則所有較大的艦隻便可轉移至遠洋作戰。

長期政策與短期策略之間的衝突，在戰爭時期尤為尖銳。我下令停止所有在 1940 年底前無法完工的大型艦艇建造工程，因為這些工程可能與主要造艦計畫競爭。除此之外，我們必須在 12 個月內，或如果可能的話，在 8 個月內，建造新型艦艇以增強我們的反潛艇艦隊。對於這些艦艇的首批型號，我們恢復了驅潛快艇的舊稱。在戰爭爆發前不久，已訂購了 58 艘這類艦艇，但尚未開始建造。後來在 1940 年訂購了一種改進的類似艦艇，被稱為快速巡洋艦。此外，各類小型艦艇，特別是拖網船，必須迅速改裝，以增配火炮、深水炸彈和潛艇探測器；海軍部新設計的汽艇亦需大量生產，以遂行沿海任務。發出的訂單已達造艦能力的極限，包括加拿大造船廠在內。然而，我們未能完全達成預期目標，當時的條件不可避免地導致各種延誤，使得造船廠的交貨與我們的預期相差甚遠。

經過漫長的討論，我對於波羅的海的戰略和戰鬥艦改造的觀點最終獲得了優勢。設計完成，訂單也已下達。然而，各種反對理由紛至沓來，其

中一些相當有理。據稱，如果德國的袖珍戰鬥艦或配備 8 英寸火炮的巡洋艦突破封鎖，我們可能需要「皇家君主」級戰艦來護航。此外，有人認為這個計畫會對其他重要工作造成不可接受的干擾，而優先將勞動力和裝甲用於其他方面的理由似乎也很有說服力。我一直渴望建立一支艦隊，其艦隻甲板覆蓋著厚重灌甲，速度不超過 15 海里，擁有大量高射炮以及卓越的空中和水下防禦能力，但這一個願望始終未能實現，令我遺憾不已。到 1941 和 1942 年，當馬爾他島的防禦和救援變得極為緊迫，當我們亟需轟炸義大利港口，尤其是在的黎波里時，我和其他人都深刻體會到這些艦隻的必要性，但到那時，一切已為時過晚。

在整場戰爭中，「皇家君主」號級艦艇始終被視為一種資源浪費和潛在威脅。這些艦艇並未像其「伊麗莎白」號級的姊妹艦一樣重新改裝；如後所述，至 1942 年 4 月，日本艦隊進入印度洋，當地的海軍上將以及龐德海軍上將和國防大臣唯一的考量就是如何在最短的時間內，將它們與敵人之間的距離拉開至數千英里，越遠越好。

當我接掌海軍大臣職位並成為戰時內閣成員後，我的首要行動之一便是建立一個專屬的統計部門。為此，我邀請了多年好友及親信林德曼教授擔任此任務。我們共同合作，分享對整個戰局的洞見和猜測。我安排他在海軍部工作，與 6 位統計專家和經濟學家組成團隊，他們皆專注於現實問題，無暇他顧。這些才華橫溢的人在林德曼的指導下，利用所有官方情報，持續向我提供圖表和圖解，並對我們掌握的戰局全面解釋。他們勤勉地審查和分析各部門提交給戰時內閣的所有文件，並研究我所要求的各類調查。

當時，並不存在一個統一的政府統計機構。各部門依據各自的資料和論點提出其觀點。空軍部有其統計方法，而陸軍部則有不同的計算方式。

第四章　戰時內閣挑戰

供應部與貿易部雖然針對同一問題，但各自的說法卻不一致。這種情況下，當內閣在某些問題上出現分歧時，偶爾會引發誤解並浪費時間。然而，我從一開始便擁有自己可靠且穩定的情報來源，各部分彼此緊密連繫。儘管最初僅涵蓋情報領域的一部分，但它極大地幫助我在面對大量湧入的事實和資料時，形成正確且綜合的見解。

第五章
法國戰線的僵局

戰爭一爆發，我們的遠征軍立即進駐法國。與上次大戰不同，當時至少花費了3年時間來準備，而這次直到1938年春天，陸軍部才為此設立了專門機構。此時出現了兩個嚴峻的新因素：首先，現代化軍隊的裝備和組織比1914年更加複雜。每個師都配備了機械化運輸，組織龐大，非戰鬥人員的數量也較多；其次，由於過度擔心敵人空襲運輸船隻和軍隊登陸港口，陸軍部只能使用法國南部的港口，並將聖納澤爾作為主要基地。這使得陸軍的交通線大大延長，導致英國部隊的到達、部署和補給延遲，並在路途中耗費了大量人力。

令人不解的是，戰爭爆發前，我們的軍隊究竟應在前線的哪一部分布防，竟未有定論。然而，根據當時有力的推測，它應位於利爾以南。9月22日，這個推測得到證實。至10月中旬，由英國4個師組成的2個正規軍團駐紮在沿法、比邊界的防地。他們從專供軍隊登陸的遙遠港口出發，經歷250英里的公路與鐵路運輸，才抵達目的地。10月和11月間到達的3個步兵旅於1939年12月編成第5師。1940年1月，第48師自國內出發，隨後在2月，第50和第51師，3月間，第42師和第44師陸續抵達，前後共計10個師。隨著我們的數量逐漸增加，我們接管了更多防線。當然，我們在任何一個據點都未曾與敵人接觸。

當英國遠征軍抵達指定陣地時，他們驚訝地發現，前線已經修築了一條完整的人工防坦克壕溝，每隔約1,000碼便設有一座龐大且顯眼的碉

第五章　法國戰線的僵局

堡,以便機槍和反坦克炮能夠沿壕溝進行縱向射擊。此外,還有一條連綿不斷的鐵絲網。在這個異常的秋冬季,軍隊的主要任務是改良法國人建造的防禦工事,構築出一條類似齊格菲防線的防線。儘管天氣嚴寒,工程進展迅速。根據空中攝影,我們得知德軍正將他們的齊格菲防線從摩澤爾河向北延伸。儘管他們在國內資源和強制徵召勞工方面擁有優勢,我們雙方的進度似乎不相上下。到 1940 年 5 月德軍發動攻擊時,我們已經完成了 400 座新碉堡。長達 40 英里的防坦克壕溝已挖好,大量鐵絲網也已安裝完畢。由於交通線延伸至南特,需求變得極為龐大。基礎設施已經建立,道路得到改善,鋪設了 100 英里的寬軌鐵路,龐大的地下電報系統也已安裝,數個供軍團及軍級指揮官使用的地下指揮部接近完工。約 50 個新機場和衛星機場的跑道已經擴建或改善,使用了超過 5 萬噸的混凝土。

在這些任務中,英國軍隊竭力奮鬥,並為增加經驗,各旅輪流被派遣至位於梅斯附近的法國前線,在那裡與敵軍對峙,至少進行一些巡邏行動。其餘時間,部隊專注於訓練,這是必需的。戰爭爆發時,軍隊的準備程度遠不如 25 年前約翰·弗倫奇爵士的部隊。國內的軍隊多年來未進行大規模演習,正規軍校編制缺少 20,000 萬人,包括 5,000 名軍官。根據「卡德韋爾計畫」,正規軍主要負責保衛印度,這使得本土部隊的能力幾乎與軍校學員相當。1939 年 3 月,本土防衛隊擴充一倍,雖意圖良善但欠缺考慮,同年 5 月成立的民團從正規軍當中抽調大量教官。法國冬季駐防的幾個月被充分利用,各種訓練計畫融入主要的加強防禦工作中。我們的軍隊在這段珍貴的喘息時間中,效率顯著提升。儘管工作艱辛且未發生戰鬥,部隊的士氣和精神面貌均有顯著改善。

在我們前線的後方,沿著交通線的軍需庫中,儲藏著大量的補給和彈藥。在塞納河與索姆河之間,備有 10 天的物資供應,而在索姆河以北,

還有 7 天的額外物資。這後者的補給，使英國軍隊在德國人突破前線後渡過了難關。由於當時局勢穩定，利阿佛以北的其他港口也逐步被利用。迪耶普成為醫療基地；費康專門用於運輸軍火；最終，我們共使用了 13 個法國港口。

　　一個不受法律或條約限制的政府，與那些必須等到侵略國採取行動後才能激發戰爭情緒並制定計畫的國家相比，擁有無與倫比的優勢。這是一個極大的便利。然而，除非侵略者的勝利是徹底且具決定性的，否則未來總會有清算的一天。希特勒可以隨心所欲地選擇進攻的時機與地點，除非遇到更強大的力量，否則他不受任何限制；而西方的兩個民主國家卻無法侵犯比利時的中立。他們最多只能在比利時尋求援助時立即作出反應，但等到求援之時，可能已經為時過晚。當然，如果在戰爭爆發前的 5 年間，英、法兩國在條約和國聯的支持下採取堅決果敢的政策，比利時或許會堅守舊有的盟約，並允許建立一個聯合陣線。這可能會帶來極大的安全感，並可能避免即將到來的災難。

　　此類聯盟，若能適當組織，或能沿著比利時邊境延伸至海岸，形成一道防禦屏障，以抵擋 1914 年幾乎全然摧毀我們、並在 1940 年令法國潰敗的可怕迂迴戰術。此外，這樣的聯盟也將使我們能夠迅速從比利時進攻德國的魯爾工業中心，並能增強對德國侵略的抵抗。即便在最壞的情況下，比利時所遭受的也不會比後來實際經歷的更為悲慘。當我們回顧美國當時對歐洲衝突的置身事外；拉姆齊・麥克唐納先生提倡法國裁軍；由於德國屢次違反《和約》中的裁軍條款而使我們屢遭挫折和屈辱；我們對德國侵入萊茵蘭的默許；我們眼睜睜地見奧地利被德國兼併；以及在慕尼黑簽訂的條約和承認德國占領布拉格 —— 回顧這些情況時，任何在過去那些年之中負責英國或法國國事的人，都無權責備比利時。在一個充滿動搖與妥

第五章　法國戰線的僵局

協的時代，比利時只能嚴守中立，並期望其防禦線能夠抵擋德國的侵略，等待英、法軍隊的救援，並以此自我安慰。

1914 年，法國軍隊和人民因為自 1870 年以來代代相傳的復仇情結，展現出強烈的進攻精神。他們在理論上認為，實力較弱的國家必須在戰略和戰術上處處發起反攻，以抵禦敵人入侵。戰爭初期，身著藍衣紅褲的法軍在軍樂隊演奏《馬賽曲》的伴奏下，勇敢向前。入侵的德國人每當遇到這種情況，便停下來對法軍開火，造成了法軍的巨大傷亡。倡導攻勢的格朗梅松上校在最前線為國家和信念而犧牲。我在《世界危機》中說明了為何 1914 至 1916～1917 年間，防禦炮火占有絕對優勢。我們在南非戰爭中親眼目睹，少數波爾人使用自動步槍產生了極大效果；這種火力雖然不能對穿越曠野的軍隊造成毀滅性打擊，卻至少引起重大傷亡。此外，當時機關槍的數量也在不斷增加中。

隨之而來的是一場大規模的炮擊戰。數百門，後來增加至數千門的大炮，可以將一個地區夷為平地。然而，英、法聯軍在付出巨大犧牲後，若要共同進攻德國軍隊的防禦壕溝，他們將面臨連綿不斷的堅固防禦工事；而他們用炮火壓制的敵人前線，已將前方土地炸得滿是彈坑，即便他們攻勢得手，這些彈坑也會成為他們進一步推進的巨大障礙。從這些艱難經歷中得出的唯一結論便是採取防禦策略，必定勝券在握。此外，在過去 25 年中，武器的火力已大大增強。然而，防禦策略固然有其優勢，但也有其缺陷，這將在未來顯而易見。

當時的法國，與 1914 年 8 月決意與其世仇激烈對抗的法國，已經大相逕庭。復仇的激情自從戰爭勝利、使命達成後，早已消逝無蹤，而那些曾鼓舞此種激情的領袖們也都已經故去。在過去的大戰中，成年法國人被屠戮的數量達到 150 萬之多。大多數法國人一想到進攻行動，便會聯想

到 1914 年法國進攻初期的失利、1917 年尼維爾將軍的撤退、索姆河及帕森達勒的漫長艱苦戰役，尤其是現代武器的火力對進攻部隊造成的巨大損失。在法國和英國，沒有人能完全理解一種新事物所帶來的影響，即裝甲車輛可以抵擋炮火，並能每天推進 100 英里。關於此議題，數年前，一位名為戴高樂的指揮官撰寫了一部富有啟發性的著作，但未引起任何關注。年邁的貝當元帥在最高軍事委員會中的權威，對法國軍事思想有著深遠影響，同時，也是因為它而阻礙了新思想的吸收，尤其是不贊同那些被古怪地稱為「進攻武器」的事物。

在時間的流逝中，對於依賴馬奇諾防線的方針，常常遭到批評。此種方針的確形成了一種防禦心態。然而，在保護數百英里的邊界時，合理的防禦策略通常是利用防禦工事盡量與敵人隔離，進而在不必調動軍隊的情況下節省兵力，並控制敵人可能進攻的路徑。如果馬奇諾防線能夠在法國的作戰計畫中得到恰當應用，它可能對法國作出重大貢獻。應將其視為一系列相連的寶貴突擊點，特別是用於分隔大部分前線，以便在其後方集結後備隊或進行「大規模調動」。考慮到法國和德國在人口上的差異，我們應該承認馬奇諾防線是一個明智而謹慎的舉措。事實上，令人不解的是，這條防線並未沿著默茲河延伸。如果能夠延伸，它便可成為一個可靠的屏障，使法國能夠自由揮舞其鋒利的劍向敵人進攻。然而，貝當元帥卻反對防線的延長。他堅持認為，由於地形因素，阿登區域絕不可能成為入侵的通道。因此，延長防線的計畫被否決了。我在 1937 年視察梅斯時，吉羅將軍曾向我解釋馬奇諾防線的進攻意義。然而，進攻的理念未能實現，而這條防線不僅吸納了大量訓練有素的正規軍士兵和技術人員，還對軍事策略和全國人民的警惕性產生了削弱的作用。

新興的空中力量被視作各類戰鬥中的一個顛覆性因素。考量到當時雙

第五章　法國戰線的僵局

方擁有的飛機數量有限，它的效能難免被誇大，普遍認為空軍能在敵方進攻時阻止大批部隊的集結和運輸，進而對防守方有利。法國最高司令部甚至擔心，法國在動員期間面臨巨大風險，因鐵道樞紐可能遭到空襲破壞，儘管德國飛機與盟國一樣，數量稀少，無法執行如此重大任務。空軍領袖們提出的這些觀點，無疑是正確的，隨著戰爭過程發展的推移，空軍力量成長至 10 倍甚至 20 倍，這些觀點得到了充分驗證。然而，在戰爭伊始，這種觀點未免過於超前。

在英國，有人戲言陸軍部總是為上一場戰爭做準備。其他部門或國家，情況大致相同，對於法國軍隊，這尤其明顯。我認為積極防守能帶來極大的力量。然而，當時我既不負責任務，也無法獲取連貫的情報來進行新的評估。我深知上次大戰的慘烈場景，法國人民心痛難忘。德國已經有時間建造齊格菲防線。如果讓剩餘的法國壯丁去攻打一座由炮火和混凝土構成的堅固防線，那將是多麼可怕的事情！我提出一種長期戰略（代號「耕種者第六號」），當時我認為這可以用來壓制防守的敵軍火力。然而，在二戰初期的幾個月中，我心中的了解與大多數人對守勢的看法相同，我相信反坦克障礙和野戰炮，如果設定巧妙並有足夠的彈藥，除了在夜間或天然與人造霧中，均能有效抵擋或摧毀坦克。

在全能的上帝為其卑微僕人設計的問題中，沒有任何事件會以完全相同的方式重演。即便某件事似乎曾經發生過，總會有細微的變化，使其不能一概而論。大多數人在固定結論的環境中成長，他們的心理，除非受到非凡天才的引導，無法超越既有的結論。然而，我們很快將見證，經過 8 個月的靜止狀態後，希特勒突然發起大規模攻擊，以大量防彈或重型裝甲戰車作為先鋒，突破所有防禦工事。這是數個世紀以來的第一次，甚至可能自火藥發明以來的第一次，使得大炮在戰場上幾乎完全失去效力。我們

將看到，火力的增強使少數部隊能有效的防守必要陣地，進而縮小了人體為目標的範圍，顯著減少了實際戰爭中的流血程度。

沒有任何邊界在戰略上曾像低地國家的法、德邊界那樣被重視並作為實驗對象。幾個世紀以來，西歐的軍事指揮官和學院，基於他們最新的戰役經驗，對這片土地的每個細節，包括其山地和水道，進行不懈的研究。在當前形勢下，如果比利時遭到德國入侵，而盟國決定提供援助，他們可以選擇的兩條防線是：首先是所謂的斯海爾德河線。這條線接近法國邊境，不需要長途行軍，風險較小。在最壞的情況下，即使守住了一條「錯誤的防線」，也無大礙；在最佳情況下，這條線可以隨局勢發展而強化。第二條防線則更加雄偉。它沿著默茲河，經過紀韋、迪南和那慕爾，再經過盧萬至安特衛普。如果盟國能夠占領並在激戰中維持這條華麗的防線，德國的右翼包抄將受到嚴重阻礙；如果德軍處於劣勢，這可能成為進入並控制魯爾地區——德國軍火生產的重要中心——的一個值得紀念的開端。

由於國際道義準則的制約，未獲得比利時的同意便無法越過其國境進行推進，因此只能從法、德邊界出發。若從斯特拉斯堡北部和南部橫渡萊茵河向東進攻，軍隊將進入黑森林區，這個地區與阿登山區一樣，當時被認為不適合進攻。然而，從斯特拉斯堡-梅斯戰線向東北進入帕拉廷奈特的可能性仍然存在。這個推進以萊茵河為右翼，可以控制該河至科布倫茨或科隆。此地區提供了良好的作戰條件，這些可能性多年來已經成為西歐軍事學院戰爭研究的一部分。然而，該地區有齊格菲防線，堅固的混凝土碉堡和大量鐵絲網形成縱深陣地，到 1939 年 9 月，這道防線已經無懈可擊。法國可能發起大規模進攻的最早時機或許是 1939 年 9 月第三週的末期，但那時波蘭戰役已結束。到 10 月中旬，德國在西線的部隊已有 70 個

第五章　法國戰線的僵局

師，法國在西線的數量優勢迅速消退。若法國從東部邊境發動攻勢，將削弱在更為重要的北方防線的兵力。即便法國軍隊初期獲得勝利，一個月內要保持東方戰果將極為困難，且無法抵禦德國對北方防線的全力反攻。

這就是對於「為什麼一直採取被動防禦，直至波蘭被摧毀？」這個問題的解釋。然而，這場戰爭其實在數年前已經注定失敗。如果戰爭發生在 1938 年，那時捷克尚未淪陷，或許勝算更大。在 1936 年，或許不會遭遇強烈的抵抗。而在 1933 年，日內瓦的一項決議可能不需流血便能達成。在 1939 年，甘末林將軍不敢冒險進攻，責任也不全在他，因為自歷次危機以來，風險已大大增加，而法國和英國政府在面對危機時一直遲疑不決。

英國三軍參謀長委員會推測，截至 1939 年 9 月 18 日，德國已經動員至少 116 個師，分布情況如下：西線部署 42 個師；德國中部有 16 個師；東線則有 58 個師。根據敵方的紀錄，我們發現這個推測幾乎完全正確。德國的全部軍力在 108 至 117 個師之間。進攻波蘭的 58 個師是最精銳的部隊，而其餘的 50 或 60 個師則能力不一。其中，從艾克斯-拉-沙佩勒到瑞士邊境的西線駐有 42 個德國師（包括 14 個現役師、25 個後備師和 3 個後備軍）。德國的裝甲師團要麼已經派往波蘭，要麼尚未組建，而工廠尚未開始大量生產坦克。另一方面，英國遠征軍僅僅是一種象徵性的支援。在 1939 年 10 月的第一週，他們只能派出兩個師，第二週再增派兩個師。自慕尼黑危機以來，儘管德國的相對軍力大幅增強，但在波蘭未被征服之前，德國最高司令部對西線的局勢仍然非常憂慮。這只是因為希特勒的專制權力和堅定意志，加上他認為法國和英國不願開戰的政治判斷，先後 5 次被證實，才能說服或迫使他們接受他們認為不應該冒的風險。

希特勒堅信法國的政治體系已經腐化，而法國軍隊也受到影響。他清

楚法國共產黨的實力，認為只要里賓特洛甫與莫洛托夫達成妥協，並且莫斯科批評法國和英國政府發動資本主義和帝國主義戰爭後，就能利用法國共產黨削弱或癱瘓法國的軍事行動。他深知英國崇尚和平主義，且日漸衰弱。在他看來，張伯倫和達拉第是受到英國少數激進分子的影響才宣戰，他們會竭力避免戰鬥，且在波蘭被擊潰後，願意接受現實，正如一年前在捷克斯洛伐克事件中所示。在先前的多次事件中，希特勒的直覺被證明正確，而他的將領們的論點和恐懼卻是錯誤的。然而，他並未領會一旦戰爭訊號發出，大不列顛和英帝國將會經歷的劇變；他也不理解那些為和平奮鬥不懈的人，如何能在一夜之間態度轉變為願意為了勝利而努力不懈。他無法理解我們島國人民心靈或精神上的力量，我們的人民雖然天性反對戰爭和軍事準備，但始終認為勝利是他們的天賦權利。儘管如此，英國軍隊在初期無法發揮作用，他也認定法國並未全力作戰。事實上，情況確實如此。結果是，他的計畫得以實現，命令得到了執行。

我們的軍官判斷，當德國完全擊敗波蘭軍隊後，將在波蘭境內駐紮約15個師，主要是訓練較不充足的部隊。如果德國對與俄國的條約存有疑慮，則東線的部隊總數可能增至30個師。因此，在最不利的假設下，德國可能從東線調回40個師，使西線的兵力達到100個師。然而，屆時法國或許已動員了72個師，外加相當於12～14個師的要塞守備部隊以及4個師的英國遠征軍。除了在義大利邊界必要駐守的法軍12個師以外，可用於對抗德國的兵力共計約有76個師。故敵軍相較於盟軍，擁有4比3的優勢；並預計敵人可能籌組額外的後備師團，使部隊總數在不久的將來會增至130個師。為應對這種情況，法國在北非尚有14個師，其中部分可撤回，再加上英國未來可能逐步增加的軍力。

在空軍方面，我們的參謀長委員會推測，德國在摧毀波蘭之後，可能

第五章　法國戰線的僵局

會在西線集結超過 2,000 架轟炸機，而當時法國和英國合計的轟炸機數量僅為 950 架。因此，無論是在陸地上還是空中，德國在解決波蘭問題後，其實力顯然超過法、英聯合的力量。因此，法國對德國發動攻勢的可能性不大，但德國是否可能會進攻法國呢？

德國可能採取的策略有三：首先，經由瑞士進行侵略。此路徑雖可繞過馬奇諾防線的南側，但在地理和策略上存在諸多障礙。其次，直接從法、德邊界進攻法國。然而，這不太現實，因為普遍認為德國軍隊尚未具備正面突破馬奇諾防線的裝備和武力。最後，通過荷蘭和比利時進入法國。這種方式同樣繞過馬奇諾防線，避免了正面攻擊永久防禦工事可能帶來的損失。參謀長委員會推測，為實施此類進攻，德國需在開戰時從東線調回 29 個師，並在後方部署 14 個師作為梯形支援，以增援西部戰線的部隊。這樣的調動在 3 週內難以完成，且無法為進攻部隊提供足夠的炮火支援。此外，這類準備活動在進攻前 2 週內必定會被我們察覺。德國若要發起如此大規模的軍事行動，可能需推遲至今年晚些時候，但這種可能性仍不可完全排除。

我們理應利用空襲交通線及集結區的戰略，阻止德軍從東線轉移至西線。因此，可以預見，德國在戰爭初期將會發動空戰，試圖透過攻擊我們的飛機場和工廠來削弱或消滅盟軍的空軍。然而，就英國而言，這種空戰並非不受歡迎。接下來，我們將應付經由低地國家進犯的德軍。我們無法挺進至荷蘭迎擊他們，但為了盟軍的利益，應盡可能在比利時境內予以阻止。「我們了解，」參謀長委員會表示，「法國的觀點是，如果比利時能在默茲河一帶堅守，法、英軍隊應占據紀韋-那慕爾一線，而英國遠征軍則在左翼作戰。我們認為，除非能在德國進攻前有充裕的時間與比利時達成協定，並計劃先行占領這個防線，否則這個計畫不宜採用……除非比利時

目前的態度有所改變，我們能制定提前占領紀韋-那慕爾（即默茲河-安特衛普）防線的計畫，否則我們主張應在法國邊境已經準備好的防線上抵禦德國的進攻。」在此情況下，比利時和荷蘭被德軍利用或占領的城鎮和鐵路，當然必須受到轟炸。

關於此關鍵問題的後續發展，應予以詳細記錄。1939年9月20日，此議題被提交給戰時內閣，經過簡短討論後，又交由最高軍事會議審議。最高軍事會議依慣例徵詢甘末林將軍的意見。甘末林將軍在回覆中僅指出，對於D計畫（即推進至默茲河-安特衛普防線）的事宜，法國代表團在其報告中已作安排。該報告中有關作戰的部分提到：「若比利時及時請求，英、法軍隊將進入比利時，但不準備進行遭遇戰。公認的防線包括斯海爾德河防線和默茲河-那慕爾-安特衛普防線。」考慮法國的回覆後，英國參謀長委員會向內閣提出另一份意見書，討論推進至斯海爾德河防線的替代方案，卻未提及推進至默茲河-那慕爾-安特衛普防線這一個重大任務。因此，戰時內閣認為英國參謀長委員會的意見已獲滿足，無需採取進一步行動或作出新決議。我參加了這兩次內閣會議，並未感到有任何重大問題懸而未決。10月間，我們與比利時未作任何有效部署，因此假定我們的推進以斯海爾德河防線為界。

在此時期，甘末林將軍正在與比利時進行祕密協商，確立以下事項：首先，比利時軍隊應維持充足的實力；其次，比利時應在更前方的那慕爾至盧萬防線準備駐紮。至11月初，法國與比利時在這些問題上達成共識，從11月5日至14日，於萬森和拉費爾特舉行了一系列會議，英方的艾恩賽德、紐沃爾和戈特參加了全部或部分會議。11月15日，甘末林發表了第8號訓令，確認了14日達成的協定，根據此協定，「在情況允許下」，應推進至默茲河-安特衛普防線以支援比利時。盟國最高軍事會議於11

第五章　法國戰線的僵局

月17日在巴黎召開，張伯倫先生偕同哈利法克斯勳爵、查特菲爾德勳爵和金斯利‧伍德爵士出席。我當時尚未獲邀參加此類會議。會議決議為：「既然意識到有必要將德國軍隊阻擋在最遠的東部防線，因此若德國侵犯比利時，應竭力守住默茲河-安特衛普防線。」在會上，張伯倫先生和達拉第先生反覆強調此決議的重要性，進而影響了後續行動。實際上，這是對D計畫的支持，並取代了先前僅推進至斯海爾德河防線的較為謹慎的協定。

D計畫不久後增添了一個新元素，即關於法國第7集團軍的任務。最初於1939年11月初提出的構想，是派遣這支軍隊在盟軍側翼沿海岸推進。吉羅將軍原本領導一支駐紮在蘭斯附近的後備軍，已感到焦躁不安，這時被任命為司令官。擴充D計畫的目的是派軍隊經由安特衛普進入荷蘭，以援助荷蘭人；其次，企圖占領荷蘭的瓦爾赫倫島和貝弗蘭島的部分地區。如果德國軍隊被阻擋在艾伯特運河而無法前進，這些計畫當然是理想的。甘末林將軍希望推行這個計畫，但喬治將軍認為這超出我們的能力範圍；他更願意將這些部隊作為後備軍駐紮在戰線中央後方。我們當時對他們的意見分歧全然不知。

因此，在這樣的情勢下，我們熬過了寒冬，靜候春季的到來。在德國發動攻勢前的這6個月內，法國與英國的參謀部及其政府，未對戰略原則作出新的決策。

第六章
戰火蔓延

　　希特勒藉由他的勝利，向盟國提出和平方案。英國的綏靖政策，以及對他掌權的姑息態度，導致了許多不幸的後果，其中之一便是他深信英國和法國無力作戰。1939 年 9 月 3 日，當英國和法國對他宣戰時，這對他來說是一個不愉快的意外，但他堅信，波蘭迅速崩潰的情況，必然會讓衰敗的民主國家意識到，它們對東歐及中歐命運的影響力已經不再存在。此時，他對俄國感到十分安心，儘管俄國正在迅速吞併波蘭領土和波羅的海國家。在隨後的 10 月，他甚至能夠將俘獲的美國商船「燧石城」號，經由德國軍方押送員的監視，駛入蘇聯的莫曼斯克港。他不願在此階段就與法、英兩國正式交戰。他堅信，英國政府一定會樂於接受他在波蘭的決定，如果他提出和平建議，必能讓張伯倫及其舊部擺脫因宣戰而面臨的困境。他從未想到，張伯倫以及英帝國和聯邦的其他成員已經決心，不是讓他滅亡，就是經過這種衝突之後自我毀滅。

　　在俄國與德國瓜分波蘭之後，他們的下一步行動是與愛沙尼亞、拉脫維亞及立陶宛簽訂三項「互助協定」。這些波羅的海國家曾在 1918 年和 1920 年的解放戰爭中，脫離蘇聯政府的控制而獲得自由。這些小國進行了嚴格的土地改革，主要是以犧牲前俄國地主的利益為代價，逐漸形成了一種帶有強烈反共色彩的民族主義農民生活方式。它們始終對強大的鄰國 —— 蘇聯心懷畏懼，並迫切希望保持中立，因此竭力避免任何挑釁。然而，由於其地理位置，這個艱難任務始終難以實現。例如，里加成為蒐

第六章　戰火蔓延

集俄國情報的竊聽站和國際反布爾什維克的中心。然而，德國在與蘇聯的交易中樂於放棄這些國家，蘇聯政府則帶著積壓已久的仇恨與急切的貪婪吞噬這些犧牲品。這三個國家曾是沙皇帝國的一部分和彼得大帝時期的征服地，立即遭受蘇聯強大軍隊的占領，面對如此龐大的軍隊入侵，它們無法進行有效抵抗。蘇聯採用其慣用手段，對所有反共、反蘇分子進行殘酷清算。20年來一直在本土享有自由生活並代表絕大多數人民的許多人，現在都失蹤了。其中大部分被流放至西伯利亞，其餘的人則被送往更遙遠的地方。這就是所謂「互助」的過程。

在英國國內，我們正致力於擴編陸軍和空軍，同時採取各種措施以期增強海軍實力。我不斷向首相提供建議，並努力向其他同事遊說，以供考量。

海軍大臣致首相

1939 年 10 月 1 日

在這個週末，我冒昧地向你呈現我對若干重大問題的看法。

（1）當敵人對我們即將展開攻勢時，我們必須支持法國。儘管我們現在擁有接近 100 萬人的後備部隊，但我們的貢獻目前是微不足道的，而且在接下來幾個月中也會是如此。我們應該向法國表明，我們正在投入巨大的備戰努力，雖然形式不同，但規模與我們在 1918 年的軍力相當；除了在空軍方面投入重大資源之外，我們還在籌建總數將近 55 個師的龐大陸軍部隊，並且正在加緊訓練和裝備，以便在必要時立即派往任何需要的地點參加戰鬥。

目前在我們的正規軍之中，有 4 至 5 個師的戰鬥力可能優於其他部隊。然而，不能期望僅接受過約 6 個月訓練的本土防衛隊能夠直接參與作戰，直接與至少已經服役兩年且裝備更精良的德國正規軍對抗而不造成

不必要的損失和不良後果；同樣，他們也無法與大多數已有3年服役經驗的法國軍隊並肩作戰。要迅速擴充我們在法國的部隊，唯一方法是將駐印度的職業軍隊調回，將其作為骨幹，並協助訓練本土防衛隊和徵召入伍的人員，進而組建新軍。我不打算詳細說明，但原則上，我們應派遣6萬名本土防衛隊至印度，以維持當地治安並完成訓練，同時將駐印度的40,000～45,000名正規軍調回歐洲。這些部隊應駐紮於法國南部的營地，該地的冬季氣候對於訓練部隊而言較為適宜，且當地擁有豐富的軍事裝置；他們將成為籌組8～10個優秀戰地師的核心和基礎。這些部隊的能力，到明年春季晚期，將能與他們面對的敵軍或並肩作戰的部隊實力相當。在冬季的幾個月裡，在法國培養這樣一支隊伍，這對法國人來說將是巨大的鼓舞，並使他們感到滿意。

（2）我對空軍部門提出的戰鬥力資料深感關切。戰爭爆發時，他們擁有120個中隊，但現實情況是，只有96個中隊能夠投入戰鬥。人們常以為，一旦動員令下達，力量會大幅增強。然而，實際情況卻是縮減。為了建立作戰力量，許多中隊之中訓練有素的空勤人員、技工和零件等將會被抽調，這些不完整的中隊被合併成為所謂的後備力量。如果冬季幾個月能平安無事，沒有大規模空襲，新飛機和訓練有素的駕駛員會加入後備力量。即便考慮合理汰除，每月仍應可組成6個中隊。若能組成一定數量的中隊作為後備力量待命，遠比將僅剩餘的駕駛員、飛機和零件合併更有效。我們與德國的差距令人震驚。我堅信，如果發出命令，這種擴充是可以實現的。

（3）在空襲預警計畫的防禦措施和資金分配上，應根據各地面臨的風險程度來決定，然而現今對這種風險的評估完全錯誤。我們應該將敵機可能空襲的目標地區及其飛行路線整理成冊，以便對計畫進行深入研究。這些地區需要配備大量全職工作人員。倫敦自然是主要的〔目標〕，其他城市也很快會面臨類似的情況。在這些地區，路燈系統應設法讓防空人員在

第六章　戰火蔓延

空襲警報發出後進行控制；同時，應加緊修建和鞏固防空壕，而劇場與電影院應保持開放，直到空襲真正開始，以安撫民眾情緒。在大部分農村地區，應立即允許有限制的燈光照明恢復，並重新開放娛樂場所。在這些地區，不應有受薪的防空人員，所有工作都應基於自願服務，中央政府僅提供建議，其餘由地方當局負責。在這些占聯合王國至少八分之七面積的區域內，防毒面具可留在家中，只有在重要的目標地區才需按計畫隨身攜帶。現在確實沒有理由不在下週發布含此內容的命令。

波蘭和波羅的海國家的災難促使我更加緊迫地尋求防止義大利介入戰爭的辦法，並嘗試在兩國之間建立共同利益。與此同時，戰爭仍在持續，我則忙於處理一些行政事務。

海軍大臣致內政大臣

1939 年 10 月 7 日

即便我在此地經常忙於日常工作，對於國內的局勢，我仍不免感到憂慮。關於那些不必要的嚴格燈火管制及娛樂限制措施，已在國內大多數地區實施到不合常理的程度。你對這些問題的看法是了解的。然而，關於汽油的情況又如何呢？是否海軍未能進口足夠的供應？那些正從海上運來，或許已經抵達的供應量，難道不比和平時期未受干擾時的訂購量更大嗎？我聽說國內有大量民眾和許多企業受到這些限制的困擾。要解決這個問題，最適當的辦法，當然是實施按標準價格的定量配給，並允許附加重稅的自由購買。如此一來，民眾將為交通支付費用，國家因稅收獲得補益，車輛增加而登記費用也可提高，全國商業亦可蓬勃發展。

現在讓我們審視糧食部為贏得戰爭所設計的各種配給制度。配給無疑是必要的，但據我所知，肉類的配給比例與德國相比並無太大差異。如今海路已開通，是否還有必要繼續實行這種措施呢？

假若因空襲或海上攻擊而面臨重大短缺，或許這種嚴厲手段將成為必

要。然而，截至目前，尚無證據顯示海軍在供應輸入的責任上已經或將要失敗。

此外，我們究竟該如何對待國內的中年人？在他們之中，許多人曾在上次戰爭中服役，他們充滿活力且經驗豐富，如今卻告訴數以萬計的人，他們已經不再被需要，除了在當地勞工中心登記外，別無他途。目前的做法顯然愚蠢。我們為何不將50萬名40歲以上的人（若他們願意自願加入）組成國民自衛軍，並讓所有年長的領袖成為他們的指導者，納入這個新組織的架構？讓這50萬人出來，激勵年輕有為者離家共赴國難。即便缺乏制服，一個臂章也足以應付。我敢斷言，我們絕對有足夠的步槍，從你上次與我交談中，我相信你支持這個想法。如果是這樣，讓我們付諸實行。

我從多個管道聽到國內戰線組織不力的抱怨。我們是否能尋求方法加以改善？

在我們全心投入處理這些緊急事務之際，突如其來的一件事情，直擊海軍部的痛處。

此前提及過的警報，源於一份關於德國潛艇進入斯卡帕灣的情報，曾在1914年10月17日引發英國大艦隊的匆忙出海。然而，那次警報最終被證實為虛驚一場。然而，四分之一世紀後，幾乎是在同一日期，警報卻成為現實。1939年10月14日凌晨1點半，1艘德國潛艇突破我們的防禦設施，將停泊於灣內的「皇家橡樹」號擊沉。初時，一連串的魚雷攻擊僅一枚擊中艦首，發出低沉的爆炸聲。艦上的海軍上將和艦長，認為在斯卡帕灣內停泊是極為安全的，難以相信軍艦竟被魚雷擊中。他們誤以為爆炸聲是艦內故障所致。20分鐘後，該潛艇再度裝填魚雷，發射第二波攻擊。3、4枚魚雷迅速連續命中，將艦底炸開。10分鐘內，艦體傾覆沉沒。大部分船員當時在戰鬥職位上，但由於艦體快速傾覆，艙內人員幾乎無一生還。

根據當時德國人對此事的報告紀錄，現可轉述如下：

第六章　戰火蔓延

1939年10月14日凌晨1點30分，英國戰艦「皇家橡樹」號在斯卡帕灣被第47號潛艇用魚雷擊沉，艇長為普里恩上尉。這次行動由潛艇司令官鄧尼茨海軍上將精心策劃。10月8日，普里恩在晴日駛過基爾運河，朝西北方向前往斯卡帕灣。10月13日凌晨4點，潛艇停泊在奧克尼群島外海。到下午7點，潛艇浮上水面，海風清新，未見任何目標；在半明半暗的夜色中，遠處海岸線朦朧可見，北極光閃耀著藍色光芒，橫越夜空。潛艇向西出發，悄然接近斯卡帕灣東邊入口的霍爾姆海峽。幸運的是，峽口航道並未完全封鎖，兩艘沉船間留有狹窄通道。普里恩以高超技術駛過湍急海流。岸邊已近，目光已經可見有人騎腳踏車沿岸邊道路歸家。突然，整個海灣豁然展現，潛艇已通過柯克海峽，進入灣內。靠北岸處，1艘戰鬥艦的輪廓映在水面，巨大的帆柱如同黑布上的裝飾。潛艇緩緩接近，魚雷發射管已準備就緒，沒有警報，除微弱浪聲、氣壓聲與發射槓桿的聲響外，寂靜無聲。發射魚雷！5秒——10秒——20秒後，一聲驚天動地的爆炸，巨大的水柱在黑暗中升起。普里恩稍候幾分鐘，再次發射。發射管準備就緒，發射！魚雷擊中船腹，發出隆隆爆炸聲。「皇家橡樹」號連同786名官兵，包括布萊格羅夫海軍少將（第2作戰艦隊司令），一同沉沒。第47號潛艇悄然從缺口退去。24小時後，1艘阻截船抵達。

這次事件本應被視為德國潛艇指揮官的卓越成就，卻在英國引發了強烈的民眾反應。對於任何在戰時負責防務的部長，這可能在政治上構成致命的威脅。作為剛上任的官員，我在最初的幾個月中免受此類指責，且反對黨也未利用這一個不幸事件謀取政治利益。相反，A.V. 亞歷山大先生保持了克制和同情的態度。我承諾進行最嚴格的調查。

首相在下議院就10月16日德國空襲福思灣的事件進行了報告。這是德國首次試圖以空軍攻擊我們的艦隊。大約12架德國飛機分批，每批2～3架，襲擊了停泊在福思灣的我方巡洋艦。「索斯安普敦」號、「愛丁堡」

號兩艘巡洋艦及「莫霍克」號驅逐艦受到了輕微損壞。軍官和海員共有 25 人死傷；敵方有 4 架轟炸機被擊落，其中 3 架由戰鬥機中隊摧毀，一架被高射炮擊中。或許只有一半的轟炸機能夠安全返回德國。這是一個有效的威懾，使他們不敢輕易再試。

次日，即 17 日清晨，敵方飛機再次對斯卡帕灣展開空襲。已解除武裝並卸去裝甲、僅作為母艦使用的老舊戰艦「艾恩公爵」號，由於炸彈在附近爆炸而受損。它擱淺在淺海的海床上，但在整場戰爭中仍繼續執行其職責。此次襲擊中，我方又成功擊落並焚毀了一架敵機。幸運的是，當時本土艦隊並未駐紮在灣內。這些事件顯示，若要繼續使用斯卡帕灣，就必須強化其防禦工事以抵禦各類襲擊。大約 6 個月後，我們才能享有這個灣的主要便利設施。

斯卡帕灣遭受攻擊以及「皇家橡樹」號沉沒事件，迅速引起海軍部的關注。10 月 31 日，我在第一海務大臣的陪同下，親赴斯卡帕灣，並在海軍上將富比士的旗艦上召開了第二次會議以討論相關問題。關於斯卡帕灣的防禦，我們達成共識的措施包括：在未設防的東部航道加強水柵，增設額外障礙船，並建立受控水雷區及其他設施。在這些堅固的防禦工事之外，還需增加巡邏艇和布設能掌控各入口的炮陣地。為防範空中襲擊，計劃安裝 88 門重型及 40 門輕型高射炮，輔以探照燈，並增設防禦氣球網。此外，在奧克尼群島和威克兩地建立強大的戰鬥機防禦力量。我們預期到 1940 年 3 月，這些部署將基本完成，或至少取得足夠進展，使艦隊能夠重返舊地。在此期間，斯卡帕灣可作為驅逐艦的補給基地，但重型艦隻需另覓安置地點。

關於可能的替代基地，各方所提出的理由各有不同，而專家的看法也不盡相同。海軍部支持克萊德灣，但海軍上將富比士提出異議，他認為選

第六章　戰火蔓延

擇此地將使艦隊往返主要作戰區的航程增加一天，這需要增強驅逐艦隊的實力，並迫使重型艦隻在行動時分為兩個分艦隊。另一個替代基地是羅賽斯，它在上次大戰後期曾是我們的主要基地。就地理位置而言，羅賽斯更為適宜，但容易受到空襲。這次會議的最終決定，在我回到倫敦後的摘要中有詳細記錄。

我與張伯倫先生的關係逐漸密切起來。11月13日，星期五，他和夫人來到海軍部大廈與我們共進晚餐。我們夫婦在大廈頂樓擁有一套舒適的房間。當天，只有我們4人共進晚餐。儘管我與張伯倫先生在鮑德溫內閣中共事了5年，但此前我與妻子從未和張伯倫夫婦有過這樣的交往。偶然間，我提及他在巴哈馬群島的過去，他的回憶讓我驚喜不已，因為這是我從未聽聞過的。他詳細講述了在拿索附近的一個西印度荒島上種植劍麻的6年奮鬥經歷。此前，我對這段歷史僅有膚淺的了解。他的父親，偉大的約瑟夫·張伯倫，認為這是為帝國開創新工業並增加家族財富的機會。在1890年，他的父親和哥哥奧斯汀·張伯倫將他從伯明翰召至加拿大，對種植計畫進行深入研究。在加勒比海灣距拿索約40英里處，有一個小荒島，雖然人跡罕至，但據說土壤適合種植劍麻。經過兩個兒子的詳細勘察後，約瑟夫·張伯倫在安德羅斯群島上購買了一塊土地，投入了必要的資金以開發土地。萬事俱備，只待種植劍麻。奧斯汀決心投身下議院的政治生涯，因此這項艱鉅的工作落在內維爾·張伯倫肩上。

他不僅因為孝順，還懷著信念與躍躍欲試的心態接受了這份職位。在隨後的5年間，他的生活被消磨在這個孤島上，嘗試種植劍麻。孤島頻繁遭受風暴襲擊，他過著近乎原始的生活，並且必須與勞工短缺及其他各種障礙進行艱苦的鬥爭，唯一的文明象徵是拿索城。他告訴我們，他堅持每年回英國休假3個月。他建造了一個小港口和躉船，以及一小段鐵路或電

車軌道。他採用了所有被認為適合土壤的施肥方法；整體上過著完全原始的露天生活。然而，劍麻並未成功生長！或者至少沒有達到市場需求的劍麻。經過 5 年後，他確信這個計畫不可能成功。他回到家中面對嚴肅的父親，而父親對於這樣的結果感到非常不滿。據我所知，當時他的家庭雖然對他寵愛有加，但也對 5 萬鎊鉅額資金的耗費感到痛心。

張伯倫侃侃而談，神情異常激動，故事本身所展現的勇敢奮鬥深深吸引了我。我不禁思忖：「遺憾的是，當希特勒在貝希特斯加登、戈德斯貝格和慕尼黑會見這位隨身攜帶雨傘、態度冷靜的英國政治家時，卻不知他面對的其實是一位曾在英帝國偏遠地區開疆拓土的堅毅人物。」我與內維爾·張伯倫共事約 20 年，但這樣親密的交談，在我的記憶中，實屬僅此一次。

當我們坐下享用晚餐時，戰爭仍在如火如荼地進行，事件也在不斷地發展。在喝湯時，一位軍官從下方的作戰室匆匆趕來報告，1 艘德國潛艇被摧毀。到了甜品環節，他再次上來告知，我們擊沉了第 2 艘德國潛艇；當女士們即將離開餐室時，他第三次上來報告，又 1 艘德國潛艇被擊沉。一天之內 3 次傳來捷報，這是前所未見的情況，並且一年多後才再次出現相同的成績。當女士們即將告別時，張伯倫夫人用天真而優雅的目光看著我說：「這是不是你精心安排的？」我向她保證，下次她再光臨時，我們一定會重現同樣的成果。

在奧克尼群島北方，設定了一條由改裝商船巡洋艦所組成的漫長而脆弱的封鎖線，有時還輔以戰鬥艦增強防禦。這樣的封鎖線，對於德國主力艦隊的突襲來說，無疑是容易被攻破的，尤其是面對德國的兩艘快速且強大的戰鬥巡洋艦「沙恩霍斯特」號和「格奈森諾」號。我們無法阻止敵方進行這樣的突襲，但希望能誘使與這些偷襲的敵艦進行一次正面決戰。

第六章　戰火蔓延

1939 年 11 月 23 日傍晚，位於冰島與法羅群島之間巡邏的商船改造巡洋艦「拉瓦爾品第」號，發現 1 艘敵艦正在迅速逼近。艦上判斷這艘不明的敵艦是袖珍戰鬥艦「德意志」號，並據此發出報告。甘迺迪艦長對這場遭遇戰的結局並不抱有任何幻想。他的艦艇原是遠洋客輪改裝，僅裝備 4 門 6 英寸的舊炮，而假想敵擁有強大的輔助武裝和 6 門 11 英寸的大炮。然而，他決心以弱勢迎戰到底。敵艦在距離 1 萬碼時首先開火，「拉瓦爾品第」號隨即反擊。這場不平等的戰鬥無法持續太久，但戰鬥依然繼續，直到「拉瓦爾品第」號的火炮全部被摧毀，艦身成為熊熊燃燒的大火堆。夜幕降臨後不久，全艦沉沒，艦長和 270 名英勇的官兵隨艦殉職。僅有 38 人生還，其中 27 人被德軍俘虜，其餘 11 人在冰冷的海水中漂浮了 36 小時，最終被另一艘英國船救起。

事實上，作戰的對手並非「德意志」號，而是戰鬥巡洋艦「沙恩霍斯特」號和「格奈森諾」號。這兩艘軍艦兩天前從德國出發，原計畫襲擊我們的大西洋商船隊，但在航行途中遭遇並擊沉了「拉瓦爾品第」號。由於擔心暴露行蹤，遂放棄其他任務，立即返回德國。因此，「拉瓦爾品第」號的英勇奮戰並非毫無成效。巡邏中的巡洋艦「紐卡斯爾」號見到炮火閃光，迅速響應「拉瓦爾品第」號的首次報告，與巡洋艦「德里」號駛到交戰地點時，「拉瓦爾品第」號尚在燃燒，未沉沒。它們緊追敵艦，於下午 6 點 15 分，在朦朧的暮色和滂沱大雨中發現了兩艘敵艦，辨識出其中一艘為戰鬥巡洋艦，但在昏暗的夜色中失去接觸，敵艦最終得以脫身。

當時的戰略構想是誘使這兩艘關鍵的德國戰艦出戰。海軍總司令立即指揮整個艦隊駛向大洋。最終發現時，敵艦正向東撤退，因此，我們迅速組建了一支包括潛艇在內的強大艦隊，準備在北海攔截。然而，我們也不能忽略另一種可能，即敵艦甩掉追兵後，可能折返向西進入大西洋。我們

對商船隊的安危憂心忡忡，形勢迫使我們動用所有可用的力量。為監視北海各個出口，我們組織了海上和空中巡邏，並將警戒延伸至挪威沿岸，派出一組強大的巡洋艦。在大西洋，「沃斯派特」號戰鬥艦脫離護航隊，前往丹麥海峽搜索，未果後繼續繞行冰島北部，與北海的監視艦隻會合。「胡德」號、法國戰鬥巡洋艦「敦克爾克」號及另外2艘法國巡洋艦，奉命駛向冰島海域，而「卻敵」號與「狂暴」號亦從哈利法克斯港出發前往同一目的地。至25日，共有14艘英國巡洋艦，在驅逐艦和潛艇的配合下，在戰鬥艦的護衛下，仔細搜索北海海域。但運氣不佳，未有任何發現，敵艦也未有西進的跡象。雖然氣候極為嚴寒，這場艱辛的搜索持續了整整7天。

第5天，在海軍部，我們焦灼地等待著，希望能夠獲得一些珍貴的戰利品，就在此時，我們的無線電監聽站捕捉到了德國潛艇發出的訊號。基於這個事件，我們推斷北海的某艘戰艦遭到了敵方攻擊。不久，德國的廣播中宣稱，曾經擊沉「皇家橡樹」號的普里恩艦長在謝特蘭群島東方擊沉了一艘配備8英寸火炮的巡洋艦。當這個消息傳來時，我正與龐德海軍上將在一起。英國人民對於國艦的損失極為敏感；「拉瓦爾品第」號在英勇奮戰後的沉沒以及重大人員傷亡，若不及時報復，將對海軍部造成嚴重的輿論壓力。人們可能會質疑：「如此薄弱的艦艇為何未得到強力支援而被暴露？是否德國巡洋艦能夠自由活動，甚至突破我們主力艦隊的防線？是否襲擊的敵艦已經成功逃脫？」

我們立即發出電報進行查詢，以解開這個謎團。1小時後，我們再次聚集在一起，但仍然沒有回音。此時，我們真是如坐針氈。我想起這件事，是因為它展現了我與龐德海軍上將，以及我們與湯姆‧菲利普斯海軍上將之間的深厚同志情誼。我出於責任感，說：「我承擔全部責任。」龐德則說：「不，這是我的責任。」我們在極度焦慮中，緊緊握手。儘管我們在

第六章　戰火蔓延

戰爭中已被鍛鍊得如鐵石心腸，但面臨這種打擊時，仍感到難以承受的痛苦。

然而，事實證明這並非任何人的失誤。8 小時後，證實被攻擊的艦艇是「諾福克」號，它未受損傷。該艦並未遭遇潛艇，只是有敵機在船尾附近投下炸彈。然而，普里恩艦長並非誇大其詞之人。「諾福克」號認為從烏雲中投下的炸彈實際上是德國魚雷，僅差一點點並未精準擊中，只在船尾附近爆炸。普里恩透過潛望鏡觀察，看到水波湧起，但水波遮住了前方艦船。為躲避預期炮擊，他立刻潛入海底。半小時後，他浮起潛艇再次觀察，視線模糊，巡洋艦已無蹤跡。於是他做了上述報告。我們在痛苦中得此消息，如釋重負，對「沙恩霍斯特」號和「格奈森諾」號已安全返回波羅的海的失望也稍減。現今我們得知，德國這兩艘軍艦於 11 月 26 日早上穿越我們靠近挪威海岸的巡洋艦封鎖線。當時因濃霧，雙方未能互相發現。若有現代化雷達，接觸必然發生，但當時尚無此技術。普遍印象對海軍不利。關於海洋的廣闊，或海軍在多區域的努力，外界難以理解。經過兩個多月戰爭並遭受若干重創後，我們無法展現成果，仍無法回答：「海軍在做什麼？」

第七章
磁性水雷的威脅

■ 1939年11月和12月

　　1939年11月初，我前往法國，與法國海軍當局就聯合作戰事宜進行會議。龐德海軍上將和我乘車前往距巴黎約40英里處的法國海軍總司令部，該司令部設於諾瓦耶公爵古老別墅周圍的花園中。會議開始前，達爾朗海軍上將向我闡述了法國在處理海軍部事務上的方法。我們討論作戰問題時，他不允許海軍部長康平契先生參加，因為這些問題純屬專業範疇。我表示在英國，第一海務大臣與我協同行動。達爾朗表示理解，但指出法國的情況不同。「不過，」他補充道，「部長會和我們共進午餐。」隨後，我們花了兩小時廣泛探討海軍事務，並在大多數問題上達成共識。午餐時，康平契先生出現，他清楚自己的位置，熱情地招待我們用餐。我的女婿鄧肯·桑茲以隨員身分坐在達爾朗旁邊，達爾朗向他解釋法國制度下文官部長的限制。臨行前，我拜訪了別墅中的公爵，他和家人顯得憂鬱，但仍引導我們參觀他們宏麗的住宅和珍貴的藝術品。晚上，我在里茨飯店的私人餐廳中舉行小型宴會，款待康平契先生。他的愛國精神、熱情、智慧，尤其是他的決心，讓我欽佩不已。我不由自主地將他與海軍上將相比，後者對自身地位小心維護，選擇了一條與我們不同的戰線。龐德與我看法一致，儘管我們都理解達爾朗為法國海軍的努力。他不應該被低估，同時也不應該忽視驅使他向前的動機。他認為自己就是法國海軍，而海軍

第七章　磁性水雷的威脅

也擁護他作為他們的領袖和精神象徵。他擔任現職已有 7 年，而海軍部長職位常由無實權者擔任。他一心想讓政治人物安分守己地在議會中演說。龐德和我與康平契相處融洽，這位堅毅的科西嘉人從不畏懼或沮喪。接近 1941 年初，他在維希政府的譴責下憂鬱去世，臨終時對我寄予厚望，這些話將是我一生的榮譽。

以下是我在會議中對當時海軍狀況的總結宣告：

海軍大臣致法國海軍部的宣告

（1）當前，海戰正處於激烈進行的階段。1917 年，潛艇對貿易的襲擊曾一度令我們瀕臨絕境，但如今英、法的反潛艦隊已經掌控局勢。我們應該預料到德國的潛艇數量將大幅增加（俄國可能會提供部分潛艇）。然而，只要我們迅速採取大規模的反制措施，就無需過度擔憂。英國海軍部的代表將詳細闡述我們宏大的造艦計畫，但此計畫最快需至 1940 年末才能完全實現。目前，所有可用的反潛艦隻必須立即投入使用。

（2）毫無疑問，我們的潛艇探測技術極為有效，超越了上次大戰中任何已知的儀器。這項技術使得兩艘魚雷艇能夠執行 1917～1918 年間需要 10 艘魚雷艇才能完成的搜索任務。然而，對於商船隊來說，數量仍然至關重要。商船隊必須由配備潛艇探測器的艦隻護航，才能確保安全。這一點對商船隊和戰艦同樣適用。只有當潛艇在攻擊法國或英國船艦後，立即遭遇配備潛艇探測器的艦艇反擊時，才能夠擊敗潛艇。

（3）英國海軍部計劃為每艘法國反潛艦艇配備潛艇探測器，費用低廉，帳目可日後結算。任何需要前往英國進行裝備的法國艦隻應立即準備；我們將為每艘船提供方法指導並進行訓練。這項工作在波特蘭港進行最為便捷，因為該地具備所有必要設施。我們計劃在有意願的情況下，為 50 艘法國船艦提供裝置。

所以，我們熱切期盼法國海軍能夠增加配備潛艇探測裝置的艦艇，並在最短時間內完成建造所有預計於1940年服役的艦艇。當這方面的計畫安排妥當後，我們可以在6個月之後再來評估1941年的情況。目前，我們的關注點應集中在1940年，特別是春季和夏季。1936年和1937年開始建造的6艘大型驅逐艦，必須在1940年潛艇戰達到高峰之前用於海上護航。此外，1939年開始建造或正在計劃中的14艘小型驅逐艦，亦將發揮重要作用，且不會對我們的人力和資源造成過大負擔。總計有20艘可以在1940年內完成。這些艦艇在配備潛艇探測裝置後，將成為1940年打擊潛艇攻勢極具效力的武器。1936年開工建造的6艘和1937年的12艘單桅掃雷艇，以及1938年造艦計畫中的16艘獵潛艦，我們也大膽地認為是極為需要的艦艇。對於所有這些艦艇，我們願意提供潛艇探測裝置和其他一切必要的支持。我們將在它們完工後進行裝備。然而，我們認為，這些較小型的艦艇在作戰的重要性方面無法與上述驅逐艦相比。

（4）我們必須銘記，一旦擊敗潛艇，盟軍艦隊將掌控全球海洋，這或許會吸引強大的中立國來支援我們，並從法國和英國兩個帝國的各個地區獲取資源，保持貿易，進而累積繼續戰鬥所需的財富。

（5）英國海軍部對於1940年內能夠完工的與那些預計需更長時間的大型艦隻進行了明確的區分。我們將動員所有資源全力以赴，力求在1940年內完成「英王喬治五世」號和「威爾士親王」號，若有可能，讓它們在秋季竣工。這一點至關重要，因為若在這兩艘戰艦尚未完工之前，「俾斯麥」號突然出現在海洋上，將會導致極其不利的後果，我們既無法捕獲它，也無法摧毀它，它將在海洋上暢行無阻，並破壞所有的航運。然而，法國亦有1艘極為重要的艦隻，即「黎歇留」號，該艦可能在1940年秋季甚至更早完工，如果義大利的兩艘新艦隻能在1940年按預定期限完工，則這艘艦隻自然更顯重要。如果無法在1940年之前將這3艘主力艦投入戰鬥，那將是海軍戰略上的一個極其嚴重的錯誤，並將引發不僅是海軍，甚至是

第七章　磁性水雷的威脅

外交方面的極大困擾。因此，我們期望法國應竭盡全力，儘早完成「黎歇留」號的建造。

關於未來英、法海軍的主力艦，建議在明年 4 月或 5 月再展開討論，屆時我們將能更清晰地洞察戰爭的走向和特質。

（6）自戰事伊始，英國海軍部對法國同行們所提供極其珍貴的協助深表感謝，這種幫助已經超越了戰前的所有承諾或協定。在護送從獅子山返國的商船隊中，法國巡洋艦和驅逐艦的貢獻更是不可替代的。若無其支持，盟國商船肯定會遭受更大損失。法國的巡洋艦和掃雷艇，與法國戰艦「敦克爾克」號協同作戰，護送商船隊抵達英國西部海岸入口，並在當時成為擊退德國襲擊巡洋艦的唯一力量。法國潛艇駐守在千里達附近，也是極受歡迎的協助。尤其值得一提的是，兩艘不斷護送來往於直布羅陀與布雷斯特之間的驅逐艦，對我們的海軍實力提供了重大支持，因為儘管我們的海軍力量龐大且不斷成長，但在規模上仍然極其緊張。

最終，我們對法國為「阿爾戈斯」號航空母艦提供的各種便利深表感謝，這使其能在地中海宜人的氣候中訓練英國海軍的飛行員。

（7）關於一般戰爭情勢的分析：由於敵方海軍活動不受地域限制，我們被迫將海軍力量廣泛部署於各大洋。我們目前擁有 7〜8 支英國搜索艦隊，並增設了兩支法國搜索艦隊，每支艦隊皆有能力攔截或摧毀如「德意志」號的敵艦。我們在北大西洋、南大西洋及印度洋進行巡邏，結果使襲擊巡洋艦不敢輕易攻擊商船隊，儘管戰前我們預期它們會如此。在主要的大西洋航運路線上，幾週以來可能出現過 1〜2 艘「德意志」號級型的襲擊巡洋艦，但由於該艦艇並未取得任何成就，我們對此類原本視為極端危險的威脅感到稍許安心。然而，我們不能斷言未來不會有更猛烈的襲擊捲土重來。英國海軍部不反對將大型艦隻組成適當的艦隊，以在不受空襲威脅的海域中自由活動，並為盟國在廣闊的海洋上取得有效而顯著的掌控。

（8）不久，我們將開始運送加拿大和澳洲的先鋒部隊到法國，為此，我們廣泛分布所有的搜索艦隊，以便更能確保運送人員時的安全性。同時，對於許多橫渡大西洋的主要商船隊，也需派遣戰鬥艦進行護航。儘管氣候嚴寒，我們仍需在格陵蘭至蘇格蘭之間保持北方封鎖線的執行。在這條封鎖線上，有25艘經改裝為巡洋艦的商船輪流執勤，並由4艘配備8英寸口徑火炮的萬噸巡洋艦作為支援。除此之外，我們還持續部署英國海軍的主要戰鬥力，包括最新式的戰鬥艦「胡德」號或另一艘巨型艦艇。這些力量即使面對「沙恩霍斯特」號和「格奈森諾」號試圖突破封鎖，也能夠應戰或追擊。鑑於波羅的海的局勢，我們認為敵方不太可能在西線海域動用這兩艘戰艦。然而，我們始終保持足夠的力量以應付對方可能的行動。

我們期望因為這兩個盟國的海軍持續運用上述策略，義大利將不會受到誘惑參戰，而敵對的德國勢力也必然會被削弱。

法國海軍部在回覆中表示，他們實際上正積極推進宣告中所提到各艦隻的建造，並欣然接受我們關於安裝潛艇探測器的建議。不僅「黎歇留」號預計在1940年夏季完工，連「讓‧巴爾」號也將於同年秋季竣工。

在1939年11月的中旬，龐德海軍上將向我建議重新在蘇格蘭和挪威之間設定水雷封鎖線。這條封鎖線在1917～1918年間曾由英、美兩國海軍部設定。我對這種作戰策略並不熱衷，因為它主要是防禦性的，試圖以消耗大量物資來取代決定性的行動。然而，我逐漸被迫放棄自己的觀點，最終表示同意。11月19日，我將該計畫提交給戰時內閣。

第七章　磁性水雷的威脅

北方水雷封鎖線
海軍大臣備忘錄

　　經過多次深思熟慮後，我向同事們提議了這項計畫。毫無疑問，這個計畫的實施將對德國的潛艇及水面突擊艦的出入造成極大的困難。這似乎是一項謹慎的措施，以防止潛艇戰的激化，同時也是一個有力的保障，防止俄國加入我們的敵對陣營。透過這項措施，我們將封鎖所有敵艦，並完全掌控波羅的海和北海的所有入口。這種攻勢布雷區的核心是利用強大的海軍力量不斷巡邏，讓敵人無法清除水雷，開通航道。布雷區一旦建立，我們在公海的行動將比現在更為自由。布雷區會逐步但無情地擴展，敵人將會察覺到這一點。然而，它將對敵人的士氣產生令人沮喪的影響。所需費用雖然龐大，但財政部已撥出大量資金，而北方水雷封鎖線是此類作戰手段（即布雷）的最佳應用區域。

　　這代表了頂尖專家的意見，自然在一個嚴肅且理智的內閣中容易被批准。然而，由於局勢的變化，該方案被擱置；但此時，已經耗費了大量資金。為封鎖線製造的水雷，後來在執行其他任務中仍然非常適用。

　　不久後，一種新的可怕威脅再次危及我們的生存。1939 年 9 月和 10 月間，近 12 艘商船在我們海港入口處觸雷沉沒，儘管這些地方曾經進行過適當的掃雷作業。海軍部立刻懷疑敵人使用了一種磁性水雷。對我們而言，這並非新鮮事：在第一次世界大戰結束時，我們也曾小規模使用過。1936 年，海軍部的一個委員會研究過對抗磁性炸彈裝置的方法，但他們的工作主要針對磁性魚雷或浮雷，當時並未完全意識到使用船隻或飛機將大型地雷布置在相當深的水域中可能造成的嚴重損害。若沒有這種水雷的樣品，就無法想出解決辦法。9 月和 10 月間被水雷炸沉的大多數船隻屬於盟國和中立國，總計達 56,000 噸。11 月中，希特勒竟然得意地暗示其新式

「祕密武器」無法抵擋。某晚，我在查特維爾，龐德海軍上將焦急地來見我。泰晤士河入口處有 6 艘船被擊沉。英國港口每天有數百艘船隻進出，而我們的生存依賴於它們的航行。希特勒的專家們肯定告訴他，這種襲擊方式能置我們於死地。幸運的是，他最初只能進行小規模行動，保後存量和生產能力都極為有限。

命運之神似乎更為直接地眷顧著我們。1939 年 11 月 22 日晚上 9 點到 10 點之間，有人目擊一架德國飛機將一個附著降落傘的巨大物體投放至休伯里納斯附近的海域。這片海岸周圍滿是泥潭，隨著潮水退去，物體便會顯現。因此，無論投下的是何物，待潮退後必能查看並打撈，這對我們來說是個千載難逢的機會。當晚午夜之前，負責水下武器開發的「韋爾農」號軍艦上的兩位技術高超的軍官奧夫里和路易斯少校被召至海軍部，第一海務大臣和我會見了他們，聽取他們的計畫。次日凌晨 1 點半，他們便驅車前往紹森德，展開危險的打撈行動。23 日天未破曉，在一片黑暗中，他們僅憑一盞訊號燈的微光，在滿潮標下方約 500 碼處發現了水雷，但因潮水正漲，只能稍作查看，並準備在下一次潮退後再進行處理。

危險的打撈作業在午後早早展開，此時發現第一枚水雷附近的淤泥中還藏有第二枚。奧夫里和上士鮑德溫負責處理第一枚水雷，而他的同僚路易斯和二等水兵維恩庫姆則在安全距離外待命，以備不測。每當完成既定的工作，奧夫里便以訊號告知路易斯，使已經掌握的情況在拆卸第二枚水雷時能夠得到利用。最終，他們 4 人合力才成功處理了第一枚水雷，而他們的技藝和熱情獲得了豐厚的回報。當晚，奧夫里等人來到海軍部，報告水雷已完整撈起，正運往樸茨茅斯進行詳細檢查。我熱情接待了他們。我在最大的會議室裡召集了 80 至 100 名軍官和官員，聽眾懷著無比激動的心情聆聽打撈過程，因為他們深知這事關生死存亡。從此刻起，整個局勢

第七章　磁性水雷的威脅

發生了轉變。先前研究所得的知識現在已經可以立刻應用，創造出實用方法，以便制伏這種性質特殊的水雷。

我們調動了海軍的所有資源與專業知識；不久，試驗與實驗開始顯現出實際成效。威克-沃克海軍少將被委任負責協調當時所需的各種技術措施。我們同步展開多方面的工作，首先是尋找積極的手段，透過新式的掃雷技術和引爆雷管的方法來摧毀水雷；其次是尋找消極的防禦措施，以確保在水雷未被掃除或未被有效掃除的航道內，所有船隻都能防禦潛在的水雷威脅。為了達到第二個目標，我們發明了一種透過電纜圍繞船體來使船隻消磁的有效方法，稱為「消磁法」，並立即應用到各類船隻上。商船在主要港口安裝這種裝置，以避免延誤行程；而在艦隊方面，由於擁有受過高度訓練的皇家海軍技術人員，工作進展得以大大簡化。

艦船遭遇重大損失的事件仍頻頻發生；新型巡洋艦「貝爾法斯特」號於11月21日在福思灣觸雷，而在12月4日，戰鬥艦「納爾遜」號在進入尤灣時同樣觸雷，然而這兩艘艦船竟然都還能駛至擁有船塢的港口。在此期間，失去了兩艘驅逐艦，除了布雷艇「冒險」號之外，還有兩艘驅逐艦在東海岸遭受損壞。令人驚訝的是，關於「納爾遜」號的損壞情況，直到修復完成並重新服役後，由於我們嚴格保密，德國情報機構始終無法獲悉實情。然而，自事件發生以來，在英國有數千人必須了解事情的真相。

有限的實務經驗卻讓我們掌握了一種更新、更簡便的消磁技術。這項成就對士氣的提升效果極其顯著，但我們擊敗敵人的關鍵仍在於掃雷艇的忠誠、勇敢和堅毅，以及技術專家們的勤奮才智，他們設計並提供了掃雷艇所需的所有裝置。自此，雖然仍有許多令人擔憂的時刻，但水雷的威脅終於得到了控制，這種危險也逐漸減退。所以到了聖誕節，我才能夠以如此的態度寫信給首相：

1939 年 12 月 25 日

　　此地一片安寧，但我認為你可能感興趣的是，我們在應對磁性水雷方面已取得顯著進展。我們最初所選擇兩種引爆水雷的策略已被證明行之有效。兩枚水雷被磁性掃雷器引爆，另外兩枚則由纏繞著粗電纜的駁船引爆。這些事件發生在港口 A〔尤灣〕，而我們的「有趣病人」〔「納爾遜」號〕仍在該處等待航道清理完畢，以便返回樸次茅斯的修船廠。同時，看來有一種簡單、快速且經濟的方式可以使戰艦和商船消磁。我們所有的最佳設計現已接近〔完成〕。飛機和磁性船隻 ——「博爾德」號 —— 將在 10 日內投入使用，我們確信由磁性水雷引起的危險不久即可解除。

　　我們同時在探討此類攻擊的其他變體，例如音響引爆水雷和超音波水雷。30 位認真負責的專家正在研究這些可能性，但目前我無法斷言他們是否已經找到了解決方案……

　　在海戰這個領域，顯然需要深入反思。當時，我們在整體戰爭的應對方案中，用於對抗水雷的資源占據了重要的份額。大量資源和資金從其他任務中抽調過來，用於掃雷艇上，有數千人日夜冒著生命危險進行工作。到 1944 年 6 月，從事這項工作的隊伍達到了頂峰，將近有 6 萬人。任何困難都無法削弱商船船員的鋒芒；隨著水雷攻擊日益複雜和我們反擊措施的加強，他們的士氣愈加高昂。他們辛勤的工作和不懈的勇氣挽救了我們。我們賴以生存的海上航運，最終得以持續執行。

　　磁性水雷的衝擊對我產生了深遠的影響，促使我不僅採取所有必要的防護措施，還努力尋求報復手段。戰爭爆發前，我曾親自考察萊茵河，這條對德國至關重要的動脈在我心中留下了深刻印象。甚至在 1939 年 9 月，我就已經在海軍部提出將漂浮水雷投放到萊茵河的計畫。然而，考慮到當時這條河流也被多個中立國家所使用，我們不得不等待，直到德國人對我

第七章　磁性水雷的威脅

們發起不擇手段的戰爭行動後，才能進行這個舉措。如今，他們已在英國港口投放水雷，毫不留情地炸沉我們的船隻，我認為在萊茵河實施類似且盡可能更具效果的水雷攻擊，乃是適當的報復行動。

因此，在 11 月 19 日，我發布了幾個概要，其中以下述這則最準確地描述了計畫的細節：

海軍部軍需署長（和其他人員）

（1）為了報復，似乎有必要在萊茵河中布置大量漂浮水雷。這可以輕易在斯特拉斯堡至勞特之間的任何地點實施，因為這段河流的左岸屬於法國領土。甘末林將軍對此構想頗感興趣，並請我為他制定執行計畫。

（2）我們應該仔細審視我們的目標。萊茵河上有許多大型駁船來回行駛，這條河流是德國貿易和民眾生活的核心動脈。駁船的設計僅適合河道運輸，沒有雙龍骨，也沒有劃分為大隔艙。這些細節很容易查證。此外，最近在萊茵河上至少建造了 12 座浮橋，這些都是德國在薩爾布呂肯－盧森堡地區集結軍隊時必須使用的。

（3）因此，所需的水雷應為一種小型，或許不大於足球的裝置。河流的最大流速約為每小時 7 英里，通常情況下則約為 3 到 4 英里，這些資料易於確認。因此，水雷中需要配備計時器，確保在漂浮一定距離之後才會引發危險，這樣可以避免施放的水雷接近法國領土，並將恐懼擴散至萊茵河下游，甚至到摩澤爾河匯合點或更遠處。在到達荷蘭領土之前，水雷應能夠自動沉沒或在最佳情況下自動爆炸。當水雷漂浮至預設且可調整的距離後，僅需輕微接觸即可引爆。若水雷還能在擱淺一定時間後自動爆炸，將更為理想，因為這樣能輕易在德國河岸兩側散播恐慌。

（4）此外，水雷必須在水下適當距離漂浮，以確保在漲潮時不被察覺。我們應設計一種由壓縮空氣的小型泵推動的水壓活塞。我雖未進行計算，但認為有效運作時間至少可達 48 小時。另一種策略是在河中投放大

量偽裝的球形物體 —— 空心鐵殼 —— 這將增加混淆，使對方難以應對。

（5）他們將如何應對這種水雷呢？顯然，他們會在河中設制鐵絲網；然而，從上游漂流而下的破損船隻會破壞這些鐵絲網，並且除了在邊境之外，鐵絲網對水上交通也造成極大的不便。不管怎樣，當我們的水雷撞上鐵絲網停止前進時，它也會爆炸，並在鐵絲網上炸出大洞，經過 12 次或更多次的爆炸後，航道將會再次開放，其他水雷可以慢慢漂過去。此外，還可以使用特大型水雷來炸開鐵絲網。我想不出其他的防禦方法，但負責研究此問題的官員或許能想出一些對策。

（6）最後，由於這些水雷需求量鉅大，且敷設作業需連續數月每晚進行，以達到封鎖水道的目的，因此，製造水雷的方法必須簡單，方能實現大量生產，這一點大家務必牢記。

戰時內閣對此計畫表示支持。他們認為，鑑於德國人使用磁性水雷襲擊抵達英國港口的盟國與中立國船隻，我們應該採取措施反擊，盡可能癱瘓萊茵河上的繁忙航運，這是合理且適當的。獲得必要的許可與優先權後，工作立即迅速展開。我們與空軍部合作，計劃用飛機在萊茵河魯爾段布設水雷。我將此任務全權交給菲茨傑拉德海軍少將，他在第一海務大臣指導下工作。這位極具才能的軍官做出了巨大的個人貢獻，但後來在指揮大西洋護航隊時殉職。技術問題已解決，水雷供應充足，數百名熱忱的英國水手與海員已組織起來，隨時準備出動執行布雷任務。這是 1939 年 11 月的情況，而我們在次年 3 月前無法完全準備就緒。無論在和平還是戰爭時期，若能在自己這一方實現某種積極的措施，總是令人欣慰的。

第七章　磁性水雷的威胁

第八章
普拉特河口之戰

儘管潛艇的威脅對我們造成了巨大的損失和風險，但若放任德國襲擊巡洋艦對海洋貿易的攻擊持續下去，可能會帶來更嚴重的後果。根據凡爾賽條約，允許建造的 3 艘德國袖珍戰鬥艦，在設計時，德國人已經深思熟慮，準備將其用作襲擊商船的戰艦。這些戰艦配備了 6 門 11 英寸口徑的火炮，能以每小時 26 海里的速度航行，並裝備了鐵甲，所有這些設計都巧妙地壓縮在 1 萬噸排水量的限制內。任何單獨的英國巡洋艦都無法與之匹敵。德國的巡洋艦裝備 8 英寸口徑火炮，比我們的巡洋艦更為現代化，因此，若用於商船襲擊，也構成了可怕的威脅。此外，敵人可能還會使用裝備重型武器的偽裝商船。1914 年「埃姆登」號和「克尼希堡」號的劫掠事件，以及我們被迫集結了 30 多艘戰艦和武裝商船來消滅它們的情形，至今仍在我們的記憶中留下了深刻的印象。

在這場新戰爭爆發前，已有諸多謠言四起，傳言稱有 1、2 艘德國袖珍戰鬥艦已經出海。我們的本土艦隊曾展開搜索，但卻一無所獲。如今我們得知，「德意志」號和「海軍上將施佩伯爵」號這 2 艘艦艇，分別於 1939 年 8 月 21 日至 24 日期間從德國起航，並在我們設定封鎖線與北方巡邏艦隊之前，成功穿越危險區域，自由航行於海洋。9 月 3 日，「德意志」號經過丹麥海峽後，便潛伏在格陵蘭附近。「施佩伯爵」號則未被察覺地穿越北大西洋的貿易航線，抵達亞速群島以南的遙遠海域。這兩艘艦艇各有 1 艘補給艦伴隨，以供應燃料及其他物資。它們最初隱匿於廣袤的海洋中，

第八章　普拉特河口之戰

未有任何行動。除非它們展開襲擊，否則難以獲得戰利品。與此同時，只要不進行襲擊，它們也不會面臨任何危險。

1939年8月4日，德國海軍部公告命令，表現出極高的智慧：

戰時任務

運用所有可行的措施來干擾並摧毀敵方的貿易航運……若遭遇敵方海軍，即便它們處於弱勢，也僅在有助於達成主要目標的情況下方可與其交戰……

在作戰地帶，需頻繁改換位置以迷惑敵人，儘管未必達成顯著成果，至少能限制敵方商船的活動。另闢遠地暫時撤退，亦可增添敵人的困惑。

如果敵人運用強大的力量來保護他們的航運，使我們無法立即達成目標，那麼單是敵人的航運受到限制這一點，就足以顯示我們已經嚴重削弱了他們的補給狀況。若袖珍戰鬥艦持續駐留在敵人的護航區，我們仍能取得重要的成果。

英國海軍部對於這些富有洞見的觀點，亦不無遺憾地表示贊同。

1939年9月30日，英國1艘重達5,000噸的郵船「克萊門特」號在獨自航行時，於伯南布哥海域被「施佩伯爵」號擊沉。這一個消息令英國海軍部震驚不已。這正是我們長期以來所等待的訊號。於是，許多搜索艦隊立即組成，動用所有可用的航空母艦，並由戰鬥艦、戰鬥巡洋艦和巡洋艦協助。普遍認為，由兩艘或更多軍艦構成的搜索艦隊有能力攔截並摧毀1艘袖珍戰鬥艦。

在接下來的幾個月中，為了追蹤2艘襲擊巡洋艦，我們組建了9個搜索艦隊，共計23艘強大的軍艦。此外，為了保護北大西洋的重要商船隊，我們被迫增派3艘戰鬥艦和2艘巡洋艦作為額外的護衛。這些需求對

我們的本土艦隊和地中海艦隊的實力造成了極大的削弱，因為我們必須從中抽調出 12 艘最強大的軍艦，其中包括 3 艘航空母艦。各搜索艦隊從大西洋和印度洋分布廣泛的根據地出發，覆蓋我們船隻經過的主要區域。敵人若要襲擊我們的貿易航運，必然會進入至少一個搜索艦隊的打擊範圍。為了讓人們了解這些搜索活動的規模，我列出搜索活動達到高峰時期的各個搜索艦隊的詳細清單。

在這段時間，美國政府的首要目標是將戰爭盡量遠離其海岸線。1939 年 10 月 3 日，21 個美洲共和國的代表齊聚巴拿馬，決議設立一個美洲安全區，該區域距離海岸 300～600 英里不等，並禁止在此區域內發生戰爭行為。我們也強烈希望戰爭不要蔓延到美洲水域——這對我們有一定的好處。因此，我迅速通知羅斯福總統，如果美國要求各交戰國尊重此安全區，我們將立刻表示願意接受這個要求——當然，前提是我們根據國際法應享有的權利能夠得到尊重。如果這個安全區能夠有效維持，我們不介意其範圍向南延伸至何處。若此區域僅由幾個弱小的中立國家守護，我們對接受該建議會感到困難；然而，若由美國海軍負責，我們將感到放心。美國軍艦在南美沿海巡邏愈多，我們便愈滿意；因為這樣一來，我們正在追蹤的德國襲擊巡洋艦可能會選擇離開美洲國家的領海，轉而前往南非的貿易航線，那裡我們已經做好應對準備。然而，若有 1 艘德國襲擊巡洋艦從美洲安全區發動攻擊，或逃入該區避難，我們希望能得到美國國家的保證，或被允許進行自衛，以避免遭受襲擊巡洋艦的威脅。

在這段時期，我們對於 10 月 5 日至 10 日期間，好望角航路上 3 艘船舶遭擊沉的事件，仍未獲得確切的消息。這 3 艘船隻均是單獨返航。我們未接收到它們的求救訊號，但由於它們久未抵達，這才引發了懷疑。經過數日，我們才確定它們已淪為襲擊巡洋艦的受害者。

第八章　普拉特河口之戰

> 我們的海軍實力必須分散，特別是因為我們的主力艦隊隱匿於英國西部海岸，這令我和其他人憂心忡忡。

第一海務大臣及海軍副參謀長

1939 年 10 月 21 日

敵艦「舍爾」號最初在伯南布哥海域現身，隨後其行蹤變得神祕不明，並未對貿易航運發起攻擊，這不禁令人疑惑：德國人是否意圖迫使我們將剩餘艦隻廣泛分散？若果真如此，他們的目的究竟為何？正如第一海務大臣所言，理論上他們應希望我們集中艦隊於國內水域，進而成為空襲的目標。此外，他們又如何能預測我們對「舍爾」號在南大西洋出現的傳言會有何反應？敵方的這些舉動似乎毫無方向，但德國人並非無緣無故行動的民族。你能確定這就是「舍爾」號，而非某種詭計或假情報嗎？

北大西洋商船隊新增的護航艦艇：

戰鬥艦：「復仇」、「堅決」與「沃斯派特」號。

巡洋艦：「綠寶石」號、「企業」號

我聽聞德國的電臺正在宣稱，他們已經將我們的艦隊逐出北海。此刻，這種說法比他們以往的諸多虛假宣言更具真實性。因此，東部沿海可能面臨來自海上艦艇的威脅。我們是否能夠派遣我們的潛艇部隊出海，在敵軍可能進犯的路線上活動？它們可能需要 1 艘驅逐艦來提供保護和偵察敵情。這些潛艇的活動範圍應該設定在我們拖網船監視範圍之外。不久可能會有某些情況發生，因為我們已經為了爭取時間而向後撤退了一段距離。

我並不願意激起所謂的「侵略恐慌」。在 1914～1915 年的早期階段，我曾經不斷地抵抗這種想法。然而，參謀長委員會應充分考慮這樣的情境：假設有兩萬人跨海而來，在哈里奇或韋伯恩灣這些沿海深水地區登陸，那麼將會發生什麼？這樣的入侵可能會使霍爾・貝利沙先生對其大軍的訓練具有比目前預期更為現實的意義。現在夜晚漫長，這對敵人的此類

企圖非常有利。陸軍部是否有任何措施來預防這種突發事件？我們必須記住，當前在北海的局勢如何。我並不認為這種情況即將發生，但實際上是有可能的。

「德意志」號原本計劃干擾我們穿越西北大西洋的補給線，但它對所接獲的命令作了細緻而謹慎的詮釋。在兩個半月的巡航中，它始終未曾接近我們的護航編隊。由於它決心遠離英國艦隊，只擊沉了兩艘船，其中一艘是挪威的小型船隻。第三艘船是美國的「燧石城」號，這艘船在運送貨物前往英國的途中被俘，但後來在挪威的一個港口被德國人釋放。11月初，「德意志」號再次穿越北極海洋，潛返德國。然而，這艘強大的戰艦出現在我們主要的商業航線上，僅此一事，如同它所預期的，已經對我們的北大西洋護航和搜索艦隊造成重大壓力。事實上，我們更願意面對它的活動，而非承受其潛在的威脅。

「施佩伯爵」號以其大膽且富有創意的行動迅速在南大西洋引起關注。1939年10月中旬，盟國強大的海軍在這片廣闊的海域展開行動。一支艦隊，包括以弗里敦為基地的航空母艦「皇家方舟」號和戰鬥巡洋艦「聲威」號，與法國的兩艘重巡洋艦組成的分艦隊，以及以達卡為基地的英國航空母艦「赫爾米茲」號協同作戰。在好望角，還有「蘇塞克斯」號和「希羅普郡」號兩艘重巡洋艦；同時，在南美東部海岸，為保護通往普拉特河和里約熱內盧的重要航運，哈伍德海軍准將指揮的艦隊，包括「坎伯蘭」號、「埃克塞特」號、「埃阿斯」號及「阿溪里」號。「阿溪里」號是一艘紐西蘭軍艦，艦上官兵主要來自紐西蘭。

「施佩」號的策略是，在某地短暫現身，找到目標後便隱匿於無垠海洋。從它在好望角航線以南再次現身並僅擊沉一艘商船後，幾乎一個月未再露面。在此期間，我們的搜索艦隊在各區域展開搜捕，並指示印度

第八章　普拉特河口之戰

洋的艦隊保持高度警戒。實際上，印度洋正是它的目的地。1939年11月15日，該艦在馬達加斯加與非洲大陸間的莫三比克海峽，擊沉1艘英國小油船。這是一種聲東擊西的戰略，企圖將搜索艦隊引向印度洋，而其艦長朗斯多夫則迅速折返，取道好望角南方航線進入大西洋。我們雖然預測到這種行動，但因為該艦迅速撤退，使攔截計畫落空。海軍部無法確定是否只有一艘襲擊巡洋艦在活動，於是同時在印度洋和大西洋展開搜索。我們曾以為「施佩」號即是其姊妹艦「舍爾」號。敵我力量對比不均，令我們憂心，這使我想起1914年12月間，科羅內爾和福克蘭群島作戰前焦慮的幾週，我們必須在太平洋和南大西洋多處準備，等待馮·施佩海軍上將的「沙恩霍斯特」號及「格奈森諾」號來襲。25年過去，難題依舊。因此，當「施佩」號在好望角與弗里敦航線上重現，12月2日擊沉兩艘船，並於7日再擊沉一艘，這消息讓我們如釋重負。

自戰爭爆發以來，哈伍德海軍准將肩負著一項獨特的使命，即保護普拉特河口及里約熱內盧海域的英國航運。他堅信「施佩」號終將駛入普拉特河，因為此地是豐富戰利品的理想獵場。哈伍德細緻地制定了遭遇戰中的戰術計畫。他指揮的8英寸口徑巡洋艦「坎伯蘭」號和「埃克塞特」號，以及6英寸口徑巡洋艦「埃阿斯」號和「阿溪里」號，合力追捕不僅能截獲，還能摧毀敵艦。然而，燃料與維修的需求使得4艘軍艦在「預期的那一天」同時應戰的可能性不大。若果真如此，勝算將大打折扣。當哈伍德得知「多里斯明星」號於12月2日被擊沉的消息時，他做出了準確的判斷。儘管「施佩」號尚在3,000英里之外，他堅信它將駛向普拉特河。幸運且明智地，他預測「施佩」號可能在13日抵達。他命令所有能作戰的艦艇於12月12日集中於該地。不幸的是，「坎伯蘭」號當時正在福克蘭群島維修；然而，12月13日清晨，「埃克塞特」號、「埃阿斯」號及「阿溪里」號已在普拉特河口航線的中心集結。果然，在上午6點14分，東方的黑

煙升起,期待已久的遭遇戰即將展開。

哈伍德駐守於「埃阿斯」艦上,負責協調他的艦群,讓各艦從相距甚遠的方位對這艘袖珍戰鬥艦進行炮轟,使敵方難以兼顧。他以最快速度,帶領他的艦隊逼近。「施佩」號的艦長朗斯多夫起初看到小型艦隊時,以為只需面對 1 艘輕巡洋艦和兩艘驅逐艦,於是也全速前進;但不久後,他辨識出敵方的真實情況,意識到一場生死搏鬥不可避免。雙方艦隻迅速接近,時速接近 50 英里。朗斯多夫此刻只有 1 分鐘來做出決策。他正確的選擇應是立刻轉向撤退,盡量讓他的敵人在他 11 英寸口徑大炮的射程和火力優勢範圍下,因為這樣英艦最初將無法還擊。如此,他能不受阻礙地進行炮擊,一方面加速自己,另一方面迫使對方減速,進而拉開距離。他甚至可能在任何 1 艘敵艦炮擊之前就重創對手。然而,他卻選擇繼續逼近「埃克塞特」號,結果雙方幾乎同時展開戰鬥。

哈伍德海軍准將的戰術顯示出其卓越的優勢。「埃克塞特」號的所有 8 英寸口徑大炮同時開火,在戰鬥初期便命中「施佩」號。與此同時,兩艘配備 6 英寸口徑大炮的巡洋艦也展開了猛烈且精確的炮擊。不久後,「埃克塞特」號遭受一枚炮彈的打擊,不僅摧毀了 B 號炮塔,還毀壞了所有艦橋通道,而艦橋上的人員幾乎全部遇難或受傷,艦艇因此一度失去控制。然而,這時兩艘擁有 6 英寸口徑大炮的巡洋艦攻勢猛烈,使得敵艦不能忽視,迫使「施佩」號將主要炮火轉向它們,進而使「埃克塞特」號在危急時刻得到喘息機會。這艘德國戰艦在三面夾攻下,感受到英國戰艦的強大攻勢,不久後便釋放煙幕,轉身撤退,顯然意圖駛向普拉特河。朗斯多夫早應如此行動。

「施佩」號掉頭後,再次對已經遭受 11 英寸炮彈重創的「埃克塞特」號進行炮擊。該艦前方所有火炮均被摧毀,艦體中部猛烈燃燒,並嚴重傾

第八章　普拉特河口之戰

斜。艦橋爆炸時，艦長貝爾倖免於難；他與2、3名軍官聚集在後操縱檯，利用僅剩的炮塔繼續作戰，直至7點30分，因壓力不足，最後一個炮塔也失去戰鬥能力。

此刻他已無能為力。在上午7點40分，「埃克塞特」號轉身離去前往維修，退出了戰鬥。

「埃阿斯」號與「阿溪里」號此時已展開對敵艦的追擊，兩艦在戰鬥中表現出極大的奮鬥精神。「施佩」號則以其全艦重炮猛烈回擊。7點25分，「埃阿斯」號的兩座後炮塔被摧毀，「阿溪里」號亦受損。這兩艘輕巡洋艦的火力無法與敵艦匹敵，駐於「埃阿斯」上的哈伍德察覺炮彈逐漸匱乏，遂決定暫停戰鬥，等待夜幕降臨，屆時將有機會更有效地運用輕武器，或許還能使用魚雷。於是，他在煙幕掩護下撤退，而敵艦未予追擊。這場激烈的交戰持續了1小時20分鐘。當日剩餘時間內，「施佩」號駛向蒙特維多，英國巡洋艦緊跟其後，雙方僅偶爾交火。午夜過後不久，「施佩」號進入蒙特維多港，停泊以修復受損部位，補給必需品，將傷員送上岸，並將艦上人員轉移至1艘德國商船，向德國元首報告情況。「埃阿斯」號和「阿溪里」號則停泊於港外，準備若德艦勇敢駛出，即窮追不捨直至將其摧毀。其間，12月14日晚，「坎伯蘭」號已從福克蘭群島全速趕來，接替嚴重受損的「埃克塞特」號。這艘配備8英寸大炮的巡洋艦的到來，使得本已不穩的局勢再度勉強恢復了平衡。

12月13日，我將大部分時間耗費在海軍部的作戰室，以異常激動的心情緊密關注這場振奮人心海戰的戲劇性進展。當天，我們的憂慮並未消散，而張伯倫先生此時正在法國訪視我們的遠征軍。12月17日，我致信給他說：

1939 年 12 月 17 日

　　倘若「施佩」號於今晚試圖突圍，我們計劃以裝備 8 門 8 英寸火炮的「坎伯蘭」號取代僅有 6 門火炮的「埃克塞特」號，繼續 13 日的戰鬥。「施佩」號意識到，我們的「聲望」號和「皇家方舟」號正在里約熱內盧補給燃料，因此這是它最佳的逃脫時機。「多塞特郡」號與「希羅普郡」號正從好望角駛來，需要分別 3 天和 4 天才能抵達。在「埃克塞特」號遭受重創之際，幸運的是「坎伯蘭」號就在福克蘭群島，隨時待命。「埃克塞特」號遭到超過百次炮擊，1 座炮塔被毀，3 門火炮失效，造成 60 名官兵陣亡，20 人受傷。「埃克塞特」號與敵方火力強大的射程對抗，可謂是一次極為英勇和果敢的戰鬥。我們已經採取一切可能的措施以防止「施佩」號趁機逃脫，並已告知哈伍德（現為海軍准將及榮譽爵士司令），他在 300 英里範圍內可隨時對該艦發動襲擊。然而，我們更希望將其拘留，因為拘留比戰鬥中擊沉更能損害德國海軍的聲譽。此外，這類戰鬥充滿危險，我們絕不應該造成不必要的流血。

　　在主要艦隊的護航下，加拿大全體軍隊已於今日清晨順利抵達，並受到安東尼和梅西的迎接，我相信格里諾克和格拉斯哥的大多數人也會表現出同樣的熱情。我們已經準備好熱情的接待。他們將前往奧爾德肖特，我想你不久便會親自前去探望。

　　今天，東部沿海地區從威克到多佛經歷了 10 次空襲，目標是單獨航行的船隻，其中包括商船，因敵方洩憤而遭到機槍掃射，有些人在甲板上受傷。

　　我相信，當你身處前線時，一定經歷了許多愉快的時光，我也希望你能認為，改變環境是最理想的休息方式。

　　當接獲海戰消息後，我們即刻指示若干強大艦隊集結於蒙特維多海域，然而，我們的搜索艦隊自然分散廣布，不曾有一支艦隊距離戰區在 2,000 英里以內。北方的 K 搜索艦隊，包括「聲威」號和「皇家方舟」號，

第八章　普拉特河口之戰

10 日前自開普敦出發，正進行掃蕩任務，現已抵達伯南布哥以東 600 英里，距蒙特維多 2,500 英里的位置。在更北方，巡洋艦「海神」號及 3 艘驅逐艦剛與法國 X 搜索艦隊分離，正南行以與 K 搜索艦隊匯合。所有這些艦隊皆接獲命令駛向蒙特維多；它們需先至里約熱內盧補充燃料，但我們設法營造外界認為它們已經離開里約熱內盧，正以 30 海里時速駛向蒙特維多的印象。

在大西洋的另一側，H 搜索艦隊在非洲沿岸進行了擴展的掃蕩，正返航至好望角，準備在當地補充燃料。僅有「多塞特郡」號位於開普敦，能夠立即被召喚，因此它迅速接到命令去支援哈伍德海軍准將，但距離尚有 4,000 多英里的航程。隨後，「希羅普郡」號也跟著啟程。此外，為防範「施佩」號可能向東南方向逃逸，現駐德班的 I 搜索艦隊，現包括「康沃爾」號、「格羅斯特」號以及來自東印度群島基地的航空母艦「鷹」號在內，均由南大西洋方面的艦隊總司令指揮。

同時，施佩號艦長朗斯多夫於 1939 年 12 月 16 日向德國海軍部發送的電報如下：

蒙特維多港外的戰略局勢，除了巡洋艦和驅逐艦，還有「皇家方舟」號與「聲威」號，夜間封鎖嚴密，想要突圍逃往公海並返回祖國領海，已無希望……是否應該不顧普拉特河口的海水深度不足，將船鑿沉，還是選擇遭到拘禁，請予裁決。

在德國元首主持的一次會議中，雷德爾和約德爾也參與其中，最終決定回電如下：

竭盡全力，努力延長在中立國水域的停留時間……若有可能，設法突破封鎖，航行至布宜諾斯艾利斯。切忌被拘留於烏拉圭。若需自沉，務必徹底破壞船隻。

德國駐蒙特維多公使隨後報告，試圖延長 72 小時期限的談判未能取得任何成果，因此，這些指令由德國最高司令部批准。

因此，於 12 月 17 日下午，「施佩伯爵」號將艦上的 700 多名海員以及行李和補給品轉移至港內的德國商船上。隨後不久，海軍准將哈伍德獲悉「施佩伯爵」號已經起錨。下午 6 點 15 分，在眾多圍觀者的注視下，它緩緩駛離海港，朝向大海，而英國的巡洋艦正虎視眈眈地等待著。下午 8 點 54 分，當日落時分，「埃阿斯」號艦上的飛機報告：「『施佩伯爵』號已自行炸毀。」此時，「聲威」號及「皇家方舟」號仍距 1,000 英里之外。

「施佩伯爵」號的艦長朗斯多夫因失去軍艦而感到極度悲痛。儘管政府曾賦予他全權處理的命令，他在 1939 年 12 月 19 日寫下：

如今，我唯有以自身的生命來證明，第三帝國的軍人已準備好為國旗的榮譽而獻身。鑿沉袖珍戰鬥艦「海軍上將施佩伯爵」號的行動，應由我一人承擔責任。我欣然獻出生命，以洗刷任何可能玷汙國旗榮譽的恥辱。懷抱對祖國與元首事業的堅定信念，我將以此心境迎接命運的到來。

當晚，他舉槍自盡。

因此，英國貿易航運在海洋上的早期襲擊行動告一段落。在此之後，直到 1940 年春季，敵人才展開新一輪戰役，利用偽裝商船進行襲擊。這些船隻較不易被察覺，但相對地，我們不需要動用摧毀袖珍戰鬥艦的巨大力量即可將其擊敗。

當得知「施佩」號自行鑿沉的消息後，我立刻將所有散布在各地的搜索艦隊召回。然而，「施佩」號的補給艦「阿爾特馬克」號仍在海上活動，人們普遍認為這艘軍艦上載有 9 艘被襲擊船隻的船員。

第八章　普拉特河口之戰

第一海務大臣

1939 年 12 月 17 日

　　鑑於南大西洋上除了「阿爾特馬克」號之外，已無其他敵艦蹤跡，因此將「聲威」號和「皇家方舟」號，連同至少一艘配備 8 英寸口徑火炮的巡洋艦調回本土，顯得極為重要。這將有助於我們的護航任務，並使各艦的維修和人員休假得以完成。我同意你提出的計畫，讓兩艘小型艦隻明日停泊在蒙特維多港內，但我認為將 K 搜索艦隊派往如此遙遠的南方並不適宜。此外，如此多的軍艦同時進入港內，恐怕不會被允許。若如你建議的，待勝利儀式結束後，「海神」號立即接替「埃阿斯」號，那將十分便利；而所有返國的艦隻若能在歸途中仔細搜索「阿爾特馬克」號，則更為理想。我認為我們應撤回所有非絕對必要的艦隻。只要我們持續進行北方巡邏，就需要不斷從克萊德灣派遣兩艘或最好 3 艘艦隻增援北方巡邏艦隊。坦南特艦長認為，德國海軍部必然急於展示行動以重建其聲譽，對此我表示贊同。

　　或許你能告訴我你對這些觀點的看法。

　　同時，我對「埃克塞特」號感到極度不安。有人建議我將該艦留在福克蘭群島直到戰爭結束，而不進行修理，但這個提議我無法接受。

第一海務大臣、海軍供應署署長及其他相關人員

1939 年 12 月 17 日

　　關於「埃克塞特」號受損的最初報告，顯示了它遭受的激烈炮火及敵軍的頑強決心。同時，由於它能夠承受如此長時間的猛烈轟炸，對於海軍部建造司而言，這是極大的榮譽。這個故事應該迅速傳播，但必須刪去所有不宜公開的細節（即不應讓敵人獲知的資訊）。

　　在修理方面，有何建議？在福克蘭群島可以進行哪些修復工作？我認

為該艦應能獲得基本修理，使其能航行回國進行全面修整。

海軍最高指揮官、海軍副總參謀長及軍需管理局局長

1939 年 12 月 23 日

我們不應急於接受在戰爭期間暫停修復「埃克塞特」號的建議。我們應該盡力加強其內部結構，使用支柱進行支撐，並將其攜帶的彈藥或大部分轉移到一些商船或補給船上。或許可以在其上裝載一些木桶或空油桶，並大幅減少船員數量，然後在護航艦隊的保護下，讓其返航，或駛往地中海，或前往我們的任何一個修理船廠。如果在這種情況下仍無法修復，則應拆卸所有有用的大炮和裝置，以便轉移到新建的艦艇上。

這僅僅是我的一般看法，或許你們會告訴我該如何付諸實踐。

軍需署長及第一海務大臣

1939 年 12 月 29 日

有關南美洲的海軍少將來電提及「埃克塞特」號不值得修理之事，我尚未見到回電。針對此事，我在備忘錄中表達了不同的意見。如今此事進展如何？根據你們的談話，我得知我們一致認為應將該艦駛回國內進行全面修理，且修理所需時間可能比海軍少將預估的要短。

針對「埃克塞特」號的問題，目前的計畫是什麼？我們將採取何種方法，在何種條件下，以及在什麼時間將其帶回？我們不能讓它停留在福克蘭群島，因為在那裡，不是它會面臨危險，就是需要有一些重要的軍艦駐紮以保護它。我期待聽取你們的建議。

我的觀點獲得了認同。「埃克塞特」號安全地返回了祖國。我有幸在普利茅斯港踏上這艘艦艇破損的甲板，向其英勇的官兵們致以敬意。「埃克塞特」號隨後被保留並服役了兩年多，創下了卓越的成就，直至 1942 年在巽他海峽的殊死戰中，被日本的火炮摧毀。

第八章　普拉特河口之戰

普拉特河口外海戰的勝利令全英國為之振奮,並顯著提升了英國在全球的聲望。3艘較小的英國艦艇勇敢無畏,果斷地攻擊了1艘火力和裝甲優勢明顯的敵艦,並迫使其撤退,這一個壯舉贏得了國際上的讚譽。有人將此次海戰與1914年8月德艦「戈本」號於奧特朗托海峽脫逃的不幸事件相提並論。然而,為了公平評價當時的海軍上將,我們應該記住,哈伍德海軍准將指揮的艦隊速度均快於「施佩」號;相對地,1914年特羅布里奇海軍上將所率艦隊中僅有1艘艦艇速度快於「戈本」號。儘管如此,此次海戰的勝利仍然鼓舞人心,讓我們在這個灰暗而艱難的冬季中得以稍感輕鬆。

當時蘇聯政府對我們表現出不滿的情緒,他們於1939年12月31日在《紅海軍報》上發表的評論,正是其報導的例證之一:

> 沒有人敢宣稱德國1艘戰鬥艦的損失,便是英國艦隊的偉大勝利。恰恰相反,這正顯示出英國已經達到前所未有的衰弱與無能。12月13日清晨,德國戰鬥艦與「埃克塞特」號交火,數分鐘內便迫使該巡洋艦退出戰鬥。根據最新消息,「埃克塞特」號在駛往福克蘭群島途中,已於阿根廷海岸附近沉沒。

1939年12月23日,美洲各共和國針對普拉特河口外的海戰向英、法、德三國正式提出抗議,認為此戰事侵犯了他們的安全區域。大約同一時期,又有兩艘德國商船在美國沿海附近遭英國巡洋艦攔截。其中一艘是32,000噸的郵船「哥倫布」號,該船自行鑿沉;船上人員由美國巡洋艦救起。另一艘則逃入佛羅里達州的領海。羅斯福總統對於西半球沿海發生的這些事件表示不滿,因此我在回覆中強調我們在普拉特河口外的海戰對南美各共和國是有利的。南美各國的貿易因德國襲擊巡洋艦的活動而受阻,南美各國的海港也被德國襲擊巡洋艦用作補給和情報中心。根據戰爭法,德國襲擊巡洋艦有權俘獲所有在南大西洋中與我們貿易的商船,或在安置

船員後將船擊沉；這些情況對美洲的貿易利益，尤其是阿根廷的利益，造成重大損害。普拉特河口外的海戰消除了這些問題，南美各共和國應表示歡迎。整個南大西洋目前已無戰事，或許永遠不再有。南美各國對於這種解除戰爭憂慮的事實應珍視，因為它們現在實際上可以長期享受一個 3,000 英里範圍的安全區域，而不僅限於 300 英里。

我必須再補充一點，即皇家海軍為了遵守海上國際法，已承擔了重大責任。只要在北大西洋發現一艘襲擊巡洋艦，我們便需動用一半的戰鬥艦隊來保障全球貿易的安全。敵人無限制地布置磁性水雷，增加了驅逐艦隊和小型艦艇的繁重負擔。若我們因不堪重負而崩潰，恐怕南美各共和國將面臨比遙遠的海外炮聲更為嚴峻的問題，美國也將立即面對更多需要直接關注的挑戰。因此，我認為，我有權請求美洲各國，充分考慮我們在這個關鍵時刻所承擔的重責；並對為了在合理時間和正當方式下結束戰爭所需採取的行動，給予善意的理解。

第八章　普拉特河口之戰

第九章
斯堪地那維亞與芬蘭戰局

　　從波羅的海的出口延伸到北極圈的這條半島，長達 1,000 英里，具有重要的戰略意義。挪威的山脈向海洋延伸，形成了一個由島嶼構成的連續邊界地帶。在這些島嶼與大陸之間，有一條狹長的領海，德國可以經由這條水道維持與外海的聯繫，進而對我們的封鎖造成了重大影響。德國的戰爭工業主要依賴於瑞典提供的鐵礦石。在夏季，礦石從瑞典波的尼亞灣北部的呂勒歐港出口；而在冬季，當港口被冰封時，則從挪威西海岸的那維克港出口。如果尊重這條水道，將使得這種貿易在中立國的掩護下自由進行。我們即使擁有優勢的海上力量，也無法阻止。海軍參謀部對於德國享有這種重要的便利感到極為不安，因此，我儘早在內閣中提出了這個問題。

　　我回憶起在上次大戰期間，英國和美國政府對於在「水道」內，即這片受保護的水域中設定水雷，毫無顧忌。1917～1918 年間，從蘇格蘭到挪威，跨越北海，曾經布置大規模的水雷封鎖。然而，只要德國商船和潛艇沿著封鎖線邊緣航行，平安無事地通過，這個水雷封鎖就無法發揮其全部效力。我注意到協約國的艦隊並未在挪威的領海內設定任何水雷區。海軍將領抱怨說，除非同時封鎖走廊水域，否則耗費大量資源建成的水雷封鎖線無法發揮作用。於是，各協約國政府對挪威施加極大壓力，促使其自行封鎖走廊水域。建設一條廣泛的水雷封鎖線需要相當長的時間，等到它竣工時，對戰爭結局及德國已無力侵犯斯堪地那維亞半島的事實，已經幾無懷疑。然而，挪威政府直到 1918 年 9 月底才被說服採取行動。在他們

第九章　斯堪地那維亞與芬蘭戰局

實際完成布雷計畫之前，戰爭已經結束。

1940年4月，當我最終將此問題提交下議院時，我表示：

在過去的大戰中，當我們與美國並肩作戰時，德國的潛艇特別利用這條受掩護的航道，發起其海上掠奪的冒險行動，使協約國深感困擾。因此，英、法、美三國政府聯合向挪威人提出建議，請他們在本國領海內切斷這條受掩護的航道。自這次戰爭開始以來，海軍部自然會提醒英王陛下政府注意這一個先例，儘管當前情勢與過去有所不同，但它仍然是一個值得尊重的現代先例；同樣自然的是，海軍部也強烈主張，應允許我們在挪威領海內設定自己的布雷區，以迫使德國的商船不得不轉向公海航行。如此一來，它們將不得不冒險，可能會面臨我們的封鎖艦隊對戰時禁運品的管制，或被視為敵國戰利品而直接被捕獲。英王陛下政府長期猶豫不決，不願承受即使是技術上違反國際法的譴責，這也是自然且恰當的。

他們的確長期拖延，無法做出決策。

起初，我所陳述的理由獲得了良好的反響。我的全體同事對於那些問題留下了深刻印象，然而，嚴格維護小國的中立性，則是我們共同遵循的行為準則。

海軍大臣致函第一海務大臣及相關人員

1939年9月19日

今日清晨，我向內閣強調阻止瑞典鐵礦石經由挪威那維克港運出的緊迫性，並指出隨著波的尼亞灣結冰，那維克的運輸即將展開。我提醒大家，1918年時，我們曾獲得美國的同意與合作，在挪威領海3英里的範圍內設定了一個水雷區。我建議我們應在短時間內重新實施這個措施。〔如前所述，這並非精確的描述，不久我便收到了關於實際情況的通知。〕內閣，包括外交大臣在內，似乎對此舉措表示強烈支持。

因此，所有必要的措施都應予以採取以做好準備。

（1）首先，必須誠懇地與挪威人展開談判，以租用他們的全部商船。

（2）因為我們絕不希望與瑞典人發生爭執，貿易部應該與瑞典進行協商，由我們購買相關的礦石。

（3）應確保外交部對我們的提案有全面的了解；1918 年英美兩國聯合行動的所有事實及其合理解釋，應謹慎地呈現。

（4）布雷計畫本身應由海軍參謀部相關人員研究，並在必要時告知經濟作戰司。

請隨時向我更新計畫的進展，該計畫對打擊敵方戰爭工業至關重要。

當所有準備工作完成後，內閣仍需作出決策。

29 日，應同事之請，在海軍部對整個問題進行深入研究後，我就此主題以及涉及租用中立國商船事宜，撰寫了一份報告以供內閣審議。

瑞典與挪威
海軍大臣的備忘錄

1939 年 9 月 29 日

租用挪威的商船

（1）挪威代表團即將抵達，貿易大臣希望在數日內與其展開談判，計劃租用他們所有剩餘的商船，大多為油船。

海軍部認定租賃這些商船至關重要，查特菲爾德勳爵曾以書面形式表達強烈支持此行動。

從那維克起運供給德國的礦石

（2）至 11 月底，波的尼亞灣通常會結冰，因此，瑞典的鐵礦石只能經

第九章　斯堪地那維亞與芬蘭戰局

由波羅的海的奧克塞洛森德港或挪威北部的那維克港運往德國。奧克塞洛森德港僅能運輸約五分之一的瑞典礦石需求量給德國。到了冬季，主要貿易通常從納爾維克維克港進行。從該港口出發，貨船可以沿著挪威西部海岸航行，直到斯卡格拉克海峽之內，整個航程都在挪威的領海範圍內。

必須意識到，對德國而言，瑞典鐵礦石的穩定供應至關重要。因此，若能在10月至翌年4月的冬季期間中斷或阻止從那維克出運的這項資源，將顯著削弱其抵抗能力。戰爭初期的3週內，由於船員不願出航以及其他非我方所能控制的因素，沒有任何運載鐵礦石的船隻自那維克啟程。若這個令人滿意的情況能持續下去，海軍部將無需要求採取特殊行動。此外，與瑞典政府的談判正在進行中，這些談判或許能大大減少斯堪地那維亞半島對德國的礦石供應。

然而，若從那維克運往德國的供應再度啟動，我們便必須採取更加嚴厲的措施。

對瑞典的關係

（3）我們與瑞典的關係需要謹慎考量。德國對瑞典採取了威脅行動。我們的海上優勢賦予我們強大的武器，必要時可用以對瑞典施加直接控制。然而，我們應該盡可能協助瑞典解決礦石問題，透過煤炭交換，作為第（2）節中提到政策的一部分；如果交換的煤炭不夠，至少可用其他方式部分補償。這是第二步。

關於租用和保險事宜涉及的所有中立國船舶

（4）上述各種考量引發了一個更廣泛的建議。我們是否應該透過租賃或其他方式，確保能控制所有中立國家的剩餘船隻，包括挪威，以便讓盟國掌握全球大部分的海上運輸，並以有利的條件再租給那些依照我們意見行事的國家？

是否應該將我們護航制度的優勢延伸至不在我們直接管轄下的中立國

船舶？

皇家海軍迄今在抵禦潛艇攻擊方面的成就，依海軍部的觀點，似乎證明了應該選擇後者。這意味著，我們應為所有國家在我們航線上航行的船舶提供安全護航，前提是它們遵守我們的禁運品規則，並以外幣支付必要的費用。如此一來，他們可因訂立合約而免受戰爭風險，隨著我們反潛艇戰的成功，我們可以期望獲得利潤，以彌補反潛艇戰的巨大開支。這樣，不僅我們擁有或控制的船舶，還有獨立的中立國船舶，都將在公海上受到英國的保護，若發生意外事故，同樣可獲得賠償，海軍部並不認為這超出我們的能力範圍。如果在上次大戰開始時，對中立國船舶的租用和保險採取類似計畫，無疑早已證明這是一筆非常有利的交易。在這次戰爭中，它可能被證明是建構「自由航海國家聯盟」的基礎，而加入這個聯盟則是頗具利益的。

（5）因此，應提出要求：若內閣基本同意上述四大目標，則應將問題重新交由相關部門，以制定詳細計畫，並迅速付諸實施。

在將此報告在內閣中傳閱並提請討論之前，我要求海軍參謀部對整體形勢進行一次全面的分析。

海軍大臣致海軍助理參謀長

1939 年 9 月 29 日

請於明天早晨內閣會議時，重新召開我們週四舉行的礦石會議，以便審議我所提出的報告草案。除非結果極為重要，否則我不便向內閣建議，對一個中立國採取我所提議的嚴厲措施。

據我所知，目前確實沒有任何德國或瑞典的船隻計劃從那維克南運礦石。此外，據悉，德國已經在奧克塞洛森德累積了礦石，以防冬季港口凍結，準備從波羅的海經基爾運河運往魯爾區。這兩種說法是否屬實？如果我在挪威的領海內進行布雷行動而未能達到效果，那將是一個嚴重的問題。

第九章　斯堪地那維亞與芬蘭戰局

同時，假設挪威西海岸的礦石運輸是一個確實關鍵的要素，值得竭力進行攔截，你會選擇在哪裡實施攔截行動？

請仔細勘查海岸狀況，讓我了解具體位置。顯然，這個攔截地點應設於卑爾根以北。如此一來，挪威西海岸的南部仍可保持航行自由，從挪威起運或來自波羅的海的貿易航運，仍可加入挪威商船隊前往中國。在我向內閣提交建議之前，所有這些都需要進一步探討。我計劃在下週一或週二提出。

在海軍部對此事表示贊同並將問題解決後，我再次將此問題提交給內閣。與先前相似，大家對於這個需求一致認同，但在行動上，我卻無法獲得他們的支持。外交部提出的關於中立的理由相當有力，使我的觀點無法通過。正如後來所見，我運用了各種方法，並在多種場合堅持我的立場。然而，直到1940年4月，才決定採納我在1939年9月提出的要求，但那時已經太晚了。

根據我們目前掌握的資訊，幾乎就在此時，德國的焦點也轉向了相同的方向。10月3日，海軍參謀長雷德爾向希特勒提交了一份名為「在挪威取得基地」的建議。他要求：「請盡快將海軍作戰參謀部關於在北歐擴展作戰基地可能性的意見通知元首。現在必須確定，在俄、德兩國的聯合壓力下，是否可以在挪威獲得基地，以提升我們的戰略和戰術地位。」於是，他起草了一系列報告，並於10月10日呈交給希特勒審閱。在這些報告中，他寫道：「我竭力說明英國若占領挪威，我們將面臨的不利：英國將控制波羅的海的入口，對我們的海軍行動和對英空襲形成包圍，並阻止我們對瑞典的施壓。同時，我也強調占領挪威海岸對我們的益處：獲得通往北大西洋的出口，英國將無法再如1917至1918年那般布置水雷封鎖……元首立即看到了挪威問題的重要性；他要求我留下報告，表示他希望親自考慮。」

納粹黨的外交事務專家羅森堡，負責管理國外宣傳活動的專門機構，他的觀點與海軍上將雷德爾不謀而合。他幻想著「感化斯堪地那維亞人，讓他們接受一個北歐集團的理念，將所有北歐民族置於德國的自然領導之下」。早在1939年初，他便認為自己找到了可利用的工具，即由挪威前陸軍部長維德孔・吉斯林領導的挪威極端國家黨。雙方很快建立了連繫。吉斯林的行動透過羅森堡的組織以及德國駐奧斯陸的海軍武官，與德國海軍參謀部的計畫結合在一起。

　　12月14日，吉斯林與助手哈格林抵達柏林，經由雷德爾引薦會見希特勒，商討在挪威進行政治策動的事宜。吉斯林攜帶了一份詳細的計畫。希特勒為了保密，假裝不願增加責任，聲稱他更傾向於維持斯堪地那維亞半島的中立。然而，根據雷德爾的說法，當天希特勒即命令德國最高指揮部準備一份在挪威作戰的計畫。

　　我們當時對於這些情況一無所知。

　　在斯堪地那維亞半島，一場意想不到的衝突爆發，這個事件在英、法兩國引起了強烈的憤怒，並對有關挪威的討論產生了重大影響。自從蘇聯與德國捲入對英、法的戰爭後，蘇聯便依據與德國的條約精神，開始封鎖從西方進入蘇聯的通道。第一條路徑是從東普魯士穿越波羅的海國家進入蘇聯；第二條路徑經過芬蘭灣的水域；第三條路徑則是穿越芬蘭本土，橫跨卡累利阿地峽直至芬蘇邊境，距離列寧格勒市郊僅20英里。蘇聯人不曾忘記1919年列寧格勒所面臨的危機。甚至高爾察克的白俄羅斯政府也曾告知巴黎和會，波羅的海國家的基地和芬蘭是保護俄國首都的必要地點。1939年夏季，史達林對英、法代表團也曾表達類似的意見。在前文中，我們已經看到，這些小國的天然恐懼如何成為英、法與蘇聯結盟的障礙，並如何為莫洛托夫與里賓特洛甫的協定鋪平道路。

第九章　斯堪地那維亞與芬蘭戰局

史達林行動迅速；9月24日，愛沙尼亞外交部長被召至莫斯科，4天後，他的政府與蘇聯簽訂了一項互助條約，條約允許俄國在愛沙尼亞境內設立重要基地。10月21日，蘇聯紅軍和空軍立即進駐。同時，對拉脫維亞也採取了相似的措施，蘇聯的駐軍也進駐了立陶宛。如此一來，通往列寧格勒的南路及半個芬蘭灣，迅速被蘇聯武裝部隊封鎖，以防範德國潛在的侵略企圖。

10月初，芬蘭政治家西巴錫基維先生，曾簽署1921年蘇芬和約，來到莫斯科。蘇聯提出廣泛要求，包括芬蘭在卡累利阿地峽的邊界線須向後退，以免列寧格勒遭受敵方炮火威脅。其他要求還有：芬蘭需割讓芬蘭灣的一些島嶼；雷貝錫半島及芬蘭唯一北極海不凍港薩摩需租給蘇聯；最關鍵的是，將芬蘭灣入口的漢科港租給俄國作為海軍和空軍基地。芬蘭人對這些要求準備妥協，唯獨拒絕最後一項。他們認為，一旦芬蘭灣的要害落入俄國之手，芬蘭的戰略優勢和國家安全將不復存在。談判於11月13日破裂，芬蘭政府開始動員，並在卡累利阿邊境增強軍力。11月28日，莫洛托夫宣布《蘇芬互不侵犯條約》失效；兩天後，蘇聯軍隊在芬蘭千英里邊境的8處發動進攻，同時赫爾辛基遭到蘇聯空軍轟炸。

蘇聯攻勢的重點首先集中在卡累利阿地峽的芬蘭邊境防禦設施上。該防禦系統涵蓋了一個自南向北延伸約20英里的區域，穿越積雪覆蓋的森林地帶，稱之為曼納海姆防線。曼納海姆是芬蘭的總司令，也是1917年保護芬蘭不被布爾什維克黨征服的功臣。蘇聯利用其龐大的軍力，無故入侵這個高度文明且充滿活力的小國，這個行為在英國、法國，尤其是美國，引發了極大的憤慨。然而不久後，人們又感到驚訝和如釋重負。戰爭的最初幾週，蘇聯軍隊進展甚微，進攻部隊主要來自列寧格勒的駐軍。芬蘭軍隊總兵力僅有約20萬，但表現出色。他們以無畏的精神和一種後來

被稱為「莫洛托夫雞尾酒」的新型手榴彈，抵抗俄羅斯坦克的攻勢。

蘇聯政府或許設想能夠迅速推進。他們在赫爾辛基及其他地區發動了初步空襲，雖然規模不大，但意圖是引發恐慌。初期投入的部隊，雖然在數量上遠超芬蘭軍隊，但能力和訓練均顯不足。空襲和敵軍入侵芬蘭，反而激起芬蘭人的鬥志，團結一致，抵抗侵略者，以堅定的決心和高超的戰術作戰。進攻薩摩的俄國師團輕而易舉地擊退了當地的 700 名芬蘭士兵，然而，對芬蘭「腰部地帶」的攻勢則讓侵略者付出沉重代價。這片地區幾乎全是松林，地形略有起伏，當時積雪凍結約 1 英寸。氣候極其寒冷。芬蘭人在雪屐和禦寒裝備上有優勢，而俄國人則顯得不足。此外，芬蘭人證明了他們在攻擊精神、偵察及森林戰方面的高超訓練。俄國人依賴龐大的人數和重型武器，最終卻無功而返。整個戰線上，芬蘭邊界的哨兵緩慢撤離公路，俄國縱隊尾隨其後。當他們深入約 30 英里時，遭到芬蘭軍隊的襲擊。蘇聯軍隊在前方被芬蘭森林防禦線阻擋，無法前進，左右兩翼日夜遭受猛烈攻擊。他們的後方補給線又被切斷，縱隊因此被分割成多個孤立部分。如果僥倖，則在損失慘重後退回原攻擊起點。至 12 月底，俄國通過「腰部地帶」推進的整體計畫已告失敗。

在卡累利阿地峽曼納海姆防線的攻勢同樣不見成效。約莫兩個師的蘇聯軍隊計劃在拉多加湖北部展開包抄，但遭遇與更北部相似的命運。蘇聯於 12 月初派遣約 12 個師進攻曼納海姆防線，整個 12 月持續進行集團攻擊。然而，俄軍的炮火支援不足，他們的坦克多為輕型，正面進攻接連受挫，損失慘重而毫無進展。至年末，全線失敗使蘇聯政府意識到他們面對的敵人與預期大相逕庭，遂決定加大努力。他們意識到在北部森林戰中，單靠數量優勢無法擊敗芬蘭的卓越戰術與訓練，於是決定集中火力突破曼納海姆防線，這需要大規模準備，因而自年底起戰事趨於平靜，芬蘭人至

第九章　斯堪地那維亞與芬蘭戰局

此成功抵擋強敵。這一個出乎意料的結果令全球各國，包括中立與交戰國，皆感到欣慰，也令蘇聯軍隊聲譽受損。在英國，許多人慶幸未曾不顧一切地拉攏蘇聯，對自己的先見之明感到自得。他們草率地認為清黨運動已削弱俄軍，俄國的政治與社會體制腐敗不堪的假設似乎得到驗證。這種看法不僅限於英國。希特勒及其將領對芬蘭戰爭揭示的情況深思熟慮，無疑對德國元首的思想產生了重要影響。

由於里賓特洛甫與莫洛托夫簽署的協定，蘇聯政府已經引發了廣泛的憤怒，最近這種強國對弱國的殘酷侵略行為，更是讓人怒火中燒。此外，對蘇聯軍隊無能的輕視，加上對英勇芬蘭人的同情，激發了人們的情緒。儘管英國和法國已經進入戰爭狀態，但人們仍然渴望英國、美國，尤其是法國能夠提供飛機、其他重要戰爭物資，甚至派遣志願軍來支援芬蘭。然而，軍火和志願軍的運輸路線只有一條可行。於是，那維克港的鐵礦石運輸以及通往瑞典鐵礦的鐵路，獲得了新的感情上，即使不是戰略上的重要性。那維克港及其鐵路作為芬蘭軍隊的供應通道，影響了挪威和瑞典的中立。這兩個國家對德國與俄國同樣懷有恐懼，只想遠離戰爭，因為戰爭已經包圍著它們，並可能將它們捲入其中。對它們來說，中立是它們生存的唯一保障。然而，英國政府不願為了自身利益和打擊德國，而在挪威水域布雷，即便這只是技術上的領海侵犯；但另一方面，它基於與戰爭問題僅有間接關係的慷慨情緒，向挪威和瑞典提出了更嚴重的要求，即允許人員和物資經其領土前往芬蘭。

我對芬蘭人懷有深切的同情，並支持所有目的在援助他們的提案，同時也欣然接受這種新的有利局勢，因為這能切斷德國至關重要的鐵礦石供應，達成我們的主要策略利益。如果那維克成為向芬蘭提供補給的盟軍基地，那麼阻止德國船隻在港口裝載礦石並安全經過挪威水道抵達德國將變

得更加容易。無論出於什麼理由，只要挪威和瑞典的反對聲音被壓制，較大的行動將包含較小的行動。此時，海軍部也在關注俄國一艘大型高效能破冰船的動向，該船從莫曼斯克出發前往德國，名義上是進行維修，但更可能的目的是為德國運輸礦石的船隻開通目前已經結冰的波羅的海海岸的呂勒歐港。因此，我再次努力爭取大家的同意，實施在前次大戰中已有某種先例的簡單且不流血的方法，即在挪威水道實行布雷。由於這個問題引發了道德上的爭論，我認為應該提出我經過長時間考慮和辯論後得出的最終結論。

挪威 —— 礦石運輸

海軍大臣提出的報告

1939 年 12 月 16 日

（1）成功阻止挪威向德國供應礦石，應當被視為戰爭中的一個主要攻勢。在接下來的幾個月中，沒有其他措施能提供如此良機來減少戰爭的浪費和破壞，或許還能防止隨主力部隊交戰而產生的大規模屠殺。

（2）如果認為獲得的利益超過了明顯且嚴重的反對，那麼必須實施全面阻止敵方供應的策略。由呂勒歐運出的礦石，由於冬季冰凍已經阻斷，如果蘇聯的破冰船試圖破冰，我們絕不允許其行動。對於從那維克運出的礦石，我們須在挪威領海的兩、三個適當地點，設定一系列小規模的水雷區以阻攔；如此，運往德國的礦船將被迫離開領海航行至公海。在公海上，遇到德國船隻，我們將其視為戰利品予以扣押；若是中立國船隻，則需遵循我們的戰爭禁運品管理。至於從波羅的海主要不凍港奧克塞洛森德運出的礦石，同樣應採用非外交或軍事的方法加以阻止。針對這 3 個港口，我們應迅速採取不同且適當的手段進行處理。

第九章　斯堪地那維亞與芬蘭戰局

（3）因此，這個問題導致德國從現時到 5 月，無法獲得百萬噸的礦石供應，並且切斷了整個冬季的供應。雖然德國仍能從耶夫勒或波羅的海其他不凍港口得到少量供應，但當波的尼亞灣的冰層消融之際，呂勒歐的充沛供應將再次開放。顯然，德國計劃在冬季獲取盡可能多的供應，並為 1940 年 5 月 1 日至 12 月 15 日所需的 950 萬噸，甚至更多的礦石做準備。其後，德國可能希望從蘇聯組織供應，以支持長期戰爭。

（4）若至明年 5 月，德國在工業和軍火領域嚴重缺乏鐵礦石，阻止呂勒歐港的重新開放將成為〔我們〕海軍的首要目標。可採用的一個戰略是，讓英國潛艇在呂勒歐港外設定一個公開的雷區，使用磁性水雷。此外，還有其他戰略可供考量。如果我們能在現在至 1940 年底之間，全面切斷德國自瑞典獲取礦石的供應，那麼對德國戰鬥能力的削弱，將相當於在戰場或空中獲得一次重大勝利，且不需要付出重大的生命代價。事實上，這甚至可能立即發揮決定性作用。

（5）在戰爭中，每當發動攻擊，必然會招致反擊。若你向敵人開火，他必定會還以顏色。因此，我們必須嚴肅對待德國可能實施的反制措施，或者在其壓力下挪威或瑞典可能作出的反應。以挪威為例，有 3 個相互關聯的事情。首先，德國以殘酷且非法的方式作戰，曾侵犯挪威的領海，並在未發出警告的情況下擊沉多艘英國及中立國的船隻，事後亦不施以援救。針對這種行徑，我們的回應便是先前提到的布設水雷區。其次，有人指出，挪威可能會因抗議而取消與我們簽訂的租用其油船及其他船舶的協定，但這將使其失去極具利潤的交易，且考慮到我們對戰時禁運品的控制，這些船隻對挪威將毫無用處。其船隻將閒置無用，船主也會陷入貧困。挪威政府若採取此舉，將違背其自身利益；而利益問題是一個強大的因素。第三，挪威可以停止輸出我們空軍部和供應部所需的鋁及其他戰爭物資作為報復，但這也會損害其利益。它不僅會失去這類貿易帶來的寶貴利益，而且若英國停止向其提供鐵礬土和其他必需原料，將使以奧斯陸及

卑爾根為中心的整個挪威工業陷入停滯。簡而言之，若挪威對我們進行報復，它將面臨經濟和工業的崩潰。

（6）挪威對我們表示同情，未來如欲擺脫德國控制並獲得獨立，需仰賴盟國的勝利。因此合理推測是，除非德國以武力逼迫，否則它不會採取這些行動，即便可能以此威脅。

（7）若德國認為以武力掌控斯堪地那維亞半島符合其利益，那麼無論我們怎樣應對，它仍將對挪威施以武力。在這種情形下，戰爭將波及挪威和瑞典，但由於我們掌握制海權，法國和英國的軍隊沒有理由不應在斯堪地那維亞半島的土地上與德國侵略者作戰。無論如何，我們完全可以自由選擇挪威沿海的任意島嶼或合適地點進行占領和駐守。如此，我們在北方對德國的封鎖將變為徹底的封鎖。例如，我們可以控制那維克和卑爾根，一方面維持我們的貿易暢通，另一方面完全切斷德國的連繫。英國掌控挪威海岸線是極為重要的戰略目標，這一點應當極力強調。因此，即便我們所採取的行動引發德國無所顧忌的報復，我們的地位也不會因此變得不利。相反，若德國攻擊挪威或瑞典，對我們而言，所得將超過所失。關於這一點，可以進行更詳細的闡述，但此處不必詳述。

目前，我們沒有理由不嘗試透過那維克從瑞典獲得穩定且大量的礦石供應，同時應將所有礦石供應轉向德國。我們必須將此作為目標。

我得出的結論是：

（8）我們在挪威的行動，對全球輿論和我們自身聲譽的影響，必須審慎考量。我們已經依據國際聯盟的原則，為了協助遭到德國侵略的受害者而奮起抗爭。在技術上違反國際法的行為，只要不引發任何不人道的行為，絕不會使中立國家對我們失去好感。對於中立國中最大的美國，也不會產生負面影響。我們有理由相信，他們將以最能幫助我們的巧妙方式來處理這個問題，並且他們相當足智多謀。

第九章　斯堪地那維亞與芬蘭戰局

（9）最終的審判來自我們內心的良知。我們之所以投入戰爭，是為了重建法治並保護小國的自由。若我們失敗，將意味著世界進入一個野蠻暴行的時代，這不僅威脅到我們自身，也對歐洲每一個小國的獨立存在構成致命威脅。以國聯盟約的名義，作為國聯及其所代表一切的實際代理人，我們有權且有不可推卸的義務，在短暫的時間內拋開某些法律慣例。當我們為小國的權利與自由而奮戰時，不應讓它們束縛我們。在緊急時期，法律條文不應阻礙保護和執行法律的人士行動。如果侵略者能自由撕毀所有法律而獲利，卻因對方對法律的尊重而受益，這既不正當也不合理。我們應以人道為標準，而非僅考慮其合法性。

對於這一切，歷史終將作出評判。眼下，我們必須面對現實情況。

12月22日，內閣對我的備忘錄進行了討論，我極力捍衛我的立場，卻未能獲得關於行動的任何決議。對於德國濫用挪威領海的問題，可以向挪威提出外交抗議，參謀長委員會被指示研究在斯堪地那維亞半島承擔義務所引發的軍事後果。他們被授權制定計畫，考慮在那維克登陸部隊以支援芬蘭，同時評估德國可能占領挪威南部的風險。然而，海軍部尚未收到執行命令。在12月24日，我分發了一份文件，簡要陳述情報機關的報告，指出俄國可能對挪威施展陰謀。據稱，蘇聯在莫曼斯克集結了3個師，準備從海上進行遠征。我最後提到：「這個地點或許會成為早期活動的舞臺。」這些話無疑正確，但活動卻來自另一個方向。

第十章
黑暗的新年

　　1939 年底，戰爭彷彿陷入了一種不祥的靜止狀態。唯有偶爾的炮火聲和偵察機的轟鳴，才打破了西線的沉默。雙方軍隊隱藏在日益加固的防禦工事後，隔著公認的「無人區」互相遠遠對峙。

　　現今的局勢與 1914 年末頗為相似（我在聖誕節致信龐德如是說）。從和平過渡到戰爭的階段，如今已告結束。在海洋上，敵方的艦艇至少暫時已被清除。法國境內的防線呈現出靜止狀態。此外，我們在海上已經成功抵禦了初期的潛艇攻擊，而在上次大戰中，潛艇戰直至 1915 年 2 月才開始；同時，對於新型的磁性水雷，我們也已經找到了應對之策。而且，在法國，沿著邊境設有防線，不似上次大戰時，法國的 6、7 個省分及比利時已落入敵手。因此，我認為我們當前的情況與 1914 年相比，或許要好得多。我還認為，德皇時期的德國是一個比納粹德國更為頑強的對手（然而，這種看法可以隨時調整）。

　　在此困難時期，我唯有將上述感想作為聖誕賀卡。

　　此刻我更加堅信，「凱薩琳」計畫在 1940 年無法實施。我在 1 月 6 日致信龐德：「派遣一支最精銳的艦隊進入波羅的海，雖然理想，但並非奪取和控制鐵礦區的必要手段。因此，儘管應繼續準備進入波羅的海的行動，並付出強而有力的努力，但若不能在空襲下保全艦隊，輕率行動將是錯誤的；若依賴海上艦隊占領鐵礦區，更是錯誤。讓我們充滿信心地前進，隨著局勢的發展，觀察海軍如何應對。」

第十章　黑暗的新年

又經過了一週之後：

海軍大臣致第一海務大臣

1940 年 1 月 15 日

（1）承您送來關於「凱薩琳計畫」各項草案的報告，我已經仔細審閱。我不得不清楚而謹慎地斷定，我們計劃於秋季進行的作戰行動，今年將無法實施。我們尚未取得足夠手段來有效制伏潛艇、水雷及襲擊巡洋艦，因此無法派遣許多必需的小型船艦執行特定任務。如何提高船艦防禦空襲的安全性這個問題依然未解決，俯衝轟炸機仍然是重大威脅。關於火箭（亦稱「U.P. 武器」，即「不旋轉的投射彈」），雖然生產進展迅速，但即便一切順利，未來數個月之內仍無法獲得足夠數量。至今我們仍無法為較大船艦提供更多裝甲保護。波羅的海的政治局勢仍然撲朔迷離。此外，9 月「俾斯麥」號的抵達將大大增加我們面臨的海上抵抗壓力。

（2）然而，戰爭在 1941 年極有可能激烈展開，當時的機遇無法預測。因此，我希望，凡是在你的清單上被標注為「有利」的各類艦艇和輔助艦隻，在條件允許的情況下，其準備工作應繼續進行；並且希望在艦艇進行修理或重新裝配時，應竭盡全力，以確保它們不延誤重返服役。此外，考慮到俄國的立場，我們必須持續準備驅逐艦，以便在冬季海域中進行行動。當然，這只是我們應該採取的謹慎措施。對於這一點，我們意見一致，這讓我感到欣慰。

至今，無一個盟友對我們的事業表示支持。美國的立場比以往任何時候都更為冷漠。我持續與美國總統通訊，但回應寥寥無幾。財政大臣對我們逐漸減少的美元儲備感到憂心。我們與土耳其已簽署互助條約，正考慮從有限的資源中能提供給對方什麼援助。芬蘭戰爭引發的嚴峻形勢，使得我們與蘇聯的關係愈發惡化，早已不和。若我們採取行動援助芬蘭，可能會導致與俄國的戰爭。蘇聯政府與納粹德國之間的根本敵對，並未阻止克

里姆林宮以各種供應和便利條件盡力協助希特勒壯大其實力。法國的共產主義者及英國境內的同類人士，譴責「帝國主義 - 資本主義」的戰爭，並竭力阻撓軍需工廠的運作。他們在因長期未交戰而變得士氣低落的法國陸軍內，確實產生了打擊士氣和破壞性的影響。我們繼續以禮讓的態度和有利條件試圖籠絡義大利，但未能獲得任何安全感或友誼的進展。齊亞諾伯爵以彬彬有禮的態度接待英國大使，而墨索里尼則保持冷淡疏遠。

然而，義大利的獨裁者並非無憂無慮。1940 年 1 月 3 日，他給希特勒寫了一封信，流露出他的隱憂，表達了對德、蘇協定的不滿：

我擁有 40 年的政治經驗，因此，沒有人比我更清楚，一項政策 —— 尤其是一項革命性的政策 —— 必然伴隨著其策略上的要求。我早在 1924 年便承認了蘇聯，並於 1934 年與其簽署了通商友好條約。由於里賓特洛甫對英國和法國不會干涉的預測未能成真，我深知你必須設法避免開闢第二戰場。為此，你不得不付出代價，因為俄國在未投入任何兵力的情況下，已在波蘭和波羅的海的戰爭中獲得了巨大利益。

然而，作為一個天性中蘊含革命精神且始終堅持革命信念的人，我必須告訴你，絕不能為了迎合某一階段的策略需求而放棄你的革命原則……我也有責任提醒你，若你與莫斯科的關係進一步加深，這將在義大利引發嚴重的後果。在義大利，反對布爾什維克的情緒如同花崗石般堅固、不可動搖。我真心希望這種情況不會發生。要解決你生存空間的問題，應該尋求俄國，而非其他地方……唯有當我們摧毀布爾什維克主義的那一天，我們才能實現雙方革命的願景。

1940 年 1 月 6 日，我再次來到法國，向法國最高指揮部介紹我的「耕種者第六號」和「漂浮水雷」（即「皇家海軍」作戰計畫）兩項軍械設計。當天早上，出發前，首相召見我，告知他決定更換陸軍部長，讓霍爾·貝利沙先生的職位由奧利弗·史坦利先生接任。當晚深夜，霍爾·貝利沙先生

第十章　黑暗的新年

致電巴黎的英國大使館，向我透露此事，事實上，我已經提前得知。我竭力勸說他接受政府提供的其他職位，但未果。此時，政府狀況不佳，幾乎所有報紙都異口同聲地表示，政府失去了一位極具作為且活躍的人物。在媒體的一致讚譽中，霍爾‧貝利沙辭去了陸軍部職務。議會並不接受報紙的觀點，事實上，報紙的評論常使議會採取相反的行動。一週後，下議院開會時，霍爾‧貝利沙先生僅有少數支持者，他本人也未發表任何言論。我給他寫了一封信，內容如下：

1940 年 1 月 10 日

我們共事的時間不長，卻已分道揚鑣，令我倍感惋惜。在上次戰爭中，我也經歷過類似的情境，因此深知任何專注於工作的人，對此都會感到極其傷心與痛苦。這次的人事變動，我並未參與商討，只是在決定後才被告知。若不向你坦承我認為你適合擔任貿易部或新聞部的職位，那便是不夠坦率；遺憾的是，你對這些重要職位並不願意接受。

你在陸軍部任職期間的卓越成就，就是在和平時期推行徵兵法。你可以為此感到欣慰。我希望我們很快能再次共事。這次短暫的挫折，不會對你未來為國效力的機會構成重大阻礙。

儘管我一直渴望實現這個願景，但直到 1945 年 5 月聯合政府解散後，我才有機會在籌組所謂的「看守政府」時邀請貝利沙出任國民保險部大臣。在他賦閒的期間，他曾經是我們政策的嚴厲批評者之一；然而，能夠吸納如此才幹卓越的人再次加入政府，令我倍感欣喜。

整個 1 月間，芬蘭人堅守陣地，俄國軍隊雖然人數逐漸增加，但到月底仍被困於原有陣地。紅軍的空軍持續轟炸赫爾辛基和維伊普里，芬蘭政府對飛機和軍用物資的需求聲音愈發高漲。隨著北極夜晚的逐漸縮短，蘇聯的空中攻勢預計會增強，不僅芬蘭的城市，連芬蘭軍隊的交通線也將成

為打擊目標。截至目前，只有來自斯堪地那維亞國家的少量軍用物資和幾千名志工抵達芬蘭。1月間，倫敦設立了一個招募新兵的機構，並有數十架英國飛機運往芬蘭，其中若干架直接飛抵。然而，這些措施實際上收效甚微。

關於那維克部署的延誤仍持續沒有進展。內閣準備考慮對挪威和瑞典施壓，以促使援助物資穿越兩國邊境抵達芬蘭，然而，它們始終反對在水道布雷這個相對次要的行動。這兩項行動中，第一項是高尚的作為，而第二項僅是策略性舉措。此外，可預見的是，挪威和瑞典將拒絕提供援助所需的條件，因此，這個計畫最終無疾而終。

在一次內閣會議結束後，我心煩意亂，給一位同事寫通道：

1940 年 1 月 15 日

我心中的焦慮源自於我們作戰指揮機構在面對積極行動時所遇到的巨大挑戰。我見到阻撓我們的勢力，已經築起一座座高牆，使我懷疑任何計畫能否突破這些障礙。看看過去 7 週的時間，我們在討論那維克部署時的種種爭論便可知曉。首先，各經濟部門如供應部和貿易部的反對聲音。其次，聯合計畫委員會的意見。再者，三軍參謀長委員會的立場。接著，所謂「不要為小事犧牲大計」的論調，而實際上，當時少有機會堅決推行大計。然後，是法律和道義上的反對聲音，這些意見後來逐漸被抑制。接下來，是中立國，尤其是美國的態度，然而美國對我們的行動反應竟然如此良好！再者，內閣內部的爭論和分歧。隨後，待所有問題解決後，還需要與法國協商。最後，必須讓各自治領及其正義觀念與我們協調一致，因為它們未參與我們國內討論的整個過程。所有這些情況令我感到，在目前安排下，我們只能被動地等待敵人的猛烈襲擊，對此襲擊，我們無法協調各方措施予以預防，以避免國家力量的致命消耗。

第十章　黑暗的新年

　　我正同時處理2、3個計畫，但令我擔心的是，這些計畫可能會在由消極的言論和力量所築成的堅固壁壘前化為烏有。所以，若我顯得焦慮，請多包涵。毫無疑問，選擇阻力最小的路徑，絕不會帶來成功。

　　然而，關於那維克的完整敘述，因低地國家所面臨的威脅，目前已經暫時擱置。若此威脅成為現實，則需要根據新的情勢重新評估局勢⋯⋯若低地國家爆發戰爭，可能對挪威和瑞典產生決定性影響。即便戰爭結果陷入僵局，這些國家可能會感受到比以往更大的自由，而對我們而言，甚至可能需要某種轉移注意力的事件。

　　此外，還存在令人憂慮的因素。在將我們的工業轉為戰時生產的過程中，進展的速度未能達到所需的水準。1月27日，我在曼徹斯特的一次演講中，強調了擴大勞動力來源的重要性，提倡大量招募婦女參與工業生產，以替代應徵入伍的男性並增強國家實力。我接著表示：

　　我們必須大規模擴充，特別是吸納具備技術或半技術生產能力的工匠。在這方面，我們尤其需要工黨同仁與工會領袖的支持與指導。我曾在軍需部的鼎盛時期擔任該部大臣，因此能以知情者的身分探討這個議題。我們將需要數以百萬計的新工人，其中包含數百萬婦女勇敢地投入我們的軍事工業──走進炮彈廠、軍火廠和飛機廠。如果不擴大這個勞動力來源，不讓英國婦女如她們所願地參與戰鬥，我們就無法承擔英、法兩國共同責任中的應有部分。

　　然而，對此事的投入並不顯著。人們似乎缺乏對局勢迫切性的強烈認知。無論是在工人及生產管理層，還是軍事行動中，都存在著一種模糊不清的態度。直至1940年5月初，才有一份關於機械、動力與航空工業集團就業狀況的調查報告提交給內閣，揭示了無可辯駁的事實。這份報告由我所負責的統計部門在林德曼教授的主持下進行了徹底分析。儘管當時因

挪威問題的喧囂使我分心與激動，我仍能抽出時間將以下備忘錄遞交給我的同僚們：

海軍大臣的備忘錄

1940 年 5 月 4 日

該報告指出，在這個基礎工業相關領域，我們幾乎尚未開始組織人力以進行武器生產。

根據過往的資料推測，戰爭初年金屬工業生產人員將大幅增加，預計增幅達 71.5%。然而，報告中的機械、動力與飛機等部分——占金屬工業人數的五分之三——在 1939 年 6 月至 1940 年 4 月期間，僅增加了 11.1%（即 12 萬 2 千人），這僅為所需增幅的六分之一。1936～1937 年間，政府未作干涉，僅因貿易好轉，人數增加與此次增幅相當。

儘管每年有 35 萬名青年走出校園，但在這個群體中，年齡不滿 21 歲的男性就業人數僅增加了 2 萬 5 千人。不僅如此，女性和年輕人的比例也僅從 26.6% 增至 27.6%。在機械、動力及航空工業事業群中，現有的女工人數僅為男工人數的十二分之一。在上次世界大戰期間，金屬工業中女工與男工的比例曾從 1 比 10 上升至 1 比 3。在上次大戰的第一年，即 1914 年 7 月至 1915 年 7 月，金屬工業吸納的新工人數量達到原有工人的 20%。而在目前調查的這個能代表整個金屬工業的產業，過去 10 個月之中新增的人數僅占 11%。

海軍部各部門的就業人數增加將近 27%，由於缺乏工人分類的資料，這個部分未被計入。

1940 年 1 月 10 日，我們對西線的擔憂得到了印證。德國第 7 空軍師的一名少校參謀受命攜帶若干祕密文件前往科隆總司令部。他錯過了火車，選擇了飛行。然而，他的飛機飛過了目的地，在比利時境內被迫降

第十章　黑暗的新年

落。比利時部隊逮捕了他，並沒收了他的文件；當時他曾奮力試圖銷毀文件，但未能成功。這些文件包含了希特勒決定侵略比利時、荷蘭和法國的完整計畫。不久，這位德國少校被釋放，讓他自己去向上級報告事情經過。當時我得知了這一切，對我來說，很難想像比利時不會制定一個計畫，邀請英、法兩國派兵進駐。然而，比利時並未採取行動。英、法、比利時三國都在討論此事，認為這可能是敵人的詭計，但這不符合事實。完全沒有理由認為，德國人試圖讓比利時相信他們準備在不久的將來進攻。因為這樣可能會使比利時做出德國最不願見的反應，即與法、英兩國軍隊制定計畫，讓英、法軍隊在某個晴朗的夜晚迅速而祕密地進軍。因此，我相信德國的進攻已經迫在眉睫。

1940 年 1 月 13 日，凱斯海軍上將打電話告訴我，如果我們同意提供某種具有重大意義的保證，比利時國王可能會說服他的內閣邀請英、法兩國軍隊「立即」進入比利時。我們理解「立即」是指現在「馬上」，而非等到德國入侵後才「立即」。戰時內閣決定回覆稱，除了軍事同盟條約中已有的保證，我們不能提供其他任何保證，而且如需盟軍進入比利時，必須及早發出邀請，以便盟軍能夠提前阻止德國的侵略，因為比利時政府顯然認為德國的侵略迫在眉睫。1 月 15 日，凱斯海軍上將發來電報稱，比利時國王認為，若將英國的回覆告知政府，將產生不良影響，而若盟軍「立即」到來，比利時和荷蘭將立即捲入戰爭，最好還是讓德國承擔破壞比利時中立的責任。比利時政府向達拉第先生提供了類似的答覆。法國駐倫敦大使也告知我們，比利時政府認為，若讓德國發動侵略，英、法兩國的援助將「具有道德意義」，這將增加「獲得勝利的機會」。

因此，比利時國王與其陸軍參謀團隊只能等候事態的發展，即使手握德國少校的密件，盟國及受威脅的國家依然未有進一步行動。然而，正如

我們所知，希特勒召見戈林，得知所有被截獲的文件實際上就是完整的攻擊計畫後，勃然大怒，隨即下令籌備新的修訂方案。

由此可見，1940 年初，希特勒已經制定了一個詳細的計畫，準備將比利時和荷蘭捲入戰爭，以便進攻法國。無論何時，只要這種侵略行動開始，甘末林將軍的「D 計畫」就會立即啟動，其中包括法國第 7 集團軍和英國軍隊的調動。「D 計畫」已經詳細制定，只需一聲令下即可執行。儘管英國三軍參謀長委員會在戰爭初期曾批評該方案，但 1939 年 11 月 17 日的巴黎會議明確地、正式地批准了它。兩個盟國在此基礎上等待迫近的突然襲擊，而希特勒則在等待合適的季節，因為過了 4 月後，氣候可能變得適宜。

在冬季和春季期間，英國遠征軍繁忙於自我整頓，加強防線的防禦工事，準備迎接戰爭進攻或防禦的各種可能。從高層到基層的官兵都辛勤工作；他們最終的出色表現，相當程度上歸功於充分利用了冬季提供的機會。到「晦暗不明的戰爭」結束時，英國軍隊已經變得更為精良和強大。第 42 師和第 44 師在 1940 年 3 月中旬抵達法國，並於 4 月下旬繼續推進至邊境防線。同月，第 12 師、第 23 師和第 46 師也抵達了。這些部隊被調往法國，以完成訓練並增強現有的戰鬥力。他們雖然當時缺乏通常部隊應有的武器和裝備，也沒有大炮。儘管如此，在戰爭開始時，他們最終不可避免地被捲入其中，並出色地履行了自己的責任。

今天回顧我們戰前的部署，當時最令人擔憂的缺陷，就是在英國派出的遠征軍中，竟然沒有一個裝甲師。英國原本是各種坦克生產的搖籃，然而在兩次世界大戰期間，對於這種即將主宰戰場的武器之發展卻被大大忽視，以致宣戰後的 8 個月裡，我們這支精銳的小型陸軍，在面臨嚴峻考驗時，僅擁有一個第 1 坦克旅，包括 17 輛輕型坦克和 100 輛「步兵」坦克。

第十章　黑暗的新年

在這 100 輛「步兵」坦克中，只有 23 輛配備了可發射兩磅炮彈的火炮，其餘的都只有裝備機關槍。此外，還有 7 個騎兵和義勇騎兵團，配有運輸車輛及輕型坦克，這支部隊後來被改編為兩個輕裝甲旅。除了裝甲配備的缺乏外，英國遠征軍的效能顯著已經逐漸提高。

法國前線的進展情況並不如人意。在一支實施全國徵兵制的大規模軍隊中，民眾的情緒往往直接反映在軍隊內部，尤其當軍隊駐紮在國內，與民眾頻繁接觸時，這種影響尤為顯著。我們不能說法國在 1939～1940 年間對戰爭持有高昂的士氣或強烈的信心。過去 10 年國內政治的動盪不安導致了分裂和不滿。重要人士為了抵制不斷成長的共產主義勢力，轉向法西斯主義，輕信戈培爾的巧妙宣傳，並在閒談及謠傳中傳播開來。因此，在陸軍中，共產主義和法西斯主義具有的那種製造分裂的影響也在發生作用；而在漫長冬季的幾個月裡，由於等待，卻給了這種毒害勢力可以鞏固的時間與機會。

要提升軍隊的士氣，有多重因素，而其中最主要的因素，就是讓官兵投入有意義且有趣的工作。懶散和無所事事是危險的溫床。整個冬季有許多工作需要完成；訓練必須持續關注；防禦工事尚未達到滿意和完善的程度，即便是馬奇諾防線，也缺乏許多輔助性的野外堡壘；士兵的體能仍需鍛鍊。然而，參觀法國前線的人常對前線普遍存在的冷漠氣氛、工作品質的低劣和缺乏明顯活動感到驚訝。在法國防線後方的公路顯得冷清，這與英國駐守的防線後方車輛頻繁來往、絡繹不絕的景象形成了鮮明對比。

在這個冬季，法國軍隊的能力因為缺乏紀律而下降；若是秋季而非翌年春季作戰，他們必定會展現更大的勇氣。不久，他們面對德國迅速的攻擊而受到震撼。直到這場短暫戰役的最後階段，法國士兵才真正展現出他們的戰鬥精神，奮起捍衛祖國，抵抗宿敵，但此時為時已晚。

與此同時，德國正著手直接進攻挪威，並計劃以閃電戰占領丹麥。針對這個問題，凱特爾將軍於 1940 年 1 月 27 日撰寫了一份備忘錄：

國家元首及全國武裝部隊的最高指揮官希望「N」計畫在我的直接指導下繼續研究，並與整體戰爭政策保持緊密聯繫。基於這些原因，元首已命令我負責相關後續準備工作的指導事宜。

這場戰役的具體計畫是透過常規管道實施的。

2 月初，首相計劃前往巴黎參加最高軍事會議，這是他首次邀請我與他同行。我建議以乘船的方式前往，並表示可以負責安排。隨後，我們一行乘坐驅逐艦從多佛啟程，順利抵達巴黎，參加當晚的會議。在橫渡海峽的途中，張伯倫先生向我展示了他對薩姆納·韋爾斯先生所收集到和平建議的回覆。這份回覆令我印象深刻。閱讀完畢，我對他說：「我為能在您的政府中任職而感到自豪。」他聽後，似乎心情愉悅。

1940 年 2 月 5 日的會議主要聚焦於「援助芬蘭」，批准了多項計畫，準備派遣 3 到 4 個師，並努力說服挪威和瑞典允許運送物資和增援部隊到芬蘭，同時意圖掌控耶利瓦勒鐵礦。然而，正如預期的那樣，瑞典拒絕合作，因此儘管進行了大規模準備，整個計畫最終未能成功。會議由張伯倫先生代表英國主持，與會的英國部長們發言不多。根據會議紀錄，我始終保持沉默。

次日，我們再次穿越海峽時，發生了一件趣事。我們發現了一顆漂浮的水雷。我對艦長建議：「我們用炮彈將它摧毀吧。」隨著一聲巨響，水雷炸裂。一塊巨大的碎片朝我們飛來，似乎即將擊中艦橋，而此時政治家和一些名流聚集於此。幸運的是，那塊碎片落在空無一人的前甲板，無人受傷。事件圓滿結束。自此，首相經常邀請我和其他人員陪同參加最高軍事會議，但我無法每次都提供這種娛樂節目。

第十章　黑暗的新年

最高軍事委員會決議指出，援助芬蘭為當務之急；若芬蘭無法獲得 3 至 4 萬名訓練有素的援軍支持，則難以持續抵抗德軍至春季後；目前湧入芬蘭的志願軍成分混雜，難以應對；倘若芬蘭遭殃，將是盟國的一大挫敗。因此，必須派遣盟軍，經由位於薩摩或那維克及（或）其他挪威港口。經那維克的行動更具優勢，因為透過該港還能同時援助芬蘭並控制鐵礦運輸。英國原定於 2 月中旬派往法國的兩個師應暫留英國，以備在挪威作戰。同時，我們應竭盡全力獲得挪威和瑞典的同意，若可能，爭取他們的合作。然而，若挪威和瑞典拒絕（這看似可能性較大），該如何應對的問題始終未獲正面解決。

此時，一件生動的小插曲使斯堪地那維亞的局勢更加緊張。讀者或許還記得我對於捕獲「施佩伯爵」號的輔助艦「阿爾特馬克」號一事的關注。這艘軍艦充當著一個浮動監獄，關押著被擊沉英國商船的船員。根據「施佩伯爵」號艦長朗斯多夫依照國際法在蒙特維多港釋放的英國俘虜的說法，「阿爾特馬克」號上約有 300 名英國商船海員。這艘軍艦在南大西洋隱匿了將近兩個月，之後艦長認為我方的搜捕已經停止，便試圖返回德國。一路的幸運加上合適的天氣，使得該艦直到 1940 年 2 月 14 日經過冰島和法羅群島之間進入挪威領海時，才被我方飛機發現。

海軍大臣致第一海務大臣

1940 年 2 月 16 日

根據我今晨收到的報告，我們的巡洋艦和驅逐艦應迅速在白天向北搜索挪威沿海地區。如發現「阿爾特馬克」號，即使它位於挪威的領海之內，也應果斷予以扣押。這艘軍艦載有英國戰俘前往德國，已違反中立法。我們是否仍需派遣一、兩艘巡洋艦今晚仔細搜索斯卡格拉克海峽？我們必須將「阿爾特馬克」號視為極其珍貴的戰利品。

根據海軍部公報所述：「一些便於調動的皇家艦艇正在行動中。」在英國軍艦「科薩克」號艦長維安的指揮下，一支驅逐艦隊攔截了「阿爾特馬克」號，但並未立即阻止其行動。「阿爾特馬克」號隨即駛入約星峽灣，這是一條約一里半長的狹窄海灣，四周被陡峭積雪的山岩環繞。兩艘英國驅逐艦受命靠近以便進行檢查。在峽灣入口處，它們遇到了兩艘挪威炮艇。炮艇告知英國軍艦，「阿爾特馬克」號未裝備武器，已於前一日接受檢查並獲准通過挪威領海駛往德國。隨後，我們的驅逐艦便撤退了。

這則消息抵達海軍部後，我便開始介入此事，並在獲得外交大臣的批准後，指派我們的軍艦駛入峽灣。過去我不常直接干預，而這次我卻向艦長維安下達了以下指令：

1940 年 2 月 16 日傍晚 5 時 25 分

若挪威的魚雷艇不負責護送「阿爾特馬克」號至卑爾根，且艦上未有英國及挪威雙方的衛隊駐守並共同護航，則應派兵登上該艦，釋放俘虜並占領，待進一步指示再行處理。若挪威魚雷艇試圖干涉，應警告其撤離。若該魚雷艇向我方開火，除非攻擊形勢嚴峻，不得還擊。若需自衛，應限制火力至必要程度；對方若停止炮擊，我方亦應停止。

其餘的事便由維安去辦理了。那天晚上，他乘坐著探照燈四射的「科薩克」號，穿越了漂浮的冰塊，進入峽灣。他首先登上挪威炮艇「切爾」號，要求必須將「阿爾特馬克」號由雙方聯合護航，護送至卑爾根，再根據國際法進行審問。挪威艦長一再保證，「阿爾特馬克」號已被搜查過兩次，確認其艦上並無武器，而且也沒有英國俘虜。維安於是表示，他打算親自登艦檢查，並邀請這位挪威軍官陪同。然而，這個提議最終被拒絕了。

同時，「阿爾特馬克」號趁機啟航；它試圖衝撞「科薩克」號，卻反而

第十章　黑暗的新年

擱淺。「科薩克」號強行逼近這艘軍艦，隨後登艦檢查小組跳上「阿爾特馬克」號。隨之展開激烈的肉搏戰，4名德國人喪生，5人受傷；部分船員逃至岸上，剩下的則投降。開始搜索俘虜，瞬間找到數百人，他們被禁閉在艙內、貯藏室，甚至空油槽中。隨後響起：「海軍來了！」禁閉處所的門被打開，被俘者湧向甲板。共299名俘虜獲釋，並被安排登上我們的驅逐艦。搜查人員還發現「阿爾特馬克」號上有兩門高射機關炮和4架機關槍。挪威人雖然兩度登艦，但未實施搜查。整個衝突中，挪威炮艇始終默默旁觀。午夜，維安離開峽灣，駛向福思。

海軍上將龐德與我一同坐在海軍部的作戰室中，心中充滿憂慮。我已經對外交部施加了巨大壓力，非常清楚的表達我們所採取的行動在技術上具有嚴重後果。若要公正評判這些行動，我們必須記住，直至當日，德國已經擊沉了21萬8千噸的斯堪地那維亞船隻，導致555名斯堪地那維亞人喪生。然而，國內和內閣最關心的問題是艦上是否有英國俘虜。當凌晨3點的消息傳來，告知有300名英國俘虜已被發現並成功獲救時，我們感到無比欣慰。這是一個不容爭辯的事實。

我們原以為這些被俘的英國士兵因長期忍受飢餓和禁閉，境況必然悽慘，因此派遣了救護車、醫生、新聞記者和攝影師前往利思港迎接。然而，事實證明他們狀況良好，在驅逐艦上得到了妥善的照顧，上岸時個個神采奕奕，因而對外並未透露相關情況。這次的獲救及艦長維安的行動，激起了英國國內的熱烈歡慶，與擊沉「施佩伯爵」號後的反應不相上下。這兩起事件大大增強了我的力量和海軍的聲望，「海軍來了！」這句話一時之間傳遍四方。

對於挪威政府的行為，應當盡量予以諒解，因為挪威政府懼於德國的威脅而輕忽英國的寬厚，這是情有可原的。他們對英國軍艦進入其領海，

表示了激烈的抗議。張伯倫先生在下議院的一次演說中，闡明了英國對挪威抗議的回應要點：

根據科特教授（挪威外相）的觀點，挪威政府對於1艘德國軍艦利用挪威的廣大領海範圍，以避免在公海上被捕並運送英國俘虜至德國監禁的行為，並不持反對意見。這個立場與英王陛下政府所理解的國際法截然不同。在英國政府的視角中，這樣的立場會使得德國軍艦在中立國水域的行為正當化，並且造成的局勢是英王陛下政府在任何情況下都無法接受的。

我們之前已經了解到，希特勒於1939年12月14日決定進攻挪威，並由凱特爾負責指揮軍事參謀工作。「阿爾特馬克」號事件，無疑對他們的行動產生了刺激作用。根據凱特爾在1940年2月24日的建議，希特勒緊急召見馮・法爾肯霍斯特將軍前往柏林。當時法爾肯霍斯特正在科布倫茨指揮一個軍團。他在1918年曾參與德國在芬蘭的戰役，並與元首開始商討這個問題。後來在紐倫堡審判中，這位將軍描述了這次會談的情況。

希特勒提到我在芬蘭的過往經歷，並對我說：「坐下來，告訴我你做了些什麼。」不久後，這位元首打斷了我的敘述，帶我走到一張鋪滿地圖的桌子旁。他表示：「我心中也有類似的計畫，那就是占領挪威；因為我聽說英國人計劃在那裡登陸，所以，我要先發制人。」

於是，他在房間裡來回踱步，向我闡述他的理由。他表示：「若英國占領挪威，將在戰略上形成迂迴包圍樣態，進而使他們得以進入波羅的海地區，而我們在波羅的海地區既無駐軍，也無沿岸防禦工事。我們在東方的成就以及在西方獲勝的希望，都將被徹底摧毀；因為敵人能夠直接逼近柏林，打破我們兩條戰線的中樞。其次，征服挪威能確保德國艦隊在威廉港的行動自由，並保護我們從瑞典進口的鐵礦石。」……最終，他告訴我：「我委派你去指揮這次遠征。」

第十章　黑暗的新年

　　當日下午，法爾肯霍斯特再次被召至總理府，與希特勒、凱特爾及約德爾商討入侵挪威的詳細策略。最重要的問題在於確定行動的先後順序。希特勒是否會在執行「黃色計畫」（侵略法國）之前，還是之後，進攻挪威？1940年3月1日，他作出了決議：先發動對挪威的攻勢。3月3日，約德爾的日記寫道：「元首決定先執行『威瑟演習』作戰計畫，完成後稍作停頓，隨即實施『黃色計畫』。」

　　最近，英國東部沿海的航運活動受到了一系列惱人的空襲影響。除了遠洋船隻進入主要港口外，每日約有320艘船隻在海上或沿海港口航行，這些船隻的噸位介於500至2,000噸之間，許多船隻負責將煤炭運往倫敦或南方地區。這些小型船隻中，只有少數最近才配備了高射炮，因而成為敵機的首要攻擊目標。燈塔船也未能倖免，這些船在英國沿海淺灘附近停泊，對所有船隻，甚至包括敵方潛艇，都有幫助，但在上次大戰中從未被攻擊。如今，幾艘燈塔船被擊沉或損壞，最嚴重的事件發生在恆伯海面，1艘燈塔船遭受猛烈機槍掃射，導致9名船員中有8人喪生。

　　在空襲防禦方面，護航制度已經展示出與潛艇防禦相似的效力，現今的努力集中在為每艘船配備多種武器。在高射炮短缺時，我們採用了各種創新方法，甚至利用救生火箭成功擊落了一架敵機。國內艦隊剩餘的機關槍和海軍炮手被部署到英國及盟國商船上，尤其是在東海岸一帶。這些人員和武器在每次航行經過危險地帶時，靈活調配。到1940年2月底，陸軍開始提供支援，成立了一個後來被稱為海上皇家炮隊的組織。在1944年戰爭最激烈時期，該組織由正規軍調派的將士達3萬8千多人，其中有1萬4千人來自陸軍。在東海岸護航路線上，一旦遭遇空襲，能迅速通知最近的機場，獲得戰鬥機的支援，陸、海、空三軍因此緊密合作。被擊毀的敵機數量逐漸增加，結果是，敵人對原本毫無防禦的商船的攻擊成本高於預期，襲擊因此減少。

整個前景並非一片漆黑。在公海，自從 1939 年 12 月中「施佩伯爵」號被擊沉後，襲擊巡洋艦的活動跡象消失，而對德國海上運輸的掃蕩行動仍在繼續。1940 年 2 月中，有 6 艘德國船隻試圖從西班牙駛回德國，只有 1 艘成功抵達；其餘 3 艘被俘，1 艘自沉，另一艘在挪威被擊毀。在 2 月和 3 月期間，另有 7 艘德國船試圖突破封鎖，被英國巡邏艦隊攔截。這其中，除 1 艘外，其餘船隻均由船長自行鑿沉。截至 1940 年 4 月初，德國因被俘或自沉的船艦共計損失 71 艘，總計 34 萬噸；此外，尚有 215 艘德國船仍然困在中立國港口無法離開。德國潛艇發現我方商船已武裝，遂放棄炮擊而改用魚雷。接著，這些潛艇又放棄魚雷，採用最陰險的戰術 —— 無預警的水雷。我們已經展現了應付並克服磁性水雷襲擊的能力。儘管如此，1940 年 1 月中，我們船隻的損失中超過一半歸因於磁性水雷，而中立國的損失則超過全數的三分之二。

在 1940 年 2 月底的海軍預算中，我曾描述海戰的主要特徵。根據我的推測，參戰時德國擁有的潛艇已損失了一半。然而，與預期不同的是，直到目前很少有新的潛艇出現。據我們現在了解，至 2 月底，德國潛艇已有 16 艘被擊沉，另外又新增了 9 艘。敵人的主要努力尚未完全展現。我們關於建造小型船隻的計畫，包括護航船隻和補充損失的商船，規模極為龐大。海軍部已經掌控商船建造的管理，格拉斯哥造船業者詹姆斯·利思戈爵士還因此參與了海軍部的工作。在這場新戰爭的最初 6 個月中，除去新建造和外國轉讓的船隻抵償以外，我們的損失不到 20 萬噸，而在 1917 年，僅在局勢極為危急的 4 月中，便損失了 45 萬噸。同時，我們截獲運往敵區的貨物噸數超過了我們自身的損失。

每個月，當我結束我的演講時，我都指出，我們貨物的輸入量持續增加。即使在 1 月分，面臨潛艇、水雷以及冬季的大風和濃霧的挑戰，海軍

第十章　黑暗的新年

仍成功將物資運入英國港口，數量大大超過了前 3 年和平時期平均水準的五分之四……考慮到多數英國船隻被調派參加海軍服役，或用於運送部隊穿越英吉利海峽，或加入遠赴全球的運輸船隊，我們可以謹慎地表示，這些結果並未引發任何沮喪或驚慌。

第十一章
風暴前夕

■ 1940 年 3 月

1940 年 3 月 12 日是一個人們期待已久的日子，當天，本土艦隊將重返斯卡帕灣並將其作為主要基地。我認為我應該親自參與這個海軍事務的重要時刻，因此，我在克萊德灣登上海軍上將富比士的旗艦。

這支艦隊由 5 艘主力艦、一支巡洋艦分艦隊及約 20 艘驅逐艦組成。通過明奇海峽的航行需要 24 小時。我們將在黎明時分穿過北部海峽，並於中午前抵達斯卡帕灣。「胡德」號及其他艦隻自羅賽斯出發，沿東海岸航行，將比我們早抵達幾小時。明奇海峽的航行極其複雜；其北部出口僅寬 1 英里，四周環繞著岩石海岸和暗礁，據稱海中隱藏著 3 艘潛艇。我們必須以高速並曲折前進。所有在和平時期使用的燈光都已熄滅。因此，這次航行任務令海軍特別關注。然而，當我們午餐後準備出發時，負責主要直接責任的艦隊艦長，亦即擔任航行指揮的旗艦軍官，突然因流行性感冒病倒。因此，艦長的助手，一位看起來很年輕的海軍上尉，便跑到艦橋上，負責指揮艦隊的行動。這位軍官讓我留下深刻印象，因為他在未接到任何通知下，竟來承擔如此重要且需要專業知識、準確性及判斷力的工作。他雖然保持鎮定，但仍不免流露出一絲得意之情。

我有許多事情需要與艦隊總司令商討，因此直到午夜過後，我才來到

第十一章　風暴前夕

　　艦橋。此時周圍如同被烏絨覆蓋，漆黑一片。天空雖然晴朗，卻不見一顆星星，也沒有月光。這艘巨大的戰艦以每小時 16 海里的速度破浪前行。人們只能看到尾隨戰艦的模糊黑影。這裡共有近 30 艘艦艇，井然有序地依次前進，除了尾部的小燈，沒有任何照明；並且根據防範潛艇的規定，不斷改變航線。它們已經有 5 個小時未見陸地和星空。不久，海軍上將富比士來到我身邊，我對他說：「這樣的航行我不願承擔責任。你如何確保天亮時能抵達明奇海峽的狹窄出口？」他回答：「大臣，假如此刻你是唯一能下令的人，你會怎麼做？」我立即答道：「我會拋錨，待到早晨再啟程。正如納爾遜所言：『哈迪，拋錨啊！』」但海軍上將回應：「現在，我們腳下的海水深度約 600 英尺。」對海軍，我多年來始終有著完全的信任。我講述這個故事，只是希望讓一般讀者對這種神奇的技能和精確性有更深刻的理解；在陸地上看似不可能的壯舉，在必要時卻可以依賴這種技能和精確性，作為理所當然的事來完成。

　　翌日清晨 8 時，我方才甦醒。我們已經航抵明奇海峽以北的廣闊水域，環繞蘇格蘭西部的頂端，朝斯卡帕灣前行。當距離斯卡帕灣入口約莫半小時航程時，獲悉數架德國飛機已經在主要入口處布下水雷。富比士海軍上將遂決定艦隊必須向西離岸航行 24 小時，待航道完全清理後再前進。因此，整個艦隊開始改變航線。他表示：「若你想換船，我可以派驅逐艦送你上岸。『胡德』號已在港內，可為你提供便利。」我因為難得能離開倫敦 3 日，欣然接受此建議。我們迅速將行李搬至甲板，旗艦減速至 3 至 4 海里，從軍艦上放下 1 艘小艇，艇上有 12 名繫著救生帶的海員。當我們小團體已登上小艇，我正向海軍上將告別時，空襲警報響起，全艦條地忙碌起來，各高射炮位均派員駐守，並採取其他應對措施。

　　旗艦被迫減速，因為我們意識到這片水域中有潛艇出沒，這讓我感到

非常不安。然而，海軍上將卻表示不必擔心，並指著5艘迅速環繞旗艦航行的驅逐艦，以及正在等待我們的第6艘驅逐艦。在我們的快艇和驅逐艦之間，相隔大約1英里距離，我們航行了15分鐘才抵達。這情景讓人聯想到過去的時代，只是如今的水手對划槳不再那麼熟練。此時，旗艦已經再次加速，尚未等我們登上驅逐艦，便啟程去追趕其他軍艦。驅逐艦上的軍官們各就各位，只有軍醫出來迎接我們，並引導我們進入軍官室，桌上擺滿了他的醫療器械，以備不時之需。然而，空襲並未發生，我們隨即高速駛入斯卡帕灣。我們經過斯維塞海峽，那是一條未被布雷的小型次要航道。我的中校參謀湯普森說：「這是商船的出入口。」但事實上，它是為海軍補給船指定的出入口。驅逐艦的上尉略顯不安地說：「這是唯一允許小艦隊通過的出入口。」為了確保一切順利，我便問他是否還記得吉卜林的詩句：

「航路上發現水雷的報告傳來，

向所有航行中的船隻發出警示，要求其暫停在原地：

下達指令給⋯⋯」

我背到這裡，然後讓他接著背，他毫無差錯地接續：「『統一』號、『克拉里貝爾』號、『亞述』號、『啄木鳥』號以及『萬利』號」

我們迅速抵達「胡德」號，海軍上將惠特沃思召集了大部分艦長迎接我們，因此我在艦上度過了愉快的一夜，翌日將完全投入於長時間的巡視。這是我最後一次登上「胡德」號，即便它在1941年被「俾斯麥」號擊沉之前，仍曾服役近兩年。

經過6個多月的持續奮鬥和各項優先條件的補充，過去和平時期對斯卡帕灣的疏忽已得到彌補。3條主要進出口航道已被水柵和水雷所保護；在柯克海峽，新增了3艘障礙船，這裡曾是普里恩的潛艇潛入並擊沉「皇

第十一章　風暴前夕

家橡樹」號的路徑。此外，仍有多艘障礙船正在調遣中。大量駐軍守衛著這個基地，炮臺也在持續增設中。我們計劃部署 120 門高射炮，配以無數探照燈和防空氣球網，以掌控艦隊停泊處的空域。儘管所有措施尚未全面完成，空中防禦力量已然非常強大。多艘小型艦艇頻繁巡邏於入口周邊；而在凱思內斯機場，2、3 個旋風式戰鬥機中隊駐紮，無論晝夜，他們都能依賴當時最先進的雷達導航，攔截來襲的敵機。本土艦隊終於獲得了一個穩固的基地，而在上次世界大戰中，皇家海軍正是從這個著名基地出發，稱霸全球海洋的。

正如我們目前所了解的，儘管德國已確定將於 1940 年 5 月 10 日進攻法國和低地國，希特勒對於先發動對挪威攻勢的具體日期仍未確定。許多準備工作仍需提前完成。3 月 14 日，約德爾在他的日記中寫道：

英國動員 15 到 16 艘潛艇在北海進行警戒，原因不明，或許是保護自身行動，或是阻止德國的行動。元首尚未決定依據何種理由執行「威瑟演習作戰」。

在德國作戰機構的計畫部門，曾經出現一段繁忙且緊張的活動期。針對挪威的進攻及對法國的侵略行動，兩者的準備工作正同步且高效地推進。1940 年 3 月 20 日，法爾肯霍斯特報告說：威瑟演習作戰計畫中與他相關的部分已經準備完畢。德國元首於 3 月 16 日下午召開了一場軍事會議，臨時決定了進攻的日期，顯然鎖定在 4 月 9 日。海軍上將雷德爾向會議報告：

……依我之見，當前英國在挪威登陸的威脅已經減弱……至於英國在近期內可能採取的北方行動，可以這樣回答：他們將繼續嘗試阻礙德國在中立國領海的貿易，並引發衝突，以此或許作為對挪威進行軍事介入的藉口。其目的之一，過去是如此，現在依然是切斷德國從那維克的進口。然

而，即使威瑟演習作戰計畫得以實施，這種貿易至少也會被暫時中斷。

德國遲早會需要執行威瑟演習作戰計畫。因此，最好儘早實行，最晚不應超過 4 月 15 日，因為過了這天，夜晚會變得過短；而且 4 月 7 日還有新月。如果「威瑟演習作戰計畫繼續延遲，海軍行動的可能性將受到極大限制。潛艇只能在基地再停留 2、3 週。在執行威瑟演習作戰計畫時，無須等待適合「黃色作戰計畫」的氣候；因為陰暗和多霧的天氣更適合威瑟演習作戰計畫。海軍和軍艦的戰備狀況目前非常良好。

自年初以來，蘇聯將主要力量集中在芬蘭，企圖在積雪消融之前突破曼納海姆防線。他們加倍努力，對芬蘭施加巨大壓力。芬蘭人曾寄希望於春天的到來和積雪的融化，然而不幸的是，這一年春季和融雪季節推遲了將近 6 週。1940 年 2 月 1 日，蘇聯對地峽發起了一次強大的攻勢，持續了 42 天，並猛烈轟炸了芬蘭防線後方的基地倉庫和鐵路樞紐。蘇聯密集的大炮進行了為期 10 天的猛烈炮擊，隨後發起了強力的步兵攻擊。經過 14 天的激戰，這道防線終於被突破。對維伊普里主要要塞炮臺和基地的空襲愈加猛烈。到 2 月底，曼納海姆防線已徹底崩潰，俄軍得以集中力量進攻維伊普里灣。芬蘭人缺乏彈藥，軍隊也已精疲力竭。

我們因為維護榮譽而遵循的保守政策，不僅使我們在戰略上失去主動權，還阻礙了任何有效的軍火支援芬蘭的措施。我們最多只能從已經捉襟見肘的庫存中，撥出一些對芬蘭無關緊要的援助物資。然而，法國對此表現出更大的熱情，並在達拉第的強力支持下，於 3 月 2 日決定在未經與英國政府協商的情況下，派遣 5 萬名志願軍和 100 架轟炸機前往芬蘭。我們當然無法效仿此舉，加上從比利時境內被捕的德國少校身上發現的機密文件，以及情報機關持續提供有關德軍在西線大量集結的情報，這樣的行動顯然超出了謹慎行事的範疇。儘管如此，英國仍同意派遣 50 架轟炸機前往支援。3 月 12 日，內閣再度決定恢復在那維克和特隆赫姆進行軍事登陸

第十一章　風暴前夕

的計畫，隨後準備在斯塔萬格和卑爾根進行後續登陸，作為法國因素迫使我們參與援助芬蘭計畫的一部分。這些計畫預定於3月20日實施，儘管尚未獲得挪威和瑞典的必要同意。另一方面，3月7日，巴錫基維先生再次前往莫斯科，這次是為了商討停戰條件。12日，芬蘭接受了俄國的條件。我們所有的登陸計畫再次被擱置，部分正在集結的兵力也被遣散。英國準備出發的兩個師現在被命令前往法國，使得我們對挪威的進攻兵力減至11個營。

同時，皇家海軍的作戰計畫已然完善。歷經5個月的緊張籌備，加上海軍部的全力支持，這個計畫得以如期完成。海軍上將菲茨傑拉德及其受過精良訓練的英國海軍軍官和陸戰隊員，已在萊茵河上游集結，等待許可後即將發起攻勢。每位成員對於這種創新的作戰行動都充滿期待。3月間，一切準備就緒，我向同僚及法國方面尋求認可。戰時內閣極其願意讓我執行這個精心策劃的攻擊計畫，並在外交部的支持下，授權我與法國展開談判。我生平每當法國面臨戰爭或困境時，總能與他們攜手共進，因此我深信，若法國願意為當今世界上任何外國人效力，定會助我一臂之力。但在這場「晦暗不明的戰爭」的當下，我卻無法說服他們。當我強烈催促時，他們採取了一種我前所未見的拒絕方式。達拉第先生禮貌地告知我：「法國總統已親自介入，禁止任何可能引發對法國報復的侵略行動。」對於這種避免激怒敵人的想法，我難以認同。希特勒對英國海港濫布水雷，竭力扼殺英國貿易，而我們過去僅以防禦手段應對。善良、正派且文明的國家似乎只能坐以待斃，無法先發制人。在這些日子裡，德國的隱患如火山般即將爆發。然而，虛假的戰爭仍將持續數月。在我們這一方，對於無關緊要的問題不斷討論，議而不決，即便作出決議也被推翻，還需遵循「不可得罪敵人，若得罪了他，徒然引起其憤怒」這條戒律。另一方面，敵人卻在準備一場浩劫——一個龐大的軍事機器正向我們逼近，隨時可能碾

壓而來!

芬蘭的軍事崩潰引發了更廣泛的迴響。1940年3月18日，希特勒與墨索里尼在勃倫納山口會晤。希特勒意圖讓他的義大利盟友相信，德國絕不會在西線發起地面攻勢。3月19日，張伯倫先生在下議院發表演講。面對日益增多的批評，他詳細回顧了英國援助芬蘭的過程。他正確地強調，我們主要考慮的是希望尊重挪威和瑞典的中立，同時也為政府未能迅速參與有效援助芬蘭的行動進行辯護。芬蘭的戰敗對達拉第政府是一個致命打擊。達拉第採取了雖然遲緩但非常顯著的行動，並且他個人對於我們在這方面的憂慮，也作了過度的渲染。3月21日，以雷諾先生為首的新內閣成立，承諾將以更大的努力推動戰爭行動。

我與雷諾的關係，與我和達拉第的關係，基礎截然不同。雷諾、曼德爾和我對慕尼黑事件持有相同的立場，而達拉第則有不同的看法。因此，我對法國政府的變更表示歡迎，也期盼我的漂浮水雷計畫現在更有可能被法國接受。

邱吉爾先生致雷諾先生

1940年3月22日

得知一切事務都已如此順利且迅速地完成，尤其是達拉第重新加入你的內閣，令我感到無比愉悅。此地對此事以及對勃魯姆的謙遜行為表示讚美。

我很高興你現在掌握國政，且有曼德爾與你共事。展望未來，我們兩國政府必將有緊密且正面的合作。你知道，對於你前晚提到關於戰爭一般情勢的憂慮，以及需要採取的嚴厲措施，我深表認同；然而在我們交談時，我未曾料到局勢的變化會如此迅速地對你產生決定性影響。過去3、4年中，我們的想法高度一致，因此我非常期望未來這種密切的諒解能夠

第十一章　風暴前夕

延續下去，而我亦將竭盡所能貢獻力量。

　　上週我前往巴黎處理一項公務，我已經寫了一封信給甘末林，現將此信寄給你，希望你能立即對這個計畫給予支持。首相和哈利法克斯勳爵對這個「皇家海軍」的作戰計畫充滿熱情，我們3人正努力推動你的前任者接受此計畫。失去這個寶貴的機會，將是一大遺憾。我已準備好6,000個水雷，陸續到位 —— 儘管目前只在陸地上 —— 若推遲實施，祕密洩漏的風險將不可避免。

　　我盼望最高軍事會議能夠盡快召開，也相信英國和法國的同僚在會議上會採取協調一致的行動。如今，我們確實成為真正的同僚。

　　請代我向曼德爾問候，並請相信，我懷著最大的誠意祝願你成功。事實上，我們的共同安全深切依賴於你的成就⋯⋯

　　1940年3月28日，法國的部長們抵達倫敦參加最高軍事會議。張伯倫先生發表了開幕演說，對他所見的情況進行了一次明確而詳盡的描述。他提到，他的首要建議是「立即執行所謂的『皇家海軍』作戰計畫」，這讓我感到非常滿意。他進一步解釋了該計畫的執行方式，並提到漂浮水雷已經儲備了足夠的數量，以保證有效且持續的使用。這個計畫將出乎敵人的意料，地點選在萊茵河幾乎完全用於軍事用途的那一段。過去從未實施過類似的作戰計畫，也從未設計出這種專門裝置，以便利用河流的特性成功摧毀堰堤和河道中的船隻。最後，由於武器設計得當，不會影響中立國的水域。英國人預期這次襲擊會給敵人帶來極大的恐慌和混亂。眾所周知，在準備和計畫方面，沒有哪個民族比德國人更徹底；然而，如果計畫執行失敗，也沒有哪個民族比德國人更加狼狽。他們不善於隨機應變。此外，戰爭已經使德國的鐵路運輸變得困難，增加了他們對內陸水道的依賴。我們除了漂浮水雷之外，還設計了其他武器，將由飛機投放到德國內部平靜的運河中。他敦促法國方面迅速行動以達到出其不意的效果。如果延遲，

可能會洩露機密，目前河道的條件已接近非常有利的時機。至於德國的報復，如果德國認為英、法兩國的城市值得轟炸，它也不會等待藉口。現在一切準備就緒，只待法國最高統帥部下達命令。

隨後，他提及德國面臨的兩大不足：即鐵礦石和石油的供應。這些資源的主要來源在歐洲的南北兩端。鐵礦石來自北方。他詳細闡述了如何阻止德國從瑞典獲取鐵礦石的方法。他還談及羅馬尼亞和巴庫的油田，若有可能，應採取外交手段阻止德國的利用。我對這種強而有力的觀點越聽越感到欣慰。我著實沒料到，張伯倫先生和我的看法竟如此一致。

雷諾先生談及德國宣傳對法國士氣的影響。德國的無線電廣播每晚高聲宣稱，德意志帝國與法國並無糾紛；戰爭的起因是英國給予波蘭的空頭支票；法國追隨英國，被牽入戰爭；甚至聲稱法國無法承受長期鬥爭。戈培爾對法國的策略似乎是讓戰爭保持目前的緩慢節奏，因為他期望現已入伍的500萬法國人會愈發灰心，並期待法國出現一個願意犧牲英國而與德國達成妥協的新政府。

雷諾先生指出，法國普遍關心一個問題，即「盟國如何能贏得戰爭」。即便考慮到英國的努力，雙方軍隊數量上，德國的成長速度仍然超過我們。因此，我們何時能在西線戰鬥中獲得必要的人力優勢尚未可知。對於德國在物質裝備方面的持續行動，我們仍不清楚。法國國內普遍認為戰爭陷入僵局，德國只是在等待時機。除非我們採取行動切斷敵人的石油和其他原料供應，否則「封鎖可能無法成為足以保證盟國勝利的強大武器」。至於「皇家海軍」的作戰計畫，他表示計畫雖好，但不具決定性影響，任何敵方報復將落在法國。然而，如果其他問題得到解決，他將特別努力爭取法國的支持。他對於中斷瑞典鐵礦石供應持正面態度，並指出這與德國鋼鐵工業生產息息相關。他的結論是，盟國應在挪威沿海領海布

第十一章　風暴前夕

雷，並以類似行動阻止從呂勒歐港運往德國的鐵礦石。他還強調阻止德國獲得羅馬尼亞石油供應的重要性。

會議最終決議，對挪威和瑞典發出措辭含糊的通牒後，我們應於1940年4月5日在挪威的海域布設水雷區。同時，在獲得法國軍事委員會的許可後，開始執行「皇家海軍」的作戰計畫：自4月5日起在萊茵河投放漂流水雷，並於4月15日，從空中將水雷投放至德國各大運河。會議還達成一致，若德國侵犯比利時，盟軍應立即進入比利時，而無需等候正式邀請；若德國進犯荷蘭，而比利時未予援助，盟軍為協助荷蘭，可視為有權進入比利時。

最終，作為全體一致贊同的明顯事實，會議公報宣布，英國和法國政府已經共同達成以下鄭重宣告：

在當前的戰事中，英國和法國除非雙方達成共識，否則絕不會單獨進行談判或簽署停戰協定及和平條約。

該協定後來成為了一個極其重要的因素。

1940年4月3日，英國內閣決定執行最高軍事會議的決策，命令海軍部於4月8日在挪威水道進行布雷。我將這次具體的布雷行動稱為「威爾弗雷德」，因為它規模小且不違反禁令。考慮到我們在挪威領海布雷可能引發德國的報復，於是達成一致，英國應派遣一個旅，法國應派一個分遣隊前往那維克以清理港口，並向瑞典邊境推進。此外，還應派遣部隊占領斯塔萬格、卑爾根和特隆赫姆，以防敵人利用這些基地。

現今我們需要反思在做出挪威水道布雷決策之前所經歷的各個階段。我早在1939年9月29日便提出了這個要求。然而，與此計畫相關的事項始終未見進展。無論是道德上還是技術上的反對理由——如侵犯中立的擔憂、德國可能對挪威的報復、截斷從那維克流向德國的鐵礦石運輸的重要性、或對中立國家和全球輿論的影響——這些理由歸根結柢都未曾改

變。然而，最高軍事會議終於被這個計畫說服，戰時內閣也最終表示支持，並決定加以執行。過去，他們曾一度贊同這個計畫，後來又撤回決議。當時，芬蘭戰爭的複雜局勢吸引了他們全部的注意力。在大約 60 天中，「援助芬蘭」的方案始終在內閣議程上，最終一切都無疾而終。芬蘭被迫向俄國屈膝。經過這一連串徒勞的畏縮、猶豫不決、政策轉變及在善良和值得尊重的人士之間的無休止爭論，我們終於回到了最初的簡單命題。早在 7 個月前，我便已要求採取行動。然而，在戰爭中，7 個月是一段漫長的時間。如今希特勒已做好準備，其計畫比以往更加強大和完善。這個例子完美地證明了透過委員會甚至多個委員會來進行戰爭決策的方式是多麼無效且愚蠢。接下來的幾週，我注定要承擔主要責任，並忍受挪威戰役中某些不利的批評。關於挪威戰役的詳情，不久將會敘述。假如在我最初提出要求時便允許我自行籌劃和行動，那麼在這個至關重要的戰場上，或許早已取得理想的結果，各方面也都會有美好的結局。但現在，一切都將成為災難。這正是所謂：

可以做的時候，他不要做，

當他決定要執行時，事情便變得困難重重。

在此，我或許應該闡明，我在「晦暗不明的戰爭」期間，作為一名下屬所提出的各類攻擊建議和計畫。首先是占領並掌控波羅的海；若有可能，這是主要的策略。隨著人們逐漸意識到空軍的威力，該計畫被否決。其次是改造「皇家君主」號級戰艦，打造一支由厚裝甲艦船組成的密集艦隊，以減少對空中炸彈或魚雷的恐懼。此計畫因戰爭形勢的變遷及航空母艦建造的優先性而被棄置。第三是簡單的戰術行動，即在挪威水道布設水雷，以切斷德國主要依賴的鐵礦石供應。第四是「耕種者第六號」，即採取一種長期方法，打破法國前線的僵局，避免重複上次大戰中的大量傷

第十一章　風暴前夕

亡。這個計畫被德國裝甲車的突擊所否定，這些突擊將我們自己發明的坦克用來摧毀我們，並證明在此次新戰爭中，進攻占據優勢。第五是「皇家海軍」作戰計畫，即透過投放漂浮水雷，使萊茵河的交通陷入癱瘓。此計畫在獲准實施後，發揮了一定的作用並證明了其效力。然而，它在法國抵抗的全面崩潰中被取消。無論如何，這個計畫需要長期執行，才能對敵人造成重大損害。

總而言之，對於陸地上的軍事衝突，我對防禦性炮火的威力深感著迷；而在海上作戰方面，我在我的責任範圍內，堅持主動進攻，以減少敵人對我們海上貿易造成的巨大威脅和痛苦。然而，在這場被稱為「晦暗不明的」或美國所謂「虛假的」戰爭的漫長停滯期間，無論是法國還是英國都無法有效應對德國的報復性攻擊。英國只有在法國戰敗後，憑藉其島國的有利地勢，才得以從失敗的陰影和被殲滅的危機中，凝聚出一股足以抗衡德國的民族意志。

當時，各種來自不同消息來源的不祥消息開始陸續傳來。在4月3日的戰時內閣會議中，陸軍大臣向我們報告，陸軍部已經獲得情報，顯示德國人在羅斯托克集結了強大的軍隊，可能企圖在必要時占領斯堪地那維亞。外交大臣指出，來自斯德哥爾摩的消息亦能證實此情報。據駐柏林的瑞典大使館透露，什切青和希維諾烏伊希切已經集結了20萬噸的德國船舶，載有軍隊，據傳約有40萬人。據稱，這些部隊是為了在我們可能對那維克或其他挪威港口發動攻擊時，進行反擊而準備的，因為據說德國人對我們計劃攻擊這些地點仍感到不安。

不久後，我們得知法國軍事委員會拒絕批准啟動「皇家海軍」作戰計畫。他們同意在挪威水道進行布雷，但反對任何可能導致法國遭受報復的行動。法國總理雷諾透過法國大使向我們致歉。此時，張伯倫先生非常傾

向於採取一些積極行動，因此對法國的拒絕感到不滿。他在與柯爾班的談話中將兩個作戰計畫連繫起來，一方面英國可以按照法國的意願阻斷德國的鐵礦石供應，但同時，法國應允許我們在遭受或可能遭受磁性水雷損害時，執行「皇家海軍」作戰計畫，以進行報復。儘管我對「皇家海軍」作戰計畫充滿熱情，但沒想到首相會如此積極推動。這兩個作戰計畫都是用來對敵方發起攻勢的手段，並結束戰爭的「不明朗」階段。因為我相信，「晦暗不明」的戰爭延續對德國有利。然而，如果我們能在幾天內獲得法國同意按時執行這兩個計畫，那麼我願意將「威爾弗雷德」計畫推遲幾天實施。

在這緊要關頭，首相對我的觀點表示高度認同，幾乎如跟我們的思想完全一致。他要求我前往巴黎，試圖說服顯然在其中設障的達拉第先生。1940年4月4日晚，我在英國大使館的宴會上與雷諾先生及其他幾位法國部長見面，我們的交流非常愉快。我們邀請了達拉第，但他推辭說已有其他安排，無法出席，於是約定次日上午我去拜訪他。因為我竭力想說服達拉第，曾請求內閣允許我告訴他，即便「皇家海軍」計畫被否決，我們仍將推進「威爾弗雷德」計畫。

5日中午，我在聖多米尼克街與達拉第會面，進行了一場嚴肅的對話。我批評了他前一晚未參加我們的宴會，他辯稱事先已有約會。顯然，新舊總理之間存在著明顯的裂痕。達拉第提到，3個月後，法國空軍將有足夠的改進，能夠應對德國對我們執行「皇家海軍」作戰計畫的反應，並準備提供書面確認日期。他強調法國工廠缺乏防禦的情況。最後，他向我保證，法國的政治危機已經結束，他將與雷諾先生和諧合作。談話結束後，我們分別了。

我透過電話向戰時內閣進行了報告，內閣同意：即使法國拒絕了「皇家海軍」的作戰計畫，「威爾弗雷德」計畫仍應繼續，但希望雙方能就此問

第十一章　風暴前夕

題進行正式的書信交換。在 4 月 5 日的內閣會議上，外交大臣被指示通知法國政府，解釋我們雖然一直極為重視儘早執行「皇家海軍」作戰計畫，同時也在挪威領海進行布雷計畫，但我們準備退讓，按照法國的意願，只實施後者。執行日期最終確定為 4 月 8 日。

1940 年 4 月 4 日，星期四，首相懷著異常激動的心情，在保守黨與統一黨協會全國聯合會中央委員會上發表演講：

> 經歷了 7 個月的戰爭，我發現我對勝利的信心比戰爭初期增強了 10 倍……在這段時間裡，我們與敵人之間的相對地位已顯著提升。請大家思考德國這樣的國家與我們在政策上的差異。早在戰爭爆發前，德國便已開始準備，以極高的速度擴充其陸地和空中武裝力量，集中所有資源生產武器和裝備，並建立大量物資儲備，事實上，它已將自己變成一個全副武裝的軍營。相反地，我們這個愛好和平的國家，一直專注於和平事業。儘管因德國的活動，我們被迫重啟長期擱置的防禦措施，但在和平尚存希望時，我們推遲並持續推遲那些將國家轉入戰時狀態的激烈措施。
>
> 結果是，當戰爭真正爆發時，德國的各種準備顯然遠遠超過了我們；因此，我們理所當然地預期，敵人必會在我們尚未來得及彌補自身缺陷之前，利用其初期的優勢試圖擊敗我們和法國。然而，敵人卻沒有這樣的企圖，這豈不是一件極為奇怪的事情？姑且不論其中的原因 —— 也許希特勒認為他能不戰而享有他所奪取的一切；也許他的準備仍不夠充分 —— 但有一點是無可置疑的，即希特勒錯失了良機。
>
> 因此，在過去的這 7 個月裡，我們得以矯正和消除弱點，強化並充分發揮各種攻防武裝力量，大幅提升了戰鬥力，如今我們能以冷靜的心態應對未來的任何情況。
>
> 你們或許會問：「難道敵人不也是在進行準備嗎？」敵人確實如此，對此我毫不懷疑。關於敵人的實力，以及在自認不會遭到加倍報復時，毫不

猶豫地運用這些力量的決心,我絕不低估。我承認這一切。然而,我也想指出:正因為他們的準備已經相當成熟,因此他們能進一步挖掘的力量已相當有限。

這種說法顯得極為欠缺考量。此觀點主要假設我們與法國人比戰爭初期更為強大,然而這個假設並不符合實際。我此前已經指出,德國人已經進入瘋狂軍備生產的第 4 年,而我們仍處於初期階段。就成果而言,我們恐怕僅相當於他們的第 2 年。更何況,隨著時間 1 月 1 月地流逝,德國陸軍已經歷 4 年的發展,逐漸成為一支成熟而精良的軍隊,而法國陸軍在訓練和團結方面的優勢正逐步消失。首相未曾表達出我們正面臨重大變局的預感,而在我看來,地面戰爭幾乎可以肯定即將展開。總之,首相所謂「希特勒錯過時機」的說法,是一句不幸的言辭。

一切仍未有定論,我所建議的各種次要策略皆已被接受,但英、法兩國尚未採取任何具重大影響的行動。根據我們現有的計畫,這依賴於封鎖的實施,方法是在挪威北部航道布設水雷,並在東南方切斷德國的石油供應。然而,德國前線的後方一片寂靜,毫無動靜。誰料到,盟軍這種消極且小規模的政策,竟被一場意外猛烈的風暴徹底摧毀。我們即將體會全面戰爭的真正意義。

第十一章　風暴前夕

第十二章
海上衝突加劇

1940 年 4 月

在繼續敘述之前，我必須先交代一下我身分上的變化，這件事發生在 1940 年 4 月。

查特菲爾德勳爵擔任的國防協調大臣一職已成為多餘之累贅。4 月 3 日，他坦率地提出辭職，張伯倫先生接受了他的辭呈。4 月 4 日，唐寧街 10 號發表公告，說明該職位不會再任命接替者，而是計劃由海軍大臣以其資歷最深的軍務大臣身分主持軍事協調委員會。於是，我在 4 月 8 日至 15 日期間擔任會議主席，每日召開一次會議，有時甚至兩次。如此一來，我承擔了額外的責任，卻未獲授予有效指揮的權力。其他軍務大臣同樣是戰時內閣的成員，我在這些地位相同者中居於首位，但卻無權作決策或執行。我必須取得其他軍務大臣及其專業主管的同意，於是，許多具備重要才能的人士，對於這場已經開始的戰爭——真正的戰爭之快速變化局勢，都擁有表達見解的權利和責任。

三軍參謀長們在與相關大臣分別討論總體形勢後，每日齊聚一堂進行會議，隨後做出極其重要的決策。我從對我毫無保留的第一海務大臣或三軍參謀長委員會的會議摘要或備忘錄中得知這些情況。若我對這些意見有疑問，我自然可在協調委員會中提出，該會議中，三軍參謀長以個人身分

第十二章　海上衝突加劇

出席,各軍務大臣常偕同參加並支持他們的觀點。會上,大家展開禮貌的討論,會議結束時,由在場祕書起草一份措辭得當的報告,經海、陸、空三部核對,以確保無任何差錯。如此,我們達到了一種廣闊而愉快的崇高境界,在這境界中,每件事均經全體協商,根據大多數人的常識,為最大多數人的最大利益解決。然而,在我們即將面臨的一種戰爭中,情況截然不同。遺憾的是,我必須指出:實際戰鬥如同兩個惡漢對打,其中一個用木棍或鐵錘,或其他更好的工具猛擊對方的鼻子。所有這種情況,實在令人遺憾;這也正是我們為何要避免戰爭,為何每件事都必須充分考慮少數人的權利,忠實記錄不同意見,以友好方式通過協定解決的最佳理由之一。

戰時內閣的國防委員會幾乎每天集會,以審議軍事協調委員會和參謀長委員會的各類報告;無論結論或分歧意見,最終皆提交給經常召開的內閣會議。一切問題都需反覆解釋;當此程序完成後,整體局勢往往已經改變。海軍部在戰時自然成為作戰司令部,對於影響艦隊的決策總是迅速做出,只有在最嚴峻情況下才報告首相,而首相每次都支持我們的見解。若行動需涉及其他軍事部門,此程序便難以完全適應局勢變化。然而,因挪威戰役的特殊性質,海軍部在當時掌控了四分之三的行政事務。

我並不是說,無論我擁有什麼樣的權力,我總能對當前的問題作出最佳的決策或提供更完美的解決方案。關於我即將敘述的事件,其影響極為強烈,局勢極度混亂,因此,我很快意識到只有首相的威權才能主導軍事協調委員會。於是在4月15日,我請求張伯倫先生擔任主席,隨後的挪威戰役期間,幾乎所有會議都是由他主持。他和我保持完全一致,對於我所提出的意見,他以其個人的最高權威予以支持。我在援救挪威已嫌過晚的時候,深陷於完成這個任務的不愉快努力中。至於更換主席的問題,由首相在議會答詢時宣布如下:

應海軍大臣的邀請，我同意在協調委員會上親自擔任主席，以討論與總體戰爭指揮相關且極其重要的事宜。

各方立刻表現出忠誠與善意。然而，我與首相深感我們的體制缺乏穩定的架構，這在面對突發事件時尤為明顯。海軍部在此時期不可避免地成為主要動力，但對於協調委員會這樣的組織，顯然存在反對的理由，因為其中一位軍務大臣既要管理海軍部的所有事務，對海軍行動負有特別責任，卻又試圖協調其他軍事部門的一切作戰計畫。這些困難並未因首相親自主持會議並支持我而得到解決。然而，即使幾乎每日都遭遇因缺乏方法或管理不善而導致的一連串不幸事件，我仍繼續在這個不固定、友好但散漫的組織中服務。

4月5日，星期五夜晚，德國駐奧斯陸的公使款待了一些重要的人物，包括政府官員，邀請他們至公使館觀賞一部影片。影片內容講述德國如何征服波蘭，結尾以德國轟炸華沙的驚悚畫面達到高潮。字幕顯示：「他們應當感謝他們的英、法盟友促成此結果。」聚會在一片沉默與陰鬱中結束，而挪威政府最關注的卻是英國的行動。4月8日清晨4時半至5時之間，4艘英國驅逐艦在通往那維克港的佛斯特峽灣入口處布設了水雷區。早晨5時，倫敦廣播此消息，5時半，英國政府將一份照會遞交給挪威外交部長。在奧斯陸，整個早晨都在起草對倫敦的抗議信。然而當日下午稍晚，英國海軍部通知挪威駐倫敦大使館，德國戰艦在挪威沿海被發現正向北航行，推測目的地為那維克。幾乎同時，挪威首都也收到報告，1艘德國運輸艦「里約熱內盧」號在挪威南部海域被波蘭潛艇「奧澤爾」號擊沉，許多德國士兵被當地漁民救起，據他們所言，奉命前往卑爾根，協助挪威抵抗英、法兩國的侵略。隨後更多報告陸續而至。德國已攻占丹麥，但這個消息在挪威遭入侵後才傳到該地，因此未收到正式警告。丹麥曾抵抗，

第十二章　海上衝突加劇

但在少數忠勇士兵陣亡後,輕易被德國占領。

當晚,德國戰艦逼近奧斯陸,外圍炮臺開始炮轟。挪威的防禦力量包括布雷艇「奧拉夫・特里格伐森」號和兩艘掃雷艇。黎明後,兩艘德國掃雷艇侵入峽灣口,讓軍隊在靠近海岸炮臺處登陸。其中1艘被「奧拉夫・特里格伐森」號擊沉,但德軍成功登陸並奪取了炮臺。這艘英勇的布雷艇在峽灣口攔截了兩艘德國驅逐艦,並擊傷巡洋艦「埃姆登」號。挪威1艘僅配備一門大炮的武裝捕鯨船,雖未接到任何特別命令,仍立即投入戰鬥,抵抗侵略。其炮被擊毀,艦長雙腿被炸斷。為免士氣低落,他自己從甲板滾入海中,英勇犧牲。德國主力艦隊在重巡洋艦「布呂歇爾」號的指揮下,此時已進入峽灣口,向奧斯卡斯堡要塞保護的海峽出發。挪威炮臺開炮轟擊,岸上500碼外發射的兩枚魚雷精確命中,「布呂歇爾」號迅速沉沒,隨船喪命的有德國高級行政官員和祕密警察分遣隊。其他德國艦隻,包括「呂佐夫」號,被迫撤退。受傷的「埃姆登」號未再參戰。然而,奧斯陸最終並非因海上敵艦的原因而被攻陷,而是因為敵軍使用運輸機和在峽灣登陸的方式占領。

希特勒的計畫迅速且全面地展開。德國軍隊分別攻擊克里斯提安桑、斯塔萬格,以及北方的卑爾根和特隆赫姆。

那維克的襲擊是最具膽識的一次。過去一週,德國的礦石運輸船按例行程序駛回那維克港,沿著挪威中立地帶的海域北上,外觀上空空如也,實際上卻載滿了供應品和武器。10艘德國驅逐艦,每艘載有200名士兵,在「沙恩霍斯特」號和「格奈森諾」號的護航下,幾天前從德國出發,於4月9日清晨抵達那維克。

挪威的兩艘戰艦「諾格」號與「艾茲沃爾德」號停泊在峽灣,準備奮戰到底。黎明時分,幾艘驅逐艦高速駛入港口,但因暴風雪的影響,起初無

法確定它們的國籍。不久，一名德國軍官乘汽艇前來，要求「艾茲沃爾德」號投降。該艦司令官簡短地回答「我進攻」後，德國軍官立即撤退。然而，這艘軍艦幾乎立刻被一連串同時發射的魚雷摧毀，船員幾乎全數遇難。與此同時，「諾格」號開炮還擊，但在數分鐘內也被魚雷擊中，迅速沉沒。

在這場勇敢卻絕望的抵抗中，兩艘軍艦上共有287名挪威水兵犧牲，獲救者不足百人。隨後，那維克輕易地被占領。這是一個關鍵的戰略位置，此後我們再也無法加以利用。

突襲的突然性、無情和精確，這些都是德國攻擊無辜且毫無防備的挪威時所展現的特徵。最初在各地登陸的部隊數不超過2,000人。所使用的軍隊包括7個師，主力部隊自漢堡和不來梅登艦，後續部隊則從什切青和但澤出發。進攻中使用了3個師，另外4個師通過奧斯陸和特隆赫姆提供支援。作戰飛機數量達800架，運輸飛機約有250～300架，這是德國計畫中最為顯著和重要的特徵。在48小時內，挪威所有主要港口均落入德國掌控之中。

1940年4月7日，星期日夜間，我們的偵察飛機報告稱，前一天發現一支德國艦隊，包括1艘戰鬥巡洋艦、2艘輕巡洋艦、14艘驅逐艦和1艘可能的運輸艦，正在從斯卡格拉克海峽口駛向納茲。海軍部內部對於這支艦隊的目的地是否為那維克持懷疑態度。儘管來自哥本哈根的情報指出希特勒有意占領該港口，海軍參謀部仍認為德國艦隻可能會返回斯卡格拉克。然而，我們立即下令展開以下行動：本土艦隊，包括「羅德尼」號、「卻敵」號、「英勇」號、2艘巡洋艦及10艘驅逐艦，於4月7日下午8時30分從斯卡帕灣啟航；第2巡洋艦分艦隊，包括2艘巡洋艦和15艘驅逐艦，於同日晚10時從羅賽斯出發。第1巡洋艦分艦隊原本在羅賽斯裝載部隊，準備在德國攻擊挪威時占領挪威港口，接到命令後將士兵送回岸

第十二章　海上衝突加劇

上，甚至將軍械留在艦上，迅速駛往海上與艦隊會合。巡洋艦「曙光」號和6艘驅逐艦，也在克萊德灣執行類似任務，接到命令後駛往斯卡帕灣。這些果斷行動都獲得總司令的批准。總而言之，所有可用的軍艦已被命令出動，前提是——儘管我們不同意——一個重大緊急狀況已經出現。同時，在那維克港口外，有4艘驅逐艦在戰鬥巡洋艦「聲威」號、巡洋艦「伯明翰」號和8艘驅逐艦的護航下進行布雷作業。

在星期一清晨的戰時內閣會議上，我報告了佛斯特峽灣的水雷區已在凌晨4時30分至5時之間完成布置。我也詳細描述了我們所有的艦隊已經駛向海上，而此時我們確定德國海軍的主力正駛向那維克。在前往布設「威爾弗雷德」水雷區的途中，我們的1艘驅逐艦「螢火蟲」號，由於一名水兵在夜間失足墜海而留在後方搜索，導致與其他艦隻分離。8日上午8時30分，「螢火蟲」號報告它在佛斯特峽灣西南約150英里處與敵方驅逐艦接觸。不久後，它又報告在前方看到另一艘驅逐艦，隨後報告它正在與優勢敵方艦隊交戰。9時45分後，它不再發送電報，從此失去聯繫。推測德國艦隊除非被半途攔截，否則可能在當晚約10時抵達那維克。我們希望它們會與「聲威」號、「伯明翰」號及其驅逐艦遭遇，因此戰鬥可能即將爆發。我說：「我們無法預測戰爭中的偶然事件，但目前這樣的戰鬥不會在不利條件下發生。」此外，總司令正率領整個本土艦隊從南方接近戰區，他此刻應已抵達斯塔特蘭對面的海域。我們掌握的一切消息已通知他，他自然保持沉默。德國人也知道我們的艦隊已經出海，因為我們接收到1艘在奧克尼群島附近的德國潛艇在我們艦隊離開斯卡帕灣時發出的長電報。同時，從阿伯丁港向北移動的第2巡洋艦分艦隊報告它正被敵機尾隨，預計中午前後將遭襲擊。海軍和皇家空軍採取一切可能措施，派戰鬥機前往作戰地點。當時沒有可用的航空母艦，但水上飛機正在活動。某些地區大霧瀰漫，但相信北方的天氣較好，並將持續放晴。

戰時內閣記錄了我的發言，並要求我將我們獲得的有關德國艦隊動向的情報通知挪威海軍當局。整體而言，大家認為希特勒的目標是那維克。

1940年4月9日上午8點半，張伯倫先生召集我們參加戰時內閣會議，討論當時我們掌握的關於德國入侵挪威和丹麥的情況。戰時內閣決定，我應授權本土艦隊總司令採取一切可能的行動，以清除卑爾根和特隆赫姆的敵軍，參謀長委員會應開始準備軍事遠征，以便奪回上述兩地，並占領那維克。然而，這些遠征軍必須在海軍局勢明朗後才能出動。

戰後，從德國的紀錄中，我們了解到「螢火蟲」號的結局。4月8日星期一清晨，它首先遭遇了1艘敵方驅逐艦，隨後又遇到了第2艘。於是，在波濤洶湧的海面上，雙方展開了一場追逐，直到巡洋艦「希佩爾」號突然現身。「希佩爾」號開火後，「螢火蟲」號退入煙幕。「希佩爾」號穿過煙幕逼近，很快發現英國驅逐艦近在咫尺，以最快的速度向它衝來。「希佩爾」號來不及閃避，「螢火蟲」號便撞上了敵方的萬噸艦體，艦側被撞開一個40公尺寬的裂口。隨後，「螢火蟲」號在損壞不堪的狀態下駛離，艦上燃起大火，幾分鐘後爆炸。「希佩爾」號救起了40名船員；它勇敢的艦長在被轉移到安全地點時，因精疲力竭，從巡洋艦甲板墜入海中，失去蹤影。就此，「螢火蟲」號的光輝消逝，但其艦長傑拉德‧魯普海軍少校，身後獲追授維多利亞十字勳章，這個事蹟將永遠被銘記。

當「螢火蟲」號的通訊突然中斷時，我們希望能引誘勇於深入此遙遠海域的德國主力艦隊進行交戰。星期一，我們在敵方艦隊的兩翼集結了優勢力量。根據需要掃蕩的海域來推測，極有可能與其接觸，一旦接觸，我們便必須集中兵力攻擊。我們當時尚不知「希佩爾」號正在護送德國部隊前往特隆赫姆。它於當晚進入特隆赫姆，但「螢火蟲」號使這艘強大的戰艦失去作戰能力長達一個月。

第十二章　海上衝突加劇

「聲威」號的指揮官惠特沃思海軍中將在接收到「螢火蟲」號的電報後，最初朝南航行，企圖攔截敵方艦隊。然而，根據隨後獲得的情報和海軍部的指示，他決定駛往那維克港口進行防禦。4月9日，星期二，風暴極為猛烈，狂風呼嘯，暴風雪肆虐，海浪洶湧。「聲威」號在黎明時分，瞥見在佛斯特峽灣沿海約50英里處，有兩艘模糊不清的船隻。這兩艘船是「沙恩霍斯特」號和「格奈森諾」號，它們剛剛完成護送遠征軍至挪威的任務，但「聲威」號當時誤認其中1艘為戰鬥巡洋艦。「聲威」號率先在1萬8千碼距離開火，不久便擊中「格奈森諾」號，摧毀了它的主要火炮控制系統，使其暫時無法還擊。它的護衛艦釋放煙幕進行掩護，兩艘德國艦艇隨即北轉，戰鬥演變成追逐戰。同時，「聲威」號也遭到兩次擊中，但損害輕微，隨後再次擊中「格奈森諾」號，共計3次。在波濤洶湧的海面上，「聲威」號全速追擊，但不久後不得不將速度降至20海里。在間歇的暴風雪和德國艦艇的煙幕之間，雙方的炮火效果有限。「聲威」號竭力追趕德國艦隊，但最終它們的蹤影在北方消失了。

4月9日清晨，富比士海軍上將率領主力艦隊在卑爾根港外集結。清晨6時20分，他向海軍部請求有關當地德軍實力的情報，因為他計劃派遣一支由巡洋艦和驅逐艦組成的部隊，在萊頓海軍中將的指揮下，攻擊所有能發現的德國艦隻。海軍部也有類似的計畫，因此在8時20分發來以下電報：

設計一個方案，準備攻擊駐紮在卑爾根港的德國戰艦與運輸艦，而且假設該港的防務依舊由挪威人掌控，則應控制該港的入口。如果你有足夠的力量同時考量的話，對特隆赫姆也應制定類似的方案。

海軍部起初批准了富比士海軍上將針對卑爾根的攻擊計畫，但隨後警告他不應依賴防守方仍是友好國家。為避免實力分散，對特隆赫姆的攻擊

被推遲到德國戰鬥巡洋艦被發現後再進行。約在 11 時 30 分，4 艘巡洋艦和 7 艘驅逐艦在海軍中將的指揮下出發，向 80 英里外的卑爾根航行，因逆風和波濤洶湧，航速僅 16 海里。不久，飛機報告卑爾根港內有 2 艘巡洋艦而非 1 艘。由於我方僅有 7 艘驅逐艦，除非巡洋艦能一同進港，否則成功希望渺茫。第一海務大臣認為在空襲和水雷威脅下，風險過大。當我參加內閣會議返來，他立刻與我商討，閱讀早晨往來電訊並在作戰室簡短討論後，我同意他的看法，遂決定取消進攻。回顧此事，我認為海軍部對總司令的控制過於嚴格，在知悉他強行進入卑爾根港的意圖後，我們應僅提供情報。

當日下午，敵方飛機對艦隊發動了猛烈的空中攻擊，特別針對萊頓海軍中將的艦艇。驅逐艦「廓爾喀」號被炸沉，巡洋艦「索斯安普敦」號和「格拉斯哥」號因附近炸彈爆炸而受損。此外，旗艦「羅德尼」號也遭到攻擊，但由於堅固的甲板裝甲保護，未遭重創。

當進攻卑爾根的巡洋艦計畫被取消時，富比士海軍上將建議在 4 月 10 日黃昏派遣航空母艦「狂暴」號上的魚雷機。海軍部同意此提議，並安排在 9 日晚間派遣皇家空軍的轟炸機，翌日清晨從哈茨登（奧克尼群島）出動海軍飛機進行襲擊。同時，我方的巡洋艦和驅逐艦繼續封鎖所有進出口。空襲取得成功，德國巡洋艦「克尼希堡」號被海軍飛機投下的 3 枚炸彈擊沉。「狂暴」號隨後駛往特隆赫姆，根據偵察報告，該地有敵方巡洋艦和驅逐艦各兩艘。4 月 11 日清晨，我方派出 18 架飛機，但除商船外，只發現兩艘驅逐艦和 1 艘潛艇。不幸的是，受損的「希佩爾」號已在夜間撤離，未見任何巡洋艦，而對兩艘德國驅逐艦的攻擊未能成功，因為魚雷在淺水區擱淺，未能命中目標。

同時，我們的潛艇在斯卡格拉克海峽和卡特加特海峽進行活動。8 日

第十二章　海上衝突加劇

夜間，它們發現了由波羅的海向北航行的敵船，並進行了襲擊，但未能成功。然而在 9 日，「遊蕩者」號在克里斯提安桑港外成功擊沉了巡洋艦「卡爾斯魯厄」號。次日晚，「鮪魚」號用魚雷擊沉了從奧斯陸返回的袖珍戰鬥艦「呂佐夫」號。除了這些勝利，潛艇在這場戰役的首週內，至少額外擊沉了 9 艘敵方運輸艦和補給船，造成敵方大量海員的損失。我們自身的損失也不輕，4 月間在防守嚴密的波羅的海入口處，有 3 艘英國潛艇被毀。

9 日清晨，那維克的局勢尚不明朗。總司令渴望在德軍控制之前先行占領該港，於是下令指揮驅逐艦隊的沃伯頓-李海軍上校進入峽灣，以阻止敵方的任何登陸企圖。同時，海軍部將一則報刊報導轉交給他，內容指出已有 1 艘敵艦駛入港內並部署了一小支部隊登陸。電訊接著說：

進軍那維克，摧毀並俘獲敵方船隻。若你判斷能從敵軍手中奪回那維克，則可考慮派遣部隊登陸。

因此，沃伯頓-李海軍上校指揮他的小型艦隊中的 5 艘驅逐艦：「哈代」號、「獵人」號、「哈沃克」號、「霍特斯珀」號以及「敵愾」號，駛入佛斯特峽灣。在特拉諾埃，挪威的領港人員告知他，有 6 艘比他的艦隻更大的敵艦和 1 艘潛艇已經進入峽灣，並且灣口的航道已被布雷。他發電報報告此情況，並表示：「計劃在清晨發動攻擊。」惠特沃思海軍上將收到電報後，考慮是否應該用他自己現已擴大的分艦隊來增強進攻力量，但由於時間極其緊迫，他認為此時介入可能會導致延誤。實際上，我們在海軍部的人也不準備讓「聲威」號冒此險，因為「聲威」號是我們僅有的 3 艘戰鬥巡洋艦之一。海軍部發給沃伯頓-李海軍上校的最後一個電報如下：

挪威沿岸的防禦艦艇可能已被德國軍隊控制。在此情勢下，是否應發起攻擊，全憑你的判斷。不論你作何決策，我們將全力支持。

他的回應是：

立刻展開攻勢。

在 4 月 10 日的濃霧和暴風雪中，5 艘英國驅逐艦駛入峽灣，於黎明時分抵達那維克港外。在港內，敵方的 5 艘驅逐艦正在停泊。在首次襲擊中，「哈代」號的魚雷命中了 1 艘懸掛德國海軍准將三角旗的軍艦，海軍准將當場喪命；另一艘驅逐艦也被兩枚魚雷擊沉，剩餘的 3 艘敵艦被炮火壓制，無法有效抵抗。港內停泊著來自各國的商船共 23 艘，其中包括 5 艘英國船隻，另外 6 艘德國商船也被摧毀。此時，我方 5 艘驅逐艦中只有 3 艘參與了攻擊。「霍特斯珀」號和「敵愾」號則作為備份力量，以防範任何海岸炮臺或新到的德國艦隻。現在它們加入了第二次襲擊，「霍特斯珀」號用魚雷再擊沉兩艘德國商船。沃伯頓 - 李海軍上校的艦艇未受損傷，敵方的炮火顯然已經停止，經過一小時的戰鬥，也沒有發現敵艦從任何海灣出來襲擊他們。

然而，命運在此刻轉折。在第三次攻擊後返航時，沃伯頓 - 李海軍上校發現 3 艘新艦艇從赫簡斯峽灣駛來。這些艦艇並未試圖拉近距離，當雙方距離縮短至 7,000 碼時，戰鬥隨即展開。突然間，濃霧中又現兩艘戰艦，它們並非預期中的英國援軍，而是從巴蘭根峽灣而來的德國驅逐艦。德國艦上的重炮立刻發揮威力，摧毀了「哈代」號的艦橋，沃伯頓 - 李身受重創，僅他的祕書斯坦寧海軍上尉倖免，其餘軍官和成員皆死傷慘重，斯坦寧遂接手指揮。隨後，一枚炮彈在引擎內爆炸，猛烈的炮火逼使驅逐艦擱淺。「哈代」號艦長向小艦隊發出的最後一個電訊是：「繼續與敵人作戰。」

當時，「獵人」號已經被擊沉，而「霍特斯珀」號和「敵愾」號也遭到損傷，隨著「哈沃克」號駛向公海。曾經試圖阻攔它們的敵艦，現在已無力再截住它們。半小時後，它們遇見 1 艘從公海而來的大船，這艘船正是

第十二章　海上衝突加劇

運送德國備份彈藥的「勞恩費爾斯」號。此船被「哈沃克」號炮擊，不久後爆炸毀滅。「哈代」號的倖存者，攜帶著他們司令官的遺體，艱難地登上岸，後者被追授予維多利亞十字勳章。他們的行動在敵人和我們的海軍歷史上都留下了不可磨滅的成就。

4月9日，雷諾先生與達拉第先生及達爾朗海軍上將一同飛抵倫敦，隨即於下午召開最高軍事會議，商討所謂「因在挪威領海內布雷而引發的德國行動」。張伯倫先生立即指出，敵方的措施顯然是事先策劃的，與我們的舉動毫無關聯，這在當時已是顯而易見的。雷諾先生告知我們，當日早晨，法國總統主持了法國軍事委員會的會議，原則上決定，若德國發動進攻，盟軍將進入比利時領土。他指出，若能縮短戰線，並聯合比利時的18至20個師，實際上可以抵消德國在西線的優勢。法國計劃將此作戰計畫與在萊茵河上投放漂浮水雷的行動結合。他還提到，根據來自比利時和荷蘭的情報，德國對低地國家的攻勢已迫在眉睫；有人認為這可能在數天內發生，也有人認為僅是數小時的問題。

陸軍大臣在會議上指出，關於向挪威派遣遠征軍的問題，最初為援助芬蘭而組織的兩個英國師已經被部署到法國。目前在英國境內可供派遣的部隊僅有11個營。這其中，兩個營已計劃當晚啟程，其餘部隊則因各種原因無法在3、4天內出發。

會議達成共識，應派遣精銳部隊前往挪威沿海可能的登陸港口，並制定了協同計畫。法國阿爾卑斯步兵團的1個師被命令在2到3天內登船出發。當晚，我們可以徵召英軍兩個營，3天內再增派5個營，14天內再增加4個營，總計11個營。若需要將更多的英軍派往斯堪地那維亞半島，則必須從法國調回。我們必須採取適當措施，占領法羅群島，並向冰島保證其安全。關於在義大利進行介入時，我們在地中海的海軍部署也達成一

致。同時決定應向比利時政府提出緊急建議，要求他們邀請盟軍進入比利時境內。最後，確定若德國在西線發動攻勢或入侵比利時，應執行「皇家海軍」作戰計畫。

就挪威的局勢來看，迄今為止發生的所有事情令我極為不悅。我寫信給龐德海軍上將：

1940 年 4 月 10 日

德國軍隊已經控制了挪威沿海的所有港口，包括那維克在內，若要驅逐他們，必須進行大規模的戰鬥。挪威的中立立場，以及我們對中立的尊重，導致我們無法阻止這次殘酷的突然襲擊。現在必須採取新的策略。我們必須承受敵人空襲北部基地時距離縮短所帶來的不利。我們必須用隨時警戒的水雷區封鎖卑爾根，並集中火力攻擊那維克，為了奪取這個港口，需要經歷長期而激烈的戰鬥。

當務之急是在挪威海岸建立一至兩個加油基地，這方面的選擇相當豐富，目前參謀部正進行詳細研究。在挪威沿岸設立一個基地，即使是臨時性的，也將極為有利，因為敵軍已在該地建立據點，若無我方基地，行動將更加困難。海軍參謀部正在評估各個潛在地點，條件是該地需具備良好的防禦性停泊區，並與內陸交通隔絕。倘若我們無法盡快取得這樣的基地，將難以在新局勢下與德國人抗衡。

我們也應充分運用我們在法羅群島的有利條件。

那維克勢在必得。儘管我們目前處於劣勢，卻沒有理由相信在該地區進行持久而艱苦的戰鬥，不會使敵方比我們承受更大的損耗。

1940 年 4 月 3 日以來，來自中立國家的各種情報與謠言紛至沓來，而德國對其給予英國海軍的打擊以及不顧我們強大海軍力量，成功攻占挪威的行動，顯得得意洋洋，廣泛宣傳。顯然，英國已被迅速超越，措手不

第十二章　海上衝突加劇

及,正如我在寫給第一海務大臣的信中提到的,已經顯得黯然失色。全國上下憤怒不已,而海軍部首當其衝。4月11日,星期四,我必須面對一個激動且憤怒的下議院。我採取了我一貫認為在這種情況下最為有效的策略,即冷靜地根據事件的發展,從容不迫地詳細闡述事實,尤其強調那些不堪的事實真相。我首次在公開場合說明,自戰爭爆發以來,德國濫用挪威水域走廊或「受掩護的航道」對我們造成的不利局面,以及我們如何最終克服了諸多顧慮。「這些顧慮曾賜予我們榮譽,但同時也帶來了損害。」

若這些中立國家在德國依據一個科學化計畫實施攻擊之前,始終保持距離,還指責盟國未能提供重大援助和保護承諾毫無意義。挪威堅持中立,導致如今該國所遭受的痛苦及我們對其援助有限的局面。

我認為,這個事實應該引起其他國家的警覺,這些國家可能在不久的將來,或是在一週、一個月後,將成為目的在於摧毀和奴役它們所精心策劃的計畫之犧牲品。

我描述了我們艦隊重新利用斯卡帕灣的過程,以及我們為了在北方攔截德國艦隊而迅速採取的行動,並強調敵人實際上正處於我們兩支優勢艦隊的夾擊之中。

然而,它們已經逃之夭夭……當你們查看地圖,看到各地插滿小旗,或許會覺得勝券在握;但當你們置身海洋,面對無垠的波濤、狂風暴雨與濃霧,還有夜幕的降臨及一切不可預測的變數,便知道無法以適合陸地軍事行動的條件來應對海戰的驚險局面……我們提到制海權時,不是指在任何時刻能統治海洋的每一處。這是指我們能夠最終在選定的戰場上,依據我們的意願掌控海洋的任何一部分,並以此方式,間接地讓我們的意志覆蓋海洋的任何區域。若認為皇家海軍的生命與力量應耗費於挪威和丹麥沿海進行無休止的巡邏,以防止希特勒可能的攻擊,進而讓艦隊成為德國潛

艇的襲擊目標，那真是愚蠢至極的想法。

我繼續分享我剛收到的各種消息，星期二「聲威」號與敵艦的交戰，在卑爾根港口外對英國艦隊的空襲，特別是沃伯頓 - 李進入那維克港的作戰情況，讓下議院聽後逐漸感到滿意。最後，我說：

每一個人必須意識到這種非常規且輕率的賭博性質，即將整個德國艦隊投入殘酷的海上戰爭，就好像僅僅為了一場特殊的戰役而將其視為不可避免的賭注一樣……這種孤注一擲的策略讓我覺得，這些代價高昂的戰役可能是陸地上即將發生更重大事件的前奏。我們現在或許已經來到了戰爭的第一次主要交鋒。

90 分鐘過後，眾議院的冷淡和疏離似乎顯著轉變。不久後，將有更多事件值得記述。

1940 年 4 月 10 日上午，「沃斯派特」號加入了向那維克前進的總司令艦隊。當得知沃伯頓 - 李海軍上校在清晨的襲擊後，我們決定再度嘗試，命令巡洋艦「佩內洛普」號在驅逐艦的護衛下，「根據今晨的經驗，選擇適當的時間進攻。」但在電訊發送時，「佩內洛普」號正在搜索報告中位於博多港外的敵方運輸艦，卻不幸地擱淺。次日（4 月 12 日），「狂暴」號派出俯衝轟炸機對那維克港內的敵方船艦進行轟炸。空襲在惡劣天氣和低能見度下勉力執行，據報有 4 艘敵方驅逐艦被擊中，而我們損失了兩架飛機。這成果仍顯不足。我們迫切需要那維克，因此決心至少要清除德國海軍。戰鬥即將達到高潮。

珍貴的「聲威」號並未參與戰事。惠特沃思海軍上將在海上轉換「沃斯派特」號為旗艦，4 月 13 日中午，他在 9 艘驅逐艦和「狂暴」號的俯衝轟炸機護送下進入峽灣。該處無水雷區，但 1 艘潛艇已被驅逐艦驅離，另一艘潛艇則被「沃斯派特」號的雙翼海上飛機擊沉，飛機還發現 1 艘德國

第十二章　海上衝突加劇

驅逐艦藏匿於海灣中，企圖從隱蔽處用魚雷攻擊我們的戰鬥艦。這艘敵軍驅逐艦迅速被消滅。下午 1 時 30 分，我們的艦隊穿越海峽，抵達距那維克 12 英里的地點，發現前方煙霧中有 5 艘敵方驅逐艦。激烈的戰鬥隨即爆發，雙方艦隻全力開火，並迅速機動。「沃斯派特」號確認岸上無炮臺可進攻，便以其強大的炮火參與驅逐艦戰鬥。15 英寸口徑大炮的轟鳴在四周山嶺中迴響，宛如喪鐘。敵艦處於劣勢，被迫撤退。這場海戰隨即分散成為小規模戰鬥。我們的艦隻，有的進入那維克港，完成摧毀敵艦的任務。其他艦隻則由「愛斯基摩」號領導，追擊企圖躲藏於羅姆巴克斯峽灣上游的 3 艘德艦，並在那裡將其擊毀。「愛斯基摩」號的艦首被魚雷擊中，但在那維克港外進行的第二次海戰中，先前逃過沃伯頓-李襲擊的 8 艘敵驅逐艦全被擊沉或損壞，而英國方面則無一艦隻損失。

海戰結束後，惠特沃思海軍上將計劃派遣一支由水兵和陸戰隊組成的登陸部隊上岸，占領城市，當時看來不會遇到任何抵抗。然而，除非「沃斯派特」號的炮火能夠全面控制，否則數量上占優勢的德國士兵很可能會發動反攻。由於可能面臨空中和潛艇的威脅，他認為不應該讓這艘優秀的艦隻長期暴露在潛在危險中。下午 6 時左右，約 12 架德國飛機出現，這更加堅定了他的決定。因此，次日清晨，裝載了驅逐艦上的傷員後，他便下令撤退。他表示，「我的觀點是，那維克的敵方軍隊在今天的戰鬥中受到了極大的震撼。我建議應立即由主要的登陸部隊占領該城。」兩艘驅逐艦留在港口外警戒待命，其中 1 艘成功救出了「哈代」號上曾在岸上等待援救的生還者。

英國與德國海軍此次在北海的對峙，極大地激發了英王陛下對海軍的熱愛，他寄來了一封充滿鼓舞意味的信函：

白金漢宮

　　　　　　　　　　　1940年4月12日

尊敬的邱吉爾先生：

　　我一直想與你討論最近在北海發生的重要事件。由於我是海軍出身，對此事的進展自然抱有濃厚興趣。然而，我刻意克制自己，不想占用你的時間，因為自從你兼任協調委員會主席以來，責任增加，必然十分操勞。然而，一旦局勢稍有緩和，請務必來見我。同時，我應向你表示祝賀，因為在你的領導下，海軍成功抵禦了德國對斯堪地那維亞的侵略行動。在這關鍵時刻，請務必妥善照顧自己，盡量設法多休息。

　　　　　　　　　　　　　　　　你真摯的國王喬治

第十二章　海上衝突加劇

第十三章
那維克戰役

長久以來，挪威以其純樸誠懇的國民著稱，他們專注於貿易、航海、漁業和農業，始終遠離世界政治的紛擾。昔日北歐海盜橫行，征服並掠奪當時所知世界大部分地區的時代早已成為過去。在百年戰爭、三十年戰爭、以及威廉三世和馬爾巴羅的戰爭，還有拿破崙戰爭及隨後的各種衝突中，儘管挪威已經從丹麥分離，但在其他方面依舊未受干擾或損害。因此，直到如今，大部分挪威人僅僅追求中立。然而，這個擁有小規模軍隊的民族，僅希望在其大半國土接近北極地帶的崇山峻嶺之中安居樂業，如今卻成為德國新一輪侵略行動的犧牲者。

長期以來，德國的政策對挪威表達了深切的同情與友好。第一次世界大戰結束後，數千名德國兒童在挪威家庭中寄宿，這些孩子如今已在德國成年，其中不少人是熱忱的納粹黨成員。同時，一位名叫吉斯林的少校在挪威帶領少數青年模仿並建立了一個小型法西斯運動。近些年，德國經常召開北歐民族會議，邀請大量挪威人參加。德國的講演者、演員、歌唱家和科學家也輪番訪問挪威，以期促進雙方的文化交流。這些活動與希特勒的軍事計畫緊密相連，形成了一個廣泛的親德陰謀網路滲透到挪威內部。在這方面，每位德國外交官、領事以及貿易代理機構都遵循駐奧斯陸德國公使館的指示展開行動。他們目前所進行的卑劣行徑或策劃的陰謀，或許可以與歷史上的西西里大屠殺和聖巴托羅繆節大屠殺相提並論。挪威國會議長卡爾·漢布羅曾經寫道：

第十三章　那維克戰役

在德國侵略波蘭以及後來的荷蘭與比利時的情況之中，各方曾經互換過外交照會，並提出最後通牒。然而，挪威的情形卻截然不同。德國人在友好的外表下，企圖在夜幕之中，悄然無聲地、陰險地，既不宣戰也不警告，試圖迅速摧毀一個國家。比起德國的侵略行動本身，更令挪威人感到恐慌的是，他們突然發現，一個長期表現友好的大國，瞬間成為了死敵；而那些與他們在商業或專業領域有密切連繫的德國男女，過去曾被熱情地接待，原來竟是間諜和破壞分子。挪威人民震驚地意識到，他們的德國朋友多年來一直在精心策劃詳細的計畫，以便侵略並在日後奴役他們的國家。這一切比破壞條約和違背國際義務更讓他們感到震驚。

挪威的君主、政府、軍隊和民眾在意識到事態的真相後，立即感到極度憤怒，但一切已經為時已晚。德國人的滲透與宣傳過去矇蔽了他們的視野，如今又削弱了他們的抵抗意志。吉斯林少校出現在已經被德軍控制的廣播電臺，成為這個被征服國家的親德領袖。幾乎所有的挪威官員都拒絕為他效力。軍隊在魯格將軍的指揮下已經動員，立刻與從奧斯陸向北推進的侵略者展開戰鬥。能夠獲得武器的愛國者則進入山區。國王、內閣和議會最初撤退到距奧斯陸100英里的哈馬爾。德國的裝甲部隊緊追其後，並試圖使用空中轟炸和機槍掃射等殘忍手段來消滅他們。然而，他們仍繼續向全國發出命令，號召最英勇的抵抗。其餘的民眾被血腥的事例鎮懾和驚嚇，致使不知所措，或悲哀地屈從。挪威半島長約1,000英里，人口稀少，交通不便，尤其在北部。希特勒對挪威的閃電征服，在戰術和戰略上，無疑是一項卓越的成就，也成為德國人最為徹底、惡毒和殘酷的永恆例證。

過去，挪威政府因畏懼德國而對我們態度冷淡，然而此時卻向我們發出緊急求援。然而，從一開始，我們就明白對挪威南部無法提供協助。我們所受過訓練的部隊以及許多訓練中的士兵幾乎全部已經都派駐法國。我

們規模不大但正在擴充的空軍，也已全力支援英國遠征軍，負責本土防衛並接受嚴格訓練。為了保護重要且易受攻擊的地點，我們現有的高射炮甚至不到所需數量的十分之一。然而，我們仍然感到有責任竭力援助，即便這會對我們的準備和利益造成重大干擾。那維克顯然能夠占領和防衛，這對盟軍的整體利益至關重要。在此，挪威國王可以懸掛未被征服的國旗。保衛特隆赫姆也應該全力以赴，至少可以延遲侵略者向北推進，直到那維克被重新奪回並成為軍事基地。這個基地似乎可以得到海上支持，但所需的力量必須超過任何從 500 英里山地經陸路而來的軍隊。內閣對採取一切可能措施協助和防衛那維克及特隆赫姆表示強烈支持。由於援助芬蘭的計畫未能實現而被擱置的部隊，以及為進攻那維克而預留的精銳隊伍，不久將整裝待命。然而，他們缺乏飛機、高射炮、反坦克炮、坦克以及運輸和訓練。挪威整個北部地區被厚厚的積雪覆蓋，是我們的士兵從未見過、感受過或想像過的。我們既無雪鞋，亦無雪橇，更無擅長滑雪的人。然而，我們必須盡最大努力。於是，這場草率的戰役就此展開。

我們有充分的理由相信，瑞典可能會成為德國或俄國的下個目標，甚至可能同時成為這兩國的犧牲品。如果瑞典選擇支援其身陷困境的鄰國，軍事局勢將暫時得到緩解。瑞典擁有一支訓練有素的軍隊，他們能迅速進入挪威，並在德軍抵達前於特隆赫姆集結大量兵力，我們可以與他們在該地會合。然而，未來幾個月瑞典的命運將如何？希特勒的報復可能會對其造成毀滅性打擊，而俄國的威脅將從東方逼近。相較之下，瑞典可以選擇在整個夏季向德國提供所需的全部鐵礦石，以換取中立立場。對於瑞典而言，他們面臨的選擇是維持有利可圖的中立，還是面臨被征服的風險？這個問題的解答，不取決於我們這個尚未準備充分但熱忱的島國，這也無可厚非。

第十三章　那維克戰役

1940年4月11日清晨，於內閣會議結束後，我撰寫了以下的摘要，闡述我們為小國權利及國際法所做的犧牲，進而賦予我提出以下論點的正當理由：

首相與外交大臣：

關於今晨討論的結果以及我個人所提出的意見，我感到不甚滿意。我們需要的是瑞典不應中立，而應該向德國宣戰。我們不需要的是提供瑞典3個師的部隊，這些是我們為援助芬蘭計畫預留的，或在戰爭期間為其提供充足的糧食，或在斯德哥爾摩遭轟炸時去轟炸柏林等。此時押下這些賭注，實在不值得。另一方面，我們應該努力提供一般性的保證，鼓勵其參戰，例如我們將竭盡所能提供援助，我們的軍隊將在斯堪地那維亞半島盡快展開行動，我們將它視為友好的盟友，並與其齊心協力，要求它絕不會在未恢復原狀前與德國單獨媾和。我們是否已讓英、法軍事代表團明白這一點？如果沒有，我們還有時間進行補救。此外，我們在斯德哥爾摩的外交活動，也應該全面展開。

我們應該謹記，若我們提議保護耶利瓦勒鐵礦，瑞典人可能會拒絕，因為他們能輕易自衛。瑞典的挑戰在於南部，我們難以提供幫助。然而，若我們能保證，表明我們計劃儘早以主力部隊從大西洋經由那維克開闢通往瑞典的路線，同時逐步清除挪威海岸的德國據點，以開闢通往其他地區的通道，這或許會有所助益。

倘若戰事在法蘭德斯地區爆發，德國將難以增派部隊至斯堪地那維亞半島。反之，若德國不在西線發動攻勢，我們可以根據德國從西線撤出的軍隊比例，將部隊調往斯堪地那維亞半島。法國有意說服瑞典參戰。對此，我們不應潑冷水。若任由瑞典保持中立，並經由耶利瓦勒將鐵礦石運經波的尼亞灣以換取德國的友好，那將是極其不幸的。

今晨，我對此問題的了解尚不夠深刻，為此感到遺憾。然而，當我進

入會議時，討論已經展開，而我未能清晰地傳達我的觀點。

外交大臣的回應中，確實有一些讓我信服的理由。他表示，首相和他對我的觀點大致表示贊同，然而對於我提議的與瑞典交涉的方法，他們持有疑慮。

1940 年 4 月 11 日

根據從友好的盟國瑞典方面獲得的所有情報顯示，我們提出的任何建議，只要被他們解讀為我們試圖將他們捲入戰爭，其結果可能正好與我們的期望相反。他們可能會直接反應認為，我們尚未在挪威的某個或多個港口取得立足點之前，試圖要求他們執行我們無法或不願進行的行動。因此，這樣的結果對我們而言可能弊大於利。

不久前解散的那維克遠征軍只是一支小規模的部隊，現在要迅速重新集結並不困難。英軍的一個旅及其輔助部隊迅速開始登船，4 月 12 日，首批護航艦船便啟程前往那維克。隨後的一、兩週內，法國的阿爾卑斯步兵團的 3 個營及其他法國部隊也陸續出發。在那維克以北，還有挪威軍隊駐守，他們可以協助我們的登陸行動。4 月 5 日，選定陸軍少將麥克西指揮可能派往那維克的遠征軍。他收到的指令，在措辭上，對於我們必須要求提供某些便利的友好中立國家來說，是完全適當的。關於轟炸，指令的附錄中有如下指示：

即便在一個人口密集區域內確定存在一個合法目標，但若無法準確定位或無法證明絕對無誤，那麼絕對不能進行轟炸。若執行轟炸，顯然屬於違法行為。

由於德軍的強烈攻勢，4 月 10 日再次向麥克西將軍發出了更加堅定的指令。這些指令賦予他更大的行動自由，但前述的特殊禁令仍然有效。指令內容如下：

第十三章　那維克戰役

英王陛下政府與法蘭西共和國政府已決定派遣一支地面部隊前往挪威北部，展開對德軍的攻勢。此部隊的目標是清除那維克區的德國軍隊，並占領該地⋯⋯你的初步任務是將部隊駐紮在哈爾斯塔，確保與可能仍在當地的挪威軍隊取得聯繫，並收集足夠的情報以便進一步行動。我們不要求你在遭遇抵抗時強行登陸。但由於可能被誤認為敵人，你可能會遇到抵抗。因此，在放棄登陸企圖之前，需採取適當措施使對方了解你的部隊國籍。是否應該登陸，將與高級海軍軍官商議後決定。如無法在哈爾斯塔登陸，應嘗試在其他適合地點進行試探。當你擁有足夠兵力時，必須實施登陸。

與此同時，帝國總參謀長艾恩賽德將軍給麥克西將軍寫了一封私人信件，其中提到：

若有可能參與海戰，應當把握機會，大膽行動。

這種語氣似乎與正式的指令不一致。

在數月的深入討論中，我與科克-奧里瑞勳爵密切合作，聚焦於波羅的海策略。儘管對「凱薩琳」計畫的看法略有差異，他與第一海務大臣的關係卻相當融洽。根據多年的艱難經歷，我充分意識到，將構想付諸文字是為了進行智力上的檢討，而在理論與實際操作間，往往存在著明顯的落差。龐德海軍上將和我，雖持稍異的觀點，但均認為在北方進行兩棲作戰時，科克勳爵應擔任海軍司令。我們極力勸說他不必因風險而猶豫，應勇敢出擊以奪取那維克。由於我們的看法完全一致，且能充分討論，我們賦予他特殊的自由裁量權，而未給予書面命令。他對我們的需求瞭若指掌。在他的報告中，他寫道：「我離開倫敦時，印象極為明確，即英王陛下政府希望能儘早將敵人逐出那維克。我應盡快行動以達成此目標。」

此時，我們的參謀工作尚未經戰爭經驗淬鍊，各軍事部門的行動亦缺乏一致性，除非在我剛開始主持的軍事協調委員會會議中。作為委員會主

席，我及海軍部對陸軍部給予麥克西將軍的訓令內容一無所知，海軍部給科克勳爵的訓令因為是口頭形式，故無書面紀錄供陸軍部參考。兩部門的訓令雖然出於相同目的，但在語調和重點上略有差異，這或許是導致陸軍與海軍兩位司令不久後意見分歧的原因之一。

科克勳爵於1940年4月12日晚從羅賽斯啟程，乘坐「曙光」號高速航行。他計劃前往哈爾斯塔與麥克西將軍會晤。哈爾斯塔位於瓦格斯峽灣的欣諾易島上，是一個小港口，雖然距那維克約60英里，但已被選為軍事基地。然而，在4月14日，他接到了來自「沃斯派特」號上惠特沃思海軍上將的電報，後者前一天剛摧毀了所有德國驅逐艦和補給船。電報中寫道：「我深信，目前可透過直接攻擊占領那維克，而無需擔心登陸時遭遇重大抵抗。我認為主力登陸部隊只需極小規模……」因此，科克勳爵改變了「曙光」號的航線，駛往羅弗敦群島的希爾峽灣，從側面切斷前往那維克的通道，並命令「索斯安普敦」號在該處與他會合。他的目標是組織一支直接進攻的部隊，包括「索斯安普敦」號搭載的兩個蘇格蘭衛兵連，以及「沃斯派特」號和其他已經位於希爾峽灣艦隻上的水兵和陸戰隊。然而，與「索斯安普敦」號取得聯繫需要透過海軍部，這必然會導致延誤。海軍部的回覆中指出：「我們認為你必須與麥克西將軍會合，並與他協同行動。除非聯合作戰，否則不得進攻。」因此，他離開希爾峽灣，轉向哈爾斯塔，帶領運送第24旅的護航隊，於4月15日清晨進入港口。他的護衛驅逐艦擊沉了在附近巡航的德國第49號潛艇。

科克勳爵正竭力促使麥克西將軍利用德國海軍力量已被徹底摧毀的時機，立即對那維克發動直接攻擊。然而，麥克西將軍回應稱，敵軍正以機槍陣地頑強防守港口，他還指出，他所搭載的部隊和物資是為了無抵抗登陸而非進攻設計的。他在哈爾斯塔的一家旅館中設立了指揮中心，並開始

第十三章　那維克戰役

在附近進行部隊登陸。翌日，他表示，根據所獲情報，在那維克的登陸是不切實際的，即便有海軍炮火的掩護也難以奏效。科克勳爵相信，憑藉強大的炮火支援，軍隊可以在那維克順利登陸而不遭受重大損失；但麥克西將軍不同意，並在其命令中找到了若干藉口。我們海軍部門也強烈主張直接進攻。這導致陸、海軍首腦之間形成了一個僵局。

此刻，天氣急變，雪花紛飛。我們的部隊對此類情況既缺乏裝備也沒有訓練，故而行動幾乎停滯不前。與此同時，駐紮在那維克的德軍憑藉機槍陣地阻擋我們不斷壯大的軍隊，使其寸步難行。這是一個嚴重且意料之外的障礙。

這次我們臨時策劃的戰役，各種事宜大多經由我處理，因此，我選擇以當時的言辭盡力記錄下來。首相及戰時內閣同樣迫切渴望占領特隆赫姆和那維克。這項代號為「莫里斯」的計畫，極有可能成為一場偉大的戰役。根據1940年4月13日軍事協調委員會的紀錄：

我非常擔心，他人所提出的建議可能會削弱我們奪取那維克的決心。我們絕不允許任何障礙阻礙我們果斷地占領這個地點。我們對那維克的進攻計畫是經過精心策劃的。只要計畫不被改動且順利執行，成功的可能性是很高的。反之，攻擊特隆赫姆則是一個更具投機性的行動。在我們確保占領那維克之前，我不能支持任何派遣法國阿爾卑斯步兵團前往該地的提案，否則我們可能會在挪威沿岸進行一些無效的戰鬥行動，而這些行動都不會取得成功。

同時，我們已經充分考量特隆赫姆地區，並制定計畫，以便在需要進行大規模作戰時在該地獲取登陸點。當天下午，海軍將在納姆索斯實施小規模登陸。帝國參謀總長已集中5個營的兵力，其中兩個營可在4月16日於挪威沿岸登陸；若有需求，另3個營可在4月21日派遣。確切的登陸地點將在當晚決定。

麥克西將軍最初接獲的指令是，在那維克登陸後，他應迅速推進至耶利瓦勒的鐵礦區。然而，他現在接到命令，不得越過瑞典邊界，因為若瑞典保持友好，我們無須擔心鐵礦區；若瑞典懷有敵意，則占領礦區的挑戰過於艱鉅。

我接著道：

對於駐紮在那維克的德軍，或許需要進行圍攻。然而，除非我們展開一場極為果敢的戰鬥，否則絕不可讓戰事演變成一場長期圍困。基於這個理解，我願意向法國發送電報，表達我們不僅希望，且相信透過奇襲能成功奪取那維克。我們同時應解釋，由於命令的變更，這個策略更為可行，因為現今無需越過瑞典邊境進行遠征。

戰時內閣決議嘗試同時發動那維克與特隆赫姆的戰役。具有遠見的陸軍大臣警示我們，增援挪威或許很快會需要從駐法軍隊中調動兵力。他建議應及早告知法國。我同意他的觀點，但認為暫時無需立即與法國協商。這個看法獲得認可。內閣批准了另一項建議，即將我們重新奪回特隆赫姆和那維克的意圖告知瑞典和挪威政府。我們視特隆赫姆為極為重要的戰略據點，而那維克作為海軍基地同樣重要。我們還要闡明，我們無意將軍隊越過瑞典邊界。我們也請求法國政府允許我們自由調動法國阿爾卑斯步兵團，派遣他們在那維克以外的地區作戰，並將我們與瑞典和挪威政府的交流內容告知法國。我與史坦利先生反對分散兵力。除在其他地區進行牽制性攻擊外，我們仍打算集中力量攻擊那維克。然而，最終我們服從了多數意見，這個意見並非毫無合理性。

4月16至17日的夜晚，那維克傳來了令人沮喪的消息。麥克西將軍似乎不願在艦隊的近距離炮火掩護下進行直接攻擊以奪取該市；科克勳爵也無法推動他。我向委員會解釋了當時的形勢。

第十三章　那維克戰役

1940 年 4 月 17 日

（1）科克勳爵的電報顯示，麥克西將軍建議在那維克入口處占領兩個尚未失守的地點，然後駐軍待命直到解凍，這可能要等到月底。麥克西將軍希望能調配法國的阿爾卑斯步兵團半個旅兵力，但這顯然無法實現。這項戰略意味著我們將在那維克前線停滯數週，而德軍必定會宣傳他們已經令我們止步不前，且那維克仍在其掌控之中。對挪威人和中立國家而言，這將對我們產生極為不利的影響。此外，德軍在那維克的防禦工事將繼續得到加強，屆時要重新奪回需要花費更大的力氣。這個消息既出人意料，又令人不悅。如此安排將使陸軍中一支最精銳的正規旅因此被閒置浪費，並且會因為士兵罹患疾病等因素而而削弱力量，最終無法在戰鬥中發揮作用。如今我們應考慮是否向科克勳爵和麥克西將軍發出以下電報：

「你們的建議將在那維克引發不利的僵局，使我們最精銳的一個旅無法在這期間發揮效能。我們無法將法國阿爾卑斯步兵團派遣給你們。『沃斯派特』號在未來兩、三天內，需要被部署到其他地點。因此，你們應該詳細考慮在『沃斯派特』號和驅逐艦的掩護下對那維克發動進攻。這些艦船也可以在羅姆巴克斯峽灣參與戰鬥。對這個港口和城市的占領將是一場重要的勝利。我們希望你們能解釋為什麼這樣的安排不可行，並告訴我們你們預測在海岸陣地會遭遇到何種程度的抵抗。這件事非常緊急。」

（2）第二個決策是，是否應將法國阿爾卑斯步兵團派往納姆索斯或越過納姆索斯與卡頓·德·維阿爾特將軍會合，還是更為簡便地將他們留在斯卡帕灣，待到 4 月 22 或 23 日與其他可擔任主力進攻的部隊聯合，用於特隆赫姆的戰役。

（3）第 146 旅其中兩個營預計在今天的黎明前於納姆索斯和班德桑德登陸。「克勞布里」號上的第 3 營明日將經歷一段危險的航程前往納姆索斯，若一切順利，預計在黃昏前後抵達並登陸。利勒約納斯的停泊地整個

下午遭到轟炸，所幸兩艘運輸艦未被擊中，現已解除裝備的18,000噸運輸艦正在返回斯卡帕灣途中。若法國阿爾卑斯步兵團的先遣部隊要在納姆索斯投入使用，他們應直接前往該地，而不應再至利勒約納斯集合。

（4）目前可用於特隆赫姆的主力部隊是否充足？這個問題今天必須下決定。兩個待動員及裝備的衛兵營可能無法按時準備完畢。法國外籍軍團的兩個營可能也無法如期抵達。然而，一個來自法國的正規旅能夠在4月20日從羅賽斯啟程。法國阿爾卑斯步兵團的第一旅和半個第二旅也可以及時趕到。加拿大的1,000名士兵已經就緒。此外，還有1營的本土防衛隊。這些部隊是否足以壓制特隆赫姆的德軍？若再耽擱，風險極大，此處不再贅述。

（5）霍蘭德海軍上將今晚啟程，將與4月18日返回斯卡帕灣的本土艦隊總司令會晤，他需要備妥完整且明確的決議。海軍對於向特隆赫姆運兵勢必樂於接受，這是理所當然的。

（6）為了攻占翁達爾斯內斯，戰鬥可能會在今晚或明晨展開。我們計劃從巡洋艦「加爾各答」號派遣一支先頭部隊登陸，並調集足夠的巡洋艦，以在黎明時由5艘驅逐艦發起對敵方進行的襲擊。

（7）海軍將於今日清晨對斯塔萬格機場展開排炮轟擊。

委員會批准了這份電報，隨即發送出去，然而卻未能奏效。這次襲擊的成敗始終是見仁見智的問題。部隊雖無需在白雪中行軍，卻需在那維克港和羅姆巴克斯峽灣，面對敵軍機槍掃射，從毫無保護的艦艇上強行登陸。我寄望於這艘戰艦上的大炮進行近距離炮擊，以壓制海岸防禦，使德軍機槍陣地籠罩在濃煙與被炮彈激起的雪泥中。海軍部已為戰鬥艦和驅逐艦提供了適當的高爆彈。科克勳爵既在當地，又能預見炮擊的效果，理所當然地支持展開此襲擊。我們擁有4,000多名精銳的正規軍，包括衛兵旅和海軍陸戰隊。他們一旦登陸，便會與防守的德軍短兵相接。據我們推

第十三章　那維克戰役

測，德軍的正規部隊，除了從被擊沉的驅逐艦上救出的水兵外，不會超過我方兵力的一半。這個推測現已證實正確。若在上次大戰的西線，這樣的力量對比肯定會被視為有利局面，這裡也不例外。在這次大戰中，類似襲擊進行了數十次，結果多半成功。此外，司令官們收到的命令措辭明確、性質緊急，顯然考慮到了重大損失，因此他們理應遵從。即便進攻失敗並遭受重大損失，其責任亦將由國內當局承擔，直接落在我身上。我願承擔此責。然而，無論我、我的同僚或科克如何言辭或行動，都無法動搖麥克西將軍的決心，他堅持等待積雪融化。關於炮擊，他可援引訓令中不危害平民的條款來反駁我們。若將此態度與敵軍的情況對比，即他們不惜生命與艦隻孤注一擲，以近乎瘋狂的勇氣作戰，進而贏得諸多輝煌勝利，我們在這場戰役面臨的不利條件便一目了然。

第十四章
特隆赫姆的爭奪戰

　　特隆赫姆在我們的掌控下，顯然可以成為挪威中部重大戰役的關鍵據點。若我們占領此地，便能獲得一個配備碼頭與船塢等設施的安全港口，進而駐紮 5 萬人或更多的軍隊，並以此為基地。在其附近，還有一處可容納數個戰鬥機中隊的機場。若能占據特隆赫姆，便可與瑞典建立直接的鐵路連繫，大幅提高瑞典參戰的可能性，或在瑞典遭受攻擊時，顯著提升互助的效力。只有從特隆赫姆，才能有效阻止德國由奧斯陸向北推進。從戰策與戰略的廣義角度來看，若挪威中部是希特勒的目標，盟軍應在此地與其展開最大規模的對戰。那維克位於遙遠的北方，隨時可能遭受襲擊或攻陷，因此始終需要防禦。我們擁有強大的制海權。關於空中力量，若能穩固占領挪威的機場，我們應毫不猶豫地與當地德國空軍在彼此受制的條件下展開一切可能的戰鬥。

　　法國軍事委員會與英國戰時內閣，以及他們的絕大多數顧問，都對這些理由持相同看法。英國首相與法國總理的意見亦完全一致。甘末林將軍願意根據德國從西線調動軍隊至挪威的程度，從法國調動法軍或撤回英國師團至挪威。他顯然樂於在特隆赫姆以南地區進行長期的大規模戰鬥，因為那裡的地形幾乎處處適合防禦戰。看來，我們從海上運送軍隊和物資到特隆赫姆，應該比德軍從奧斯陸沿唯一的公路和鐵路線向北推進更迅速，而且，他們後方的公路和鐵路線，可能會被炸彈或空降部隊切斷。唯一的問題在於，我們能否及時占領特隆赫姆？能否在敵軍主力從南面抵達之前

第十四章　特隆赫姆的爭奪戰

趕到那裡？為了達成此目標，我們能否在他們無可匹敵的空中優勢下，獲得短暫的喘息機會？

支持進攻特隆赫姆的聲音如潮水般湧來，超越了內閣的範疇。發動這次戰役的優勢顯而易見，眾人皆能理解。大眾、俱樂部、報刊及其軍事記者在過去幾天中，熱烈地討論這個政策。我的好友，海軍元帥羅傑‧凱斯爵士，是達達尼爾海峽計畫的擁護者，也是澤布勒赫戰役的英雄與戰勝者。他熱切希望能率領本土艦隊，衝破炮臺，進入特隆赫姆峽灣，從海上登陸以攻取城市。科克勳爵同樣是海軍元帥，儘管他是海軍總司令富比士海軍上將的前輩，但因受命指揮那維克的海軍作戰，軍階問題似乎已解決。海軍元帥們通常留在現役名單上，而凱斯經常與海軍部聯繫。他激情地一再告訴我，並寫信提醒我達達尼爾海峽的往事，稱那次戰役若非被膽怯的干預者所阻，本可輕易開通海峽。我也常反思攻打達達尼爾海峽的教訓。特隆赫姆的炮臺及可能的水雷區，若與當時遭遇的情況相比，實屬微不足道。但另一方面，如今有飛機可將炸彈投在英國少數大型艦艇無防護的甲板上，而這些艦艇正是英國的海軍實力。

在海軍部，第一海務大臣和海軍參謀部對此冒險行動基本上未顯示畏懼。1940 年 4 月 13 日，海軍部正式將最高軍事會議有關派遣軍隊占領特隆赫姆的決定告知總司令，並認真詢問是否應派遣本土艦隊以便開通此一通路。

您是否認為（電訊繼續問）能夠摧毀或壓制岸上的炮臺，以便運輸艦能夠進入港口？如果是這樣，您建議使用多少艦隻以及哪種類型的艦隻？

富比士海軍上將立即要求了解特隆赫姆的防務狀況。他表示同意，如果戰鬥艦配備了合適的炮彈，白天可能會摧毀或壓制岸上的炮臺。然而，當時本土艦隊的艦隻上並未配備這類炮彈。他指出，首要任務是保護運輸

艦，確保它們在穿越入口處狹窄的 30 英里海域時不會遭受到猛烈的空襲；其次，是在敵前實施強行登陸，關於這一點，我們已經充分警告。在現有情況下，他認為這個作戰計畫不可行。

海軍參謀部堅持其立場。海軍部在我的強烈支持下，於 4 月 15 日這樣回覆：

我們依然認為，應該對所提的作戰計畫進行進一步的研究。該計畫在 7 天內無法執行，因為這段時間將專注於詳細的準備工作。當大型運輸艦進入危險區域時，無論何處，空中的威脅依然不可避免。我們的意圖是，除了動用皇家空軍轟炸斯塔萬格機場之外，還派遣「薩福克」號在黎明時用高爆彈進行炮擊，希望以此讓該機場無法運作。至於特隆赫姆的機場，則計劃先用海軍航空兵部隊的轟炸機攻擊，隨後再用排炮進行攻擊。15 英寸口徑大炮的高爆彈已被指定運往羅賽斯。「狂暴」號和第 1 巡洋艦分艦隊將負責執行這項任務。

因此，請您對此關鍵計畫進行更深入的思考。

富比士海軍上將雖然不能完全確信這個計畫的妥善性，但由於這份電報，他以逐漸支持的態度開始著手。在後來的一次回電中，他表示，從海軍的角度來看，除了在登陸時無法用空軍保護運輸艦之外，並沒有其他重大困難。他認為所需的海軍力量包括「英勇」號和「聲威」號負責「光榮」號的防空工作，「沃斯派特」號則負責轟擊，此外至少需要 4 艘配備防空炮火的巡洋艦和大約 20 艘驅逐艦。

當從海上直接攻擊特隆赫姆的計畫以最快速度籌備之際，兩項輔助登陸行動已經展開，其目標是從陸地推進以包圍該市。第一個登陸行動在北方約 100 英里的納姆索斯展開。獲得維多利亞十字勳章的卡頓・德・維阿爾特少將被指派指揮這支部隊，命令他「占領特隆赫姆地區」。他接到通

第十四章　特隆赫姆的爭奪戰

知，海軍將派遣 300 人先行占領陣地，以便奪取並穩固據點，為他的部隊登陸做準備。當時計劃是在該地部署兩個步兵旅和法國阿爾卑斯步兵團的一個輕裝師，以配合海軍對特隆赫姆的主攻，這即是「鐵錘」計畫。為此，146 旅和法國阿爾卑斯步兵團正從那維克調往該地。卡頓·德·維阿爾特立即乘坐水上飛機出發，在 1940 年 4 月 15 日傍晚，在敵機猛烈空襲下抵達納姆索斯。即使他的參謀官也受了傷，但他還是立即在現場擔負起必要的指揮任務。第二個登陸行動是在翁達爾斯內斯，該地點位於特隆赫姆西南約 150 英里的公路上。這裡同樣由海軍先行占據，摩根准將擔任指揮，於 4 月 18 日率領陸軍抵達。負責挪威中部所有作戰部隊的總司令，任命梅西中將擔任。他目前只能在陸軍部指揮，因為在大洋彼岸尚無可以作為他的總司令部的地點。

1940 年 4 月 15 日，我遞交了一份報告，闡述這些計畫正在實施，但所面臨的困難極為嚴峻。納姆索斯積雪達 4 英尺，無法提供對空襲的任何掩護。敵方完全掌控了制空權。我們缺乏高射炮，也沒有可供空軍中隊使用的機場。上將起初並不贊同在特隆赫姆強行登陸，因空襲風險極高。因此，最為關鍵的是皇家空軍必須繼續襲擊敵機北上必經的斯塔萬格機場。「薩福克」號將於 4 月 17 日利用其 8 英寸口徑大炮對該機場進行轟擊。這個提議獲得批准，排炮轟擊按照計畫如期實施。機場遭受了相當程度的破壞，但當「薩福克」號返航時，由於遭遇了長達 7 小時的連續轟炸。它也遭受了嚴重損傷，次日抵達斯卡帕灣時，後甲板已經浸水。

陸軍大臣當前面臨選拔一位陸軍司令官的困難抉擇，但他的選擇過程並不順利。史坦利上校最初選擇了當時備受推崇的霍特布拉克少將。4 月 17 日，他在海軍部的三軍參謀長會議上，接受了關於其職責的詳細指導。當晚 12 點半，他突然舊疾復發，昏倒在「約克公爵臺階」上，失去知覺，

稍後才被人發現。幸運的是，他的個人檔案已經交給參謀人員審閱。次日清晨，伯尼 - 菲克林准將被指派接任他的職務。他也接受了詳細的指示，隨後乘火車前往愛丁堡。4 月 19 日，他和他的參謀人員搭乘飛機前往斯卡帕灣，但他們的飛機在柯克沃爾機場墜毀，飛行員重傷。此刻，時間已經非常緊迫。

1940 年 4 月 17 日，我簡要地向最高軍事會議闡述了參謀部為在特隆赫姆進行登陸所擬定的計畫。當前可調動的部隊包括從法國調來的一個正規旅（約 2,500 人）、1,000 名加拿大士兵，以及大約 1,000 人的本土防衛隊旅作為備份。軍事協調委員會收到的報告指出，現有部隊的人數充裕，儘管存在很大風險，但這類冒險行動是值得的。此次作戰將獲得艦隊的全力支持，並將增派 2 艘航空母艦參與，搭載 100 架飛機，其中包括 45 架戰鬥機。登陸日期暫定為 4 月 22 日。法國阿爾卑斯步兵團的第二個半旅預計在 4 月 25 日抵達特隆赫姆，希望屆時他們能在特隆赫姆的碼頭上岸。

在會議中，曾詢問三軍參謀長對於上述計畫的意見。空軍參謀長代表他們，當著他們全體與會的成員面前表示同意。此戰役固然存在相當的風險，但這些風險值得一試。首相贊同此觀點，並強調空軍配合的重要性。戰時內閣對此計畫表示熱烈支持，我則竭盡全力促成其實現。

截至目前，所有參謀人員及其領導者似乎都堅定地支持對特隆赫姆採取中央突破的戰略。富比士海軍上將正在積極準備進攻，當時似乎沒有理由不遵守 4 月 22 日的進攻日期。雖然我對進攻那維克情有獨鍾，但我以日益增加的信心投入這場大膽的冒險，願意讓艦隊承擔一些風險，例如：面臨峽灣入口處的小炮臺轟擊、需要經過潛在的水雷區，最嚴重的是遭受德國飛機空襲的威脅。艦隻配備了在當時相當強大的高射炮。多艘艦隻聯合射擊的火力，可以迫使飛機不敢在準確投彈的高度襲擊。我必須指出，

第十四章　特隆赫姆的爭奪戰

空軍在沒有抵抗時的力量是非常可怕的。飛行員可以隨心所欲地低飛，甚至在距地面50英尺時，比在高空更安全。他們可以精確投彈，並用機槍掃射地面士兵，唯一的危險是偶爾被步槍射中。我們在納姆索斯和翁達爾斯內斯的小規模遠征軍，不得不在這些艱困條件下作戰。但艦隊擁有高射炮和100架水上飛機，因此，實際作戰中可能優於敵人能派出的任何空中力量。如果特隆赫姆被攻下，附近的韋納斯機場將落入我們手中，幾天內，我們不僅能在城區部署大量駐軍，還可以派出幾個皇家空軍的戰鬥機中隊助戰。如果我能自由行事，我可能會堅持我最初極感興趣的那維克戰役；但鑑於我在一位尊敬的首相和友好的內閣下任職，我現在只能期望這個令人振奮的計畫能夠成功。許多嚴肅而謹慎的大臣熱烈支持這項計畫，並且它似乎也得到海軍參謀部和幾乎所有我們專家的擁護。這是4月17日當時的形勢。

當時，我認為我們應該全力讓挪威國王及其顧問們理解我們的計畫，因此，需要派遣一位熟悉挪威情勢並具權威發言能力的官員前往拜訪挪威國王。海軍上將愛德華·埃文斯爵士非常適合這一項任務，於是，他被指派乘飛機經斯德哥爾摩前往挪威，與挪威國王的總部取得聯繫。在當地，他需竭盡所能的協助挪威政府進行抵抗，並闡明英國政府為支持他們而採取的各種措施。自4月22日起，他與國王及挪威當局的主要人員連續磋商了數日，協助他們了解我們的計畫和面臨的困難。

在4月18日當天，三軍參謀長和海軍部的觀點，突然出現了重大且具有決定性的轉變。這種轉變的原因主要有兩點：首先，他們愈加意識到，將如此多的主力艦隻投入這類冒險行動，海軍所承擔的風險過於巨大。其次，陸軍部認為，即便艦隊能夠進入港內並安全撤出，但在德國空軍的壓力下，我們的部隊在敵前登陸，仍是極具危險性的。此外，特隆赫

姆周邊已經成功的登陸行動，對當局而言，似乎是一個風險小得多的解決方案。因此，三軍參謀長撰寫了一份長篇報告，反對「鐵錘」作戰計畫。

該報告一開篇便提醒大家，一場包括敵前強行登陸的聯合戰役，乃是戰爭中最為艱鉅且危險的作戰方式。三軍參謀長始終認為，此類特殊戰役潛藏極大風險；由於情勢緊迫，無法對此類作戰計畫進行充分而精細的準備，且因缺乏空中偵察或航空攝影，計畫不得不依賴地圖和航海圖為基礎。此外，此計畫的另一不足之處在於需將本土艦隊幾乎全數集中於一個易遭敵方空軍猛烈攻擊的區域之內。並且，這種情況下尚有其他新因素需要予以考量。我們已在納姆索斯和翁達爾斯內斯取得登陸據點，並在岸上部署軍隊；根據可靠情報，德軍正在加強特隆赫姆的防禦；我們意圖直接在特隆赫姆登陸的消息已見諸報端。三軍參謀長考量這些新因素後，對原計畫重新審視，結果一致建議修改該計畫。

他們依然堅信占領特隆赫姆是必要的，將其作為日後在斯堪地那維亞半島行動的戰略據點。然而，他們強烈建議不應直接發起正面攻擊，而應該利用我們在納姆索斯和翁達爾斯內斯成功登陸的驚奇效果，從北面和南面以鉗形攻勢包圍特隆赫姆。他們主張，這種戰略可以將一場高風險的冒險轉化為風險較小但同樣有效的行動。一旦計畫改變，媒體原先所報導的意圖消息反而可能對我們有利，因為這些有意洩漏的資訊能使敵人誤以為我們仍在堅持最初的計畫。因此，三軍參謀長建議，我們應在納姆索斯和翁達爾斯內斯集結最大兵力，控制通過當博斯的公路和鐵路，進而從北面和南面包圍特隆赫姆。在主力登陸納姆索斯和翁達爾斯內斯之前，應從海上炮轟特隆赫姆的外圍防禦，以誤導敵人認為我們將直接攻擊該地。我們應該以陸地包圍特隆赫姆，並從海上封鎖它，儘管占領城市的時間可能延後，但主力部隊可能會更早完成登陸。最後，三軍參謀長指出，放棄直接

第十四章　特隆赫姆的爭奪戰

攻擊而採用包圍戰術，將使我們的艦隊中許多寶貴的艦隻能夠投入其他戰區的行動，如那維克。這些強而有力的建議不僅由三軍參謀長提出，還得到了他們3位能幹的副參謀長的聯名支持，其中包括新任命的湯姆‧菲利普斯上將和約翰‧迪爾爵士。

要推翻這個決定性的兩棲作戰計畫，我們難以想像有任何反對意見能比他們的意見更具決定性。同時，我也未曾見過任何內閣或大臣能夠壓制他們的反對意見。在現行制度下，三軍參謀長組成了一個獨立且主要是不受首相或任何最高行政機構權威代表監督或指導的機構。此外，海、陸、空三軍的首長對整體戰局缺乏全面的概念，過於局限於各自部門的觀點。三軍參謀長在與其部門大臣討論後，會面協商，發表影響重大的備忘錄或節略。這是當時我們作戰指揮制度中最不幸的缺陷。

當我得知這種政策的逆轉時，我感到極度憤怒，隨即向相關軍官徹底追問其原因。我很快發現，那些在幾天前還全面支持這項作戰計畫的專家們，如今卻一致反對。當然，也有不隨波逐流的人，例如羅傑‧凱斯爵士。他渴望戰鬥與榮譽，對這些遲來的恐懼和反覆的考量嗤之以鼻。他自願率領少數舊艦隻和必要的運輸艦，在德軍尚未增強之前，進入特隆赫姆峽灣，讓軍隊登陸並進攻該地。凱斯有著輝煌的成功紀錄，他充滿熱情。在5月的辯論中，有人提到「達達尼爾戰役使我痛心疾首」，暗指那次事件使我下臺，因此我已不具冒險精神；但事實並非如此。身處從屬地位而需採取激烈行動，其間的困難極大。

除此之外，當時高級海軍將領之間的個人關係也頗為特殊。羅傑‧凱斯和科克勳爵一樣，其資歷超過總司令和第一海務大臣。龐德海軍上將曾在地中海擔任凱斯的參謀官兩年之久。如果我採納羅傑‧凱斯的建議而拒絕龐德的意見，這將導致龐德辭職，而富比士海軍上將也可能會要求解除

他的職務。就我而言，顯然不應在此時因一個作戰計畫而使首相及戰時內閣的同僚面臨這些人事上的戲劇性變動。儘管該作戰計畫具有吸引力和重要性，但對整個戰局，甚至對挪威戰役而言，仍屬次要。因此，雖然參謀部改變了立場，並且對他們修改後的計畫有明顯的反對理由，我們仍需接受他們的意見。

因此，我同意放棄「鐵錘」計畫的決定。1940年4月18日下午，我向首相彙報了這個事實。儘管他顯得極為失望，但如跟我一樣，除了接受這個新的情況外，別無選擇。在戰爭中，正如在人生中，常常在某個渴望的計畫失敗時，必須採取另一個可能最佳的替代方案；如果情況如此，那麼，不竭盡全力促使其實現，便是愚蠢至極。於是，我也調整了策略。4月19日，我向軍事協調委員會提交了如下書面報告：

（1）鑑於卡頓‧德‧維阿爾特已取得顯著進展，我們在翁達爾斯內斯及南峽灣其他港口的登陸行動變得相對輕鬆。報刊不慎洩露了針對特隆赫姆的機密計畫，以及執行代號「鐵錘」的作戰計畫所需的大量海軍力量，這同時伴隨著巨大的風險，使得許多關鍵船艦長時間暴露於空襲威脅之下。因此，三軍參謀長及其副參謀長提議，應改變成為兩個鉗形攻勢與中間突破的戰略為重點。具體而言，主力應集中於北面和南面的鉗形攻勢，而對特隆赫姆的進攻則應僅作為佯攻恫嚇的行動。

（2）鑑於事件和觀點的快速變化，我們必須做出上述的決策，首相已經批准，目前正在下達命令。

（3）建議應努力讓人們相信，對特隆赫姆的正面攻擊即將展開，並在合適的時機，利用主力艦的排炮轟擊外圍炮臺，以強調此行動。

（4）應竭盡所能地向卡頓‧德‧維阿爾特提供炮隊支援。若無炮隊，其軍隊將組織不全。

第十四章　特隆赫姆的爭奪戰

（5）我們原先準備執行「鐵錘」計畫的所有部隊，應迅速經由戰艦運至魯姆斯達爾峽灣的各港口，進攻當博斯。抵達當博斯後，部分部隊需向南移動以阻截挪威的主要戰線，而大部分兵力應轉向北方，進軍特隆赫姆。在翁達爾斯內斯以北的一些地點，已有摩根的一個旅和600名陸戰隊員登陸。從法國調來的一個旅以及擔任輔助的本土防衛隊另一旅，將全部迅速加入戰鬥。這樣可以攻下當博斯，並擴大控制範圍至從奧斯陸到特隆赫姆的東側挪威鐵路，而其中的斯特倫是特別有利的據點。此外，還有法國阿爾卑斯步兵團的第二個半旅、法國外籍軍團的兩個營以及1,000名加拿大士兵。其目的地可在今日或明日決定。

（6）駐紮於納姆索斯的軍隊目前仍有一定風險，但其指揮官習於冒險。此外，我們沒有理由不利用壓倒性的優勢兵力推進至翁達爾斯內斯－當博斯鐵路線，以便在機會來臨時，穿越這個關鍵據點，達到孤立並占領特隆赫姆的目標。

（7）雖然這個重點的調整可能被視為計畫的變動，但應該理解，我們已經從一個風險較高的作戰計畫，轉向風險較低的方案，並大幅減輕了「鐵錘」計畫對海軍的沉重負擔。採用這個較穩妥的計畫，同樣能達成我們的目標，而這樣做並不一定會延遲目標的實現。以此方法，我們必然能比採用原先的方式更快地將更多兵力部署到挪威境內。

（8）既然我們先前已經全力投注在那維克進行的英勇戰鬥，那麼在此時，當然不能撤走駐紮在那維克的戰鬥艦。因此，「沃斯派特」號已接獲指令返回該地。那維克仍需進一步增援，這一點必須立刻進行研究。加拿大軍隊也應被納入派遣前往的考量範圍。

（9）與此同時，斯卡格拉克海峽的掃雷作業現今已能展開，可以清除敵方反潛艇船隻，並增加我方潛艇的行動安全。

次日，我向戰時內閣闡述了我們放棄直接進攻特隆赫姆的原因，並介

紹了首相所支持的新方案。這個方案主要是將法國阿爾卑斯步兵第一輕裝師的全部力量交給卡頓‧德‧維阿爾特將軍，從北面進攻特隆赫姆，並派遣法國調來的幾個正規旅增援已在翁達爾斯內斯登陸的摩根准將，這支部隊正向當博斯進軍。另有一個本土防衛隊的旅將派往南線。駐南方的部隊部分力量可能會推進，以支援奧斯陸前線的挪威軍隊。我們很幸運，所有部隊登陸至今未遭受任何損失（除了承載摩根准將所有車輛的船隻）。根據新計畫，預計在 5 月的第一個星期結束前，將有約 25,000 人登陸。法國曾提出可額外提供兩個輕裝師。主要的限制因素是缺乏維持軍隊補給的必要基地和交通線，而所有基地也容易受到猛烈的空襲。

隨後，陸軍大臣指出，與直接進攻特隆赫姆相比，新計畫並不顯得更為安全。在我們能夠控制特隆赫姆的機場之前，幾乎難以抵擋敵機的大規模空襲。此外，新計畫也不完全可稱為對特隆赫姆的「鉗形攻勢」，因為雖然北部的軍隊不久將對特隆赫姆施加壓力，但南部的軍隊首要任務是鞏固自身以抵禦來自南方的德軍進攻。因此，從南方對特隆赫姆展開任何重大行動，恐怕要一個月後才能實現。這個評判十分中肯。然而，艾恩賽德將軍卻對新行動表示強烈支持。他寄望於卡頓‧德‧維阿爾特將軍在獲得法軍增援後，能夠擁有一支大部分高度機動的龐大軍隊，可能會越過通往瑞典的特隆赫姆鐵道。至於駐紮在當博斯的部隊，雖缺乏大炮和運輸工具，但應能採取守勢。隨後，我發言指出，正面攻擊特隆赫姆的計畫被認為對艦隊和登陸部隊過於危險。如果在一次成功的襲擊中，艦隊因敵方空中活動而損失 1 艘主力艦，這將抵消作戰中的成功。此外，登陸部隊可能會遭受重大傷亡。梅西將軍認為，所承擔的風險與期望的效果不成比例，尤其是這些效果可以通過其他方法獲得。陸軍大臣雖然指出其他方法不能提供穩妥的解決方案，但願意嘗試。我們都明白事實上只能在多個不理想的方案中作出選擇，並被迫採取行動。於是，戰時內閣批准了改變進攻特

第十四章　特隆赫姆的爭奪戰

隆赫姆的計畫。

目前，我重新聚焦於那維克的議題。自從放棄了正面進攻特隆赫姆的戰略後，攻擊那維克的計畫顯得愈加重要且可行。因此，我向軍事協調委員會撰寫了一份備忘錄，內容如下：

（1）對於那維克，我們必須立即做出決策，其重要性和緊迫程度無法用語言完全表達。若戰局持續僵持，情勢將越來越不利於我們。目前距離波的尼亞灣解凍的日期，最晚也僅剩一個月。屆時，德國可能會要求瑞典允許他們自由通過鐵礦區，以增援駐紮在那維克的部隊，甚至可能會要求控制該區。他們或許會向瑞典承諾，如果瑞典同意德國在其北部邊緣採取行動，德國將保證瑞典其他地區不受干擾。無論如何，我們應假設德國必然會設法以武力或懷柔手段進入鐵礦區，增援在那維克的駐軍。因此，我們最多只有一個月的寬裕時間。

（2）本月內，我們務必攻占該城市並擊退已經在當地登陸的德軍，還需沿鐵路推進至瑞典邊境，在某湖上建立一個有效且防禦嚴密的水上飛機基地。這樣，即便我們無法控制鐵礦區，也能阻止礦區在德軍掌控下的生產運作。看起來，至少需要額外派遣3,000名士兵立即前往那維克，最遲在5月第一週結束前抵達。這項命令應該立刻下達，因為一旦局勢明朗，調動部隊至其他地點將變得極其簡單。如果這些部隊都是英國的，將在管理上極具便利；但若因故無法實現，是否可以將第二法國輕裝師的主力旅派往那維克？派遣1艘主力艦進入希爾峽灣或附近應該不會有過度的風險。

（3）我期望海軍副參謀長能與陸軍部中一位對等職位的官員展開協商，討論如何滿足這個需求以及船隻和時間等問題。若無法占領那維克，將是一大不幸事件，並使德國掌握鐵礦區。

伊斯梅將軍於1940年4月21日撰寫的報告中，對當前局勢進行了極其透澈的分析：

那維克作戰的目的是為了占領該城市並控制通往瑞典邊界的鐵路。如此一來，我們便能在需要時派遣軍隊進入耶利瓦勒鐵礦區。而占領該鐵礦區，則是我們在斯堪地那維亞半島所有戰役的核心目標。

呂勒歐港的積冰大約會在一個月內消融。當積冰消融後，我們應預期德國人將利用威脅或武力獲取其軍隊所需的通道，以便占領耶利瓦勒礦區，並可能進一步支援他們在那維克的軍隊。因此，必須在一個月內攻下那維克。

在特隆赫姆地區的戰略目標是奪取特隆赫姆，以建立一個基地，進而在挪威中部及必要時在瑞典展開進一步的軍事行動。部隊已經在特隆赫姆以北的納姆索斯和以南的翁達爾耳斯內斯登陸。我們的策略是，使納姆索斯的部隊部署在通向東方的鐵路兩側，以便從東面和東北面包圍當地的德軍。在翁達爾斯內斯登陸部隊的核心任務，是與駐紮在利勒哈梅爾的挪威軍隊協同作戰，確保防禦位置，以阻止從奧斯陸主要登陸點出發的德軍增援特隆赫姆。奧斯陸與特隆赫姆之間的公路和鐵路需要嚴密防守。在完成這一項任務後，部分部隊才能北上，從南面對特隆赫姆施加壓力。

目前，我們的核心關注點聚焦於特隆赫姆地區。關鍵在於支援協防挪威軍隊，並確保特隆赫姆的德軍無法得到增援。那維克的占領暫時不具緊迫性，但其重要性將隨著波的尼亞灣航道的解凍而逐漸增強。若瑞典加入戰爭，那維克將成為極為重要的戰略據點。

目前在挪威中部展開的戰鬥充滿了極大的風險，我們面臨著重重困難。首先，由於急於支援挪威，我們被迫迅速集結並派遣臨時組建的軍隊，任何可用的部隊立即投入戰鬥。其次，我們在進入挪威時，由於形勢所迫，選擇了無法支持大規模軍事部署的基地。全區唯一合適的基地是特隆赫姆，但該地已被敵軍控制。我們目前利用的是納姆索斯和翁達爾斯內斯，這些僅是次要港口，用於裝卸及安裝軍需物資的設施不多，與內地的

第十四章　特隆赫姆的爭奪戰

交通也相對落後。因此，即使沒有其他的障礙，要將機械化運輸工具、大炮、補給品和汽油（這些在當地無法獲得）運上岸，仍然是相當困難的。因此，在奪取特隆赫姆之前，我們能夠在挪威部署的軍隊數量必須受到嚴格限制。

毫無疑問的，人們可能會指出，我們在挪威的各種軍事行動，即便在當地取得勝利，從現在的角度來看，必將被在法國即將展開的激烈戰爭的結果所淹沒。在短短一個月內，盟軍的主力可能會被敵人擊潰，或被迫撤退至海上。我們所有的資源將投入到為生存而戰的鬥爭中。因此，我們幸運地沒有在特隆赫姆周圍部署大規模的陸、空軍。未來的事件正在逐漸顯露，而我們這些凡人則必須逐日行動。根據我們4月分掌握的情況，我至今仍然認為，既然已經走到這一步，我們應該堅持執行「鐵錘」作戰計畫以及一致同意的對特隆赫姆的三面圍攻；但當我們的專家顧問強烈反對此計畫並提出嚴重的異議時，我並未強求他們接受我的看法。這一點我應該承擔全部責任。然而，在當時的情況下，最好是全面放棄對特隆赫姆的進攻計畫，集中力量攻擊那維克。但到那時，這個計畫已為時已晚。我們的許多部隊已經登陸，而挪威人則在呼籲支援。

ました。

第十五章
挪威戰線受挫

　　1940年4月20日，我獲得批准，任命科克勛爵為那維克地區英國海、陸、空三軍的最高指揮官，使麥克西將軍直接受其管轄。科克勛爵無疑充滿了積極的進攻精神。他敏銳地意識到拖延的危險；然而，當地的自然條件和行政管理方面的困難，遠遠超出我們在國內所能預料的。不僅如此，即使海軍軍官獲得了最全面的權力，在純粹的軍事問題上，仍不宜向陸軍下達命令。即便海、陸兩軍的地位對調，該情況甚至更為明顯。我們曾期望，透過解除麥克西將軍直接的重大責任，能讓他更加自由地採取大膽的戰術，但結果卻令我們極為失望。麥克西依然使用各種理由來阻撓我們所採取的積極行動。自從臨時攻擊那維克的提議被拒絕後，一週以來的局勢發展對我們更為不利。2,000名德國士兵毫無懸念地在日夜加緊建設他們的防禦工事，而這些工事和那維克城全都掩藏在大雪之中。敵人此時無疑已經將那些從沉沒的驅逐艦中逃脫的兩、三千水兵組織起來。他們為了對付我們的空中力量所做的準備不斷改進。我們的船艦和已經登陸的部隊遭受了越來越嚴重的轟炸。4月21日，科克勛爵寫信給我如下：

　　我寫此信是為了感謝您對我的信任。我必須竭盡全力，以免辜負您的期望。停滯不前的狀況實在難以克服。當然，軍隊的行動受到嚴重阻礙，尤其是因為北部山坡上積雪達數英尺，且大雪不斷。我曾親自進行勘查，但由於連日大雪，局勢未見好轉。最初的錯誤在於，軍隊出發時假設不會遭遇抵抗，這是我們常見的錯誤，類似於在坦噶戰役中發生的狀況。目

第十五章　挪威戰線受挫

前,士兵仍未獲得所需的小型武器彈藥和淡水儲備,卻擁有大量不需要的軍需品和人員。

我們亟需戰鬥機,因為我們在空中完全處於劣勢。這個地區每天都有敵機來偵察,一旦發現運輸艦或輪船,便會投彈轟炸,這些船隻最終難逃被擊中的命運。昨日,我乘飛機在那維克上空巡視,但很難看清楚。陸峭的懸崖上,除露出頂點外,皆被積雪覆蓋;在這些露出頂端的周圍,積雪顯然很深。從岸邊到水邊,一片白雪覆蓋,因此無法辨識水邊的情況。

在等待合適的攻勢條件之際,我們同時進行破壞包括地下鐵道在內的各種交通工具,炸毀並焚燒大型渡船,切斷該城市與外界的聯繫⋯⋯無法前進,實在令人惱火;而我明白你一定會感到驚訝,為何我們沒有推進?不過,我要向你保證,這絕不是因為我們不願前進。

科克勳爵決心在海軍炮火的掩護下進行武裝搜索,然而麥克西將軍對此提出異議。他表示,在對那維克展開軍事行動之前,他有責任宣告,若那維克的挪威平民,包括男女和孩子,受到我們計劃中的炮擊,他的士兵和國家將感到羞愧。科克勳爵未作任何評論,只是轉達了這番話。首相和我無法出席 4 月 22 日的國防委員會會議,因為我們必須前往巴黎參加最高軍事會議。出發前,我已經起草了一份答覆,並獲得了同僚們的支持:

我相信科克勳爵已經研讀了戰爭初期所發布的「炮擊指令」。若他考慮到敵軍利用建築物作為掩護以維持其在那維克的行動,而認為有必要超越指令的規定,他可以運用一切可能的方法,包括在可行的情況下散發傳單,來發出 6 小時的警告;並通知德軍指揮官,必須命令城內所有平民撤離;若阻止平民離開,德軍應承擔責任。他也可以宣告,在這 6 小時期限內,鐵路線將保持完整,以便平民能夠安全撤退。

國防委員會已經批准這項政策,並強調:「不能容許德國人將平民困

於城中以阻止我們的進攻，讓挪威的城鎮淪為戰爭衝突中的堡壘。」

當我們抵達巴黎時，對於挪威戰役的焦慮難以平息，因為這場行動是由英國負責的。雷諾先生在歡迎我們後，開始描述整體軍事局勢，其嚴峻程度使兩國在斯堪地那維亞半島的聯合行動顯得次要。雷諾先生指出，地理位置賦予德國人內線作戰的優勢。德國現有 190 個師，其中可用於西線的有 150 個師。盟國用於對抗德軍的有 100 個師，其中 10 個是英國部隊。上次大戰中，德國人口 6 千 5 百萬，兵力達到 248 個師，其中 207 個在西線。法國則有 118 個師，110 個駐紮在西線；英國有 89 個師，其中 63 個派駐在西線。西線上，協約國以 173 個師對抗德軍 207 個師，直到美國參戰，派出 34 個師才使雙方兵力相當。然而，當今局勢多麼不利！德國人口已達 8 千萬，顯然可籌組 300 個師。另一方面，到今年底，法國難以期待英國能派出 20 個師加入西線。因此，我們必然面臨敵人在數量上的巨大優勢。目前，敵我雙方人數比例已是 3 比 2，不久之後恐怕會變成 2 比 1。至於裝備，德國在航空及飛機裝備上占優勢，大炮及軍火的儲備也比我們多。雷諾發言至此結束。

事實上是我們自己逐步塑造了當前的局勢。若盟國在 1936 年德國進駐萊茵蘭時就進行干預，那時只需要一次警示行動即可解決；或是在慕尼黑事件後介入，儘管德國已經占領捷克斯洛伐克，但能調至西線的部隊僅 13 個師；甚至即使在 1939 年 9 月之後介入，由於波蘭仍在抵抗，德國也只能派遣 42 個師至西線。協約國在擁有強勢的時期卻從未勇敢採取任何有效行動來對抗希特勒的多次侵略及違背條約的行為，最終導致了德國今日的強大優勢。

我們都深知這個陰鬱序曲的嚴重性。在序曲結束後，我們再次討論了斯堪地那維亞半島的混亂局勢。首相清晰地闡明了當前的情勢。我們的部

第十五章　挪威戰線受挫

隊已經在納姆索斯和翁達爾斯內斯成功登陸，無一損失。我們的軍隊也已經推進至超出預期的地點。由於直攻特隆赫姆需要大量海軍力量，我們決定改變計畫，採用南北夾擊的戰略。然而，最近兩天內，納姆索斯遭受猛烈空襲，這個新計畫遭遇重大阻礙。由於缺乏高射炮火的防禦，德軍得以肆意轟炸。另一方面，那維克的所有德國戰艦已被完全摧毀，但德軍在陸地上築有堅固防禦工事，因此目前在地面上進攻敵人尚不可行。如果我們的初次嘗試未能成功，就必須重整旗鼓，繼續努力。

張伯倫先生表示，英國司令部迫切希望增援已經部署在挪威中部的部隊，以抵禦德軍來自南方的攻擊，並最終能幫助奪取特隆赫姆。該地需要新兵的增援，這一點早已確定無疑。不久的將來，英軍將調派 5,000 人，法軍 7,000 人，波蘭 3,000 人，此外還有 3 個英國機械化部隊營、1 個英國輕坦克部隊營、3 個法國輕裝師以及 1 個英國本土防衛隊師。目前的挑戰不在於可以派遣多少軍隊，而在於能夠在該國登陸並堅持作戰的部隊數量受到限制。雷諾先生表示，法國可以派遣 4 個輕裝師。

在這些會議中，我首次全面地表達了我的觀點。我向法國人強調，在敵方飛機和潛艇的攻擊下，將軍隊和補給品運送上岸所面臨的困難。每艘船都需要驅逐艦護航；每個登陸點必須由巡洋艦和驅逐艦不間斷地防衛，不僅在登陸期間如此，還要持續到岸上高射炮設定完畢為止。迄今為止，盟軍船隻非常幸運，幾乎沒有被敵機擊中。然而，我們必須理解作戰中面臨的挑戰。至今，盟軍已成功登陸 13,000 人，但尚未建立穩固的作戰基地，內地作戰時僅依賴脆弱的交通線，實際上缺乏大炮或空中支援。這就是挪威中部的情勢。在那維克，德軍的布陣不如其他地方強大，港口也不如其他地區易受空襲。一旦奪取港口，士兵便能更迅速地登陸。無法在更南方港口登陸的部隊應調往那維克。派往那維克的部隊，甚至留在英國的

部隊，沒有一個能在當地的嚴寒中越野行軍。那維克的任務不僅在於解放港口和城鎮，甚至不限於驅逐整個地區的德軍，而是要集結與德軍進一步行動相匹配的兵力，沿鐵路推進至瑞典邊境。根據英國司令部的謹慎評估，這是可行的，即便這會延緩部隊在其他港口的登陸速度，但不會超過因上述困難而已經受到的限制。

我們一致認同當前這種不利的局勢以及目前的無能為力。最高軍事會議全體同意，當前的軍事目標應當是：

（1）占領特隆赫姆；

（2）奪取那維克，並在瑞典邊境集結足夠的盟軍部隊。

翌日，我們討論了荷蘭人和比利時人所面臨的威脅，以及他們拒絕與我們協同應對的態度。我們非常清楚，義大利可能隨時對我們宣戰。關於地中海的事務，龐德上將和達爾朗海軍上將將商議準備實施各種海軍行動。在此次會議中，波蘭政府首腦西柯科爾斯基將軍也受邀參加。他聲稱，能夠在數個月內組建一支10萬人的軍隊，並已著手在美國招募一個波蘭師。

在此次會議中，雙方達成共識：若德國入侵荷蘭，盟軍無需徵求比利時政府同意，應直接進入比利時；英國皇家空軍有權轟炸德軍集結地及魯爾區的煉油設施。

在我們從會議返回後，我深感憂慮，我們不僅可能在抗擊敵人的努力上失敗，連指揮戰鬥的方法也可能徹底敗北。於是，我致信首相，信中寫道：

我非常渴望竭盡全力為你提供支持，因此，有必要提醒你，你在挪威的事務即將遇到很大的困難。

我十分感謝你同意承擔起主持軍事協調委員會日常運作的責任。然

第十五章　挪威戰線受挫

而，我覺得有必要讓你明白，如果我無法獲得所需的權力，我將不再願意接受這項任務。目前，沒有任何人擁有實際的權力。委員會由6位參謀長和「副參謀長」、3位大臣以及伊斯梅將軍組成，他們均有權對挪威的軍事行動（那維克戰役除外）發表意見。

然而，除了你自己，無人能承擔制定與指揮軍事政策的責任。若你覺得自己能擔此重任，請相信我會以海軍大臣之職對你表達持久的忠誠。若你因其他任務繁重而認為無法承擔此責任，不妨將權力委託給一位能夠策劃和指揮我們作戰行動的代表，由你和戰時內閣支持，直至出現充分理由不再支持為止。

在我尚未寄出這封信之前，我收到了首相的一封信，他提到自己一直在思索斯堪地那維亞的局勢，覺得現狀令人不安。他要求我當晚晚餐後前往唐寧街與他會面，私下商討整體局勢。

我並未對這次會談做任何紀錄。這次會談進行得非常和諧。我自然將那封未發出的信中提到的要點告知了他，首相認為我所持的觀點充分且合理，因此表示贊同。他非常樂意將我所要求的指揮權交給我，且我們之間並無任何個人的隔閡。不過，他必須與多位重要人士商討，並說服他們。在5月1日，他才得以向戰時內閣及相關人士發出以下通知：

1940年5月1日

我對現行的國防問題探討與決策方法進行了深入研究，並與掌管陸、海、空三軍的部門大臣們交換了意見。現將一份備忘錄交給各位同僚傳閱，其中闡述了未來將對這些方法進行某些改革，海、陸、空三軍的大臣們已一致同意。經海軍大臣同意，伊斯梅少將（獲三級巴斯勳章和三級特殊功勳章）已被任命為高級參謀官，負責中央參謀部。該參謀部，根據備忘錄中的說明，將在海軍大臣的指揮下運作。伊斯梅少將因擔任此職，已被任命為三軍參謀長委員會的額外委員。

內維爾・張伯倫

國防組織

為了增強作戰指揮的集中性，現行方法將進行以下改革：

在首相未能親自主持會議時，海軍大臣將負責主持軍事協調委員會的會議，並在首相缺席的情況下，以其代表身分處理戰時內閣交辦的各項事務。

海軍大臣將作為軍事協調委員會的代表，負責指揮和領導三軍參謀長委員會。為實現這個目標，他可以隨時在認為需要時召集委員會，進行個別會談。

三軍參謀長仍負責向政府提供集體建議，並與其參謀團隊策劃方案，以達成由海軍大臣代表軍事協調委員會所設定的任何目標；在提交方案時，附上他們認為合適的評論。

三軍參謀長以各自身分，須向所屬部門的大臣負責，並應即時向他們的大臣報告所得結論。

若時間允許，三軍參謀長所制定的計畫，連同他們的意見及海軍大臣的任何評論，應提交軍事協調委員會批准；並且除非軍事協調委員會在獲得戰時內閣授權後作出最終決定，或在軍事協調委員會出現分歧時，這些計畫應提交戰時內閣批准。

在緊急情況下，或許無法將方案呈交至軍事協調委員會的正式會議。然而，海軍大臣毫無疑問地能採取多種方式，與三軍部門的大臣進行非正式磋商。若出現分歧，則應提交首相裁決。

為了便於先前所述的整體計畫，並為海軍大臣與三軍參謀長之間提供一個保持密切聯繫的便捷途徑，將設立一個專門的中央參謀部（與海軍部的參謀部不同）以支持海軍大臣。此參謀部由一位高級參謀官負責，他是三軍參謀長委員會的額外成員之一。

第十五章　挪威戰線受挫

　　我採納了這項方案，顯然比之前的狀況有所改進。如今，我能夠召集並主持三軍參謀長委員會的會議。若無他們的參與，任何事都無法推進。我已被正式授命，對他們擔負「領導和指揮」的責任。中央參謀部的高級參謀官伊斯梅將軍現在聽命於我，成為我的下屬軍官和代表；此外，因這個身分，他也成為三軍參謀長委員會的正式成員之一。我與伊斯梅將軍相識多年，但直到此刻，我們才建立起親密且更深入的合作關係。因此，三軍參謀長們在相當程度上對我負責，而我作為首相的代表，名義上可以運用我的權力影響他們的決策和政策。另一方面，他們主要效忠於各自部門的大臣，這是理所當然的。而各軍事部門的大臣若對將部分權力移交給其他同僚卻沒有感到不快，這也是超乎尋常的。此外，備忘錄中已經明確規定，我是代表軍事協調委員會執行職責，因此我承擔無限責任，但手中卻缺乏實際執行權。儘管如此，我相信或許能讓這個新機構發揮作用。它命中注定只持續了一週。然而，從1940年5月1日到我在1945年7月27日卸任，我與伊斯梅將軍的關係，以及他對三軍參謀長委員會的關係，始終保持不變，未曾疏遠。

　　現在有必要詳細描述特隆赫姆戰役的具體過程。我們從納姆索斯出發的北部隊伍，距離特隆赫姆有80英里；而從翁達爾斯內斯出發的南部部隊，則距該城市150英里。經由峽灣進行的中央攻勢（「鐵錘」作戰計畫）已被放棄；放棄的部分原因是擔心損失過大，部分則是因為希望能在兩側包抄的攻勢中獲得成功。然而現在，兩側包抄的運動戰已經完全失敗。納姆索斯方面由卡頓・德・維阿爾特指揮的軍隊，依照命令，冒著挪威的風雪和德國空襲，迅速前進。4月19日，一個旅抵達峽灣口，距特隆赫姆50英里的費爾達爾。我已經察覺，德國人可以在一夜間派出一支更強大的軍隊，經由特隆赫姆的水路切斷我方後路，我立即向參謀部提出了警告。兩天後，這個情況果然發生。我們的部隊被迫後撤若干英里，直到能

夠阻截敵人的地方。道路上積雪深厚，令人難以忍受，而有些地方的積雪也開始融化。另一方面，渡過內峽灣的德軍同樣缺乏車輛運輸。由於這些原因，任何地面的激烈戰鬥都無法進行；沿途的少數零星部隊，疲憊不堪地艱難行進，但對於無法抵擋的敵方空軍來說，他們已不再是襲擊目標。若卡頓·德·維阿爾特已知他只能獲得有限的兵力，或者知曉對特隆赫姆的中央攻勢已被放棄——這個重要情況，我們的參謀部卻未通知他——那麼，他無疑會更謹慎地向前推進。他是根據先前告知的主要戰略目標採取行動的。

最終，幾乎每個人都在筋疲力竭、沮喪且憤怒的情緒中撤回到納姆索斯，而法國阿爾卑斯步兵旅仍然駐留於此。卡頓·德·維阿爾特的觀點在這些問題上備受尊重，當時他宣稱撤退是唯一的選擇。海軍部立即著手準備，並於 4 月 28 日下達命令，要求部隊從納姆索斯撤離。法國的分遣隊將優先於英軍登船，並留下一部分穿戴滑雪裝備的士兵，與我們的後衛部隊共同配合。撤退日期預計為 5 月 1 日和 2 日夜間。然而，最終在一夜之間完成了全面撤退。所有部隊於 3 日晚間登船，當黎明時分德國偵察飛機發現他們時，他們已經航行至遙遠的海域。從早上 8 時到下午 3 時，敵方轟炸機成群結隊，接連不斷地襲擊我們的戰艦和運輸艦，當時沒有英國空軍保護艦隊，所幸各運輸艦都未被敵機擊中。只有載有我們後衛部隊的法國驅逐艦「比松」號和英艦「阿弗利第」號「奮戰至最後而沉沒」。

我們的部隊在翁達爾斯內斯登陸，但隨即面臨一連串不幸事件，然而至少在此地，我們對敵人造成了重大傷亡。響應挪威總司令魯格將軍的緊急呼籲，陸軍准將摩根帶領第 148 步兵旅迅速推進，最遠抵達利勒哈梅爾，並在那裡與精疲力竭、潰不成軍的挪威部隊會合。德國人動用了 3 個裝備精良的師團，沿著奧斯陸至當博斯及特隆赫姆的公路和鐵路，對挪威

第十五章　挪威戰線受挫

部隊展開追擊。隨即展開了激烈的戰鬥。1 艘載有摩根准將的車輛以及所有大炮和迫擊炮的船隻，被擊中沉沒。然而，摩根准將部下的年輕本土防衛隊，仍然用步槍和機槍，英勇抵抗配備 5.9 英寸口徑榴彈炮、重迫擊炮和若干坦克的德國先鋒隊。4 月 24 日，法國來的第 15 旅主力營抵達岌岌可危的前線。佩吉特將軍統率這些正規部隊，從魯格將軍那裡得知挪威軍隊已經精疲力竭，若不經過充分休整和重新裝備，無法再戰。於是，他接管指揮權，立即將一個旅的其餘部隊投入戰鬥，並以堅定意志對抗德軍，開展了一系列猛烈交鋒。佩吉特巧妙利用未被摧毀的鐵路，將他自己的部隊、已經損失 700 人的摩根旅及一些挪威部隊救出。一整天，大批英軍藏身於長長的鐵路隧道中，由可貴的軍需火車供應補給，未被敵人及其偵察機發現。佩吉特經歷 5 次防衛戰，其中數次重創德軍，行軍超過 100 英里，最終返回海邊的翁達爾斯內斯。這個小鎮如同納姆索斯一樣，已被炸成平地；然而，5 月 1 日夜，殘餘的第 15 旅和摩根的第 148 旅成功登上英國的巡洋艦和驅逐艦，安全返回本國。佩吉特將軍在這幾天中表現出的才能和決心，為他在戰爭中逐步晉升，最終擔任高級統帥奠定了基礎。

此外，空軍為支援地面部隊而進行的英勇行動，也應該被記錄。距翁達爾斯內斯 40 英里處，已結冰的雷謝斯科根湖，是唯一的降落「機場」。4 月 24 日，由「光榮」號艦上起飛的「鬥士」戰鬥機中隊抵達該地，立即遭受猛烈襲擊，海軍航空兵部隊全力援助。然而，一邊為自身生存奮戰，一邊掩護相距 200 英里的兩個遠征軍作戰，同時保護自己的基地，這樣的任務，並非單獨一個航空中隊所能承擔。至 4 月 26 日，該隊飛機已無法再起飛，而當時沒有可以從英國飛來的轟炸機提供長距離支援。

我們因當地局勢所迫而執行的撤退，與戰時內閣在接到首相主持的軍事協調委員會建議後所作出的決定相一致。我們一致認為，試圖占領並守

住特隆赫姆已超出我們的能力。力量薄弱的鉗形攻勢，其兩翼已經被摧毀。張伯倫先生向內閣表示，雖然我們應繼續抵抗德國的進攻，但必須制定計畫，從納姆索斯及翁達爾斯內斯撤出我們的部隊。內閣對這些提議感到煩惱，然而，這也是無法避免的。

為了最大程度地拖延敵軍向那維克的北進，我們已經派遣了一支後來被稱為「突擊部隊」的特種小組，由勇敢的格賓斯上校指揮，前往距海岸 120 英里的莫紹恩。令我最為擔憂的是駐紮在納姆索斯的小部分部隊，他們必須利用一切可用的交通工具，突破重圍，沿著公路前往格朗。即便僅有 200 人，也足以進行小規模的防衛戰鬥。他們從格朗出發，必定能夠找到步行到達莫紹恩的路。我希望藉此讓格賓斯爭取時間來鞏固防禦陣地，以抵禦敵人眼下能調動的少量兵力。有人不斷告知我，這條公路難以通行。梅西將軍從倫敦發來了堅決的要求。他得到的回覆是，即便是攜帶滑雪裝備的法國阿爾卑斯步兵團，也無法穿越這條道路。幾天後，梅西將軍在電報中指出，「看來，如果法國阿爾卑斯步兵團無法沿這條公路撤退，那麼德國人似乎也無法沿此前進……這是一個謬誤，因為德國人後來充分利用了這條公路，並迅速推進，使我們在莫紹恩的部隊無法及時構築防禦工事。顯然，我們無法守住這個地方。」事實證明，這個預測完全正確。驅逐艦「賈納斯」號曾運送 100 名阿爾卑斯步兵團士兵和兩門輕型高射炮。挪威戰役現已被許多重大事件掩蓋。德國人在計劃、執行和軍力方面顯然占據優勢，他們徹底貫徹了一個經過精密策劃的作戰計畫。他們深諳如何在各方面大規模地運用空軍。不僅如此，他們在個別戰術，尤其是小隊組織上，顯示出顯著的優勢。在那維克，混合且臨時拼湊的德軍部隊僅有 6,000 人，卻能與盟軍 2 萬人抗衡達 6 週之久；雖然最終被我們逐出該城，但仍堅持到我們的部隊被迫撤退。海軍發動了那維克攻勢，但因陸軍指揮官不願承擔公認的重大風險，最終導致攻勢癱瘓。我們的兵力分散於

第十五章　挪威戰線受挫

那維克和特隆赫姆兩地，結果導致這兩地的攻勢計畫都受損。放棄特隆赫姆的中間突破戰術，足以顯示英國最高指揮部的優柔寡斷。此事不僅軍事專家應負責，過於輕信專家意見的政治領袖也應承擔責任。在納姆索斯，我們的部隊僅在泥濘的道路上來回跋涉，而在翁達爾斯內斯的遠征中，才對德軍造成了一定的打擊。

在短短 7 天內，德國人成功穿越了從納姆索斯到莫紹恩的公路，這條道路此前被英國和法國認為難以通行。當格賓斯的部隊向北撤退時，我們在博多和摩城兩地都未能及時到達；儘管敵軍面臨重重困難，必須穿越數百英里的崎嶇積雪地形，並且我們展現了各種英勇行為，他們最終還是迫使我們撤退。我們原本擁有海上的優勢，能夠攻擊任何無防備的海岸，但如今卻被在陸地上行軍、克服萬難的敵人超越。在此次挪威戰役中，我們的一些最精銳部隊——蘇格蘭和愛爾蘭衛隊，被希特勒的訓練有素、勇敢無畏的年輕軍隊擊敗。

為了履行我們的責任，我們已經竭盡所能，試圖在挪威領土內堅守。我們自然覺得命運對我們極為不公。如今，我們慶幸能夠脫離這困難的局勢。我們應該對一系列的安全撤離感到欣慰。在特隆赫姆，我們遭遇失敗！在那維克，我們陷入僵局！這是在 5 月的第一週，我們能夠在英國人民、盟國以及中立國家面前展示的唯一成果。鑑於我在這些事件中占據了關鍵位置，而無法解釋導致我們挫敗的諸多困難，以及我們的參謀部、政府機構和作戰指揮方法的缺陷，我驚訝我竟然仍能保有職位，並繼續獲得公眾的尊敬和議會的信任。這是因為過去 6、7 年中，我早已準確預見局勢的發展，並不斷提出警告；雖然當時未被注意，如今卻被人們回想起。

「晦暗不明的戰爭」因希特勒的侵略行動在挪威而結束。這種模糊不清的局面，隨著一場史無前例的可怕軍事攻擊的爆發而驟然消逝，一切都

在耀眼的強光下顯露無遺。我曾對過去 8 個月來令全球震驚的英、法兩國的昏睡狀態作出解釋。這一個階段被證明對盟國極為不利。自史達林與希特勒簽署條約以來，法國共產黨就一直隨聲附和莫斯科，指責戰爭為「帝國主義和資本主義對民主政治的一項罪行」。他們竭盡所能地破壞軍隊士氣，並阻礙工廠生產。到了現在的 1940 年 5 月中旬，法國的士氣，無論是軍隊還是民眾，都顯著低於戰爭剛爆發時的水準。

英國並未出現類似狀況。儘管國內由蘇聯指導的共產黨活動頻繁，但其影響力有限。然而，我們的政府仍然是一個由單一政黨組成的政府，並且在一位與反對黨關係疏離的首相的領導下運作，且未能獲得工會運動的熱情支持。政府的鎮定、誠懇且循序漸進的特質，並未在統治階層或軍工產業中引發意義重大的緊迫感。為了喚醒沉睡中的英國民族潛能，我們或許需要災難的打擊和危機的刺激。警鐘即將響起。

第十五章　挪威戰線受挫

第十六章
挪威戰役的終局

在本章中，我們將不按事件的時間順序，而是直接描述挪威事件的結局。1940 年 4 月 16 日後，科克勳爵被迫放棄直接攻打那維克的計畫。4 月 24 日，戰鬥艦「沃斯派特」號和 3 艘巡洋艦進行了 3 小時的炮轟，但未能有效驅逐當地駐軍。我曾請求第一海務大臣安排，以較次要的「堅決」號替換「沃斯派特」號，因為在炮轟任務上，前者同樣能夠勝任。同時，由於法國和波蘭軍隊的抵達，尤其是因為積雪融化的時期已至，這促使科克勳爵加快對城市的進攻。根據新的計畫，我方部隊應在那維克上方的峽灣末端登陸，然後越過羅姆巴克斯峽灣進攻那維克。第 24 衛兵旅已被調去阻擋從特隆赫姆來的德軍；時序到 5 月初，法國阿爾卑斯步兵團 3 個營、法國外籍軍團 2 個營、波蘭軍隊 4 個營以及約 3,500 名挪威軍隊均可配合行動。敵軍方面，他們得到第 3 山地師團部分兵力的增援，這些增援部隊要麼從挪威南部空運而來，要麼從瑞典通過鐵路偷運來。

首次登陸由法國分遣隊司令貝圖阿爾將軍指揮。在 1940 年 5 月 12 至 13 日的夜間，於別爾克維克圓滿完成，損失甚微。我派去指揮挪威北部所有部隊的奧金萊克將軍當時在場，並於次日負責指揮作戰。他收到的指令是切斷敵方鐵礦石供應，並為挪威國王及其政府在國內維持一個立足點。這位新的英國指揮官自然要求大幅增加兵力，使之達到 17 個營，200 門輕型及重型高射炮和 4 個中隊的飛機，但後方實際能提供的，僅約為其要求的一半。

第十六章　挪威戰役的終局

然而，驚人事件的發生已經壓倒了一切。5月24日，面臨一敗塗地的危機時，我們決定將所有在法國和本土的力量集中起來。這個決策幾乎獲得普遍的支持。然而，為了確保摧毀那維克港並掩護我方部隊撤退，我們必須首先占領該城。主力部隊越過羅姆巴克斯峽灣對那維克的攻擊於5月27日展開。參與戰鬥的有兩個外籍軍團營和一個挪威軍隊營，這些部隊在貝圖阿爾將軍的精明指揮下作戰。此次登陸行動完全成功，幾乎沒有損失，敵方的反攻也被徹底擊退。那維克終在5月28日被我方占領。曾經長期抵抗我方4倍兵力的德軍最終退入山區，遺留400名俘虜被我們擒獲。

如今，我們卻被迫放棄那些在艱辛中贏得的成果。撤退本身是一項大規模的軍事行動，這使得因同時在挪威和英吉利海峽作戰而已經過度分散的艦隊，承擔了更為繁重的任務。敦克爾克撤退的責任，已經落在我們的肩上，所有可用的輕型船隻都已南調。作戰艦隊必須隨時準備抵禦敵人對本土的入侵。許多巡洋艦和驅逐艦早已調往南部沿海，負責防範敵人的入侵。駐紮在斯卡帕灣的海軍總司令擁有「羅德尼」號、「英勇」號、「聲威」號和「卻敵」號這些主力艦，這些艦隻是為了應對任何突發事件而準備的。

那維克的撤退行動迅速推進。至1940年6月8日，包括法國、英國和波蘭在內的約2萬4千名士兵，以及大量物資和裝備，已經全部裝載上船，組成3支護航艦隊駛往英國，未遭遇敵方阻攔。事實上，當時岸上的敵軍僅是幾千名零散而無組織的官兵，但卻是戰勝者。在最後幾天，我們不僅出動海軍飛機，還有從陸地基地起飛的一支旋風式飛機中隊，提供了極為重要的掩護，以對抗德國空軍。這支中隊被命令在必要時摧毀自己的飛機後撤退，但他們依靠勇氣和技藝，完成了前所未有的壯舉——也是

他們的最後一項壯舉 ── 成功將所駕駛的旋風式飛機降落在「光榮」號航空母艦上，與「皇家方舟」號及大批船艦一同返回英國。

為了掩護這些戰鬥，科克勛爵除了航空母艦外，還擁有巡洋艦「索斯安普敦」號、「考文垂」號，以及 16 艘驅逐艦和其他較小艦艇。巡洋艦「得文郡」號則因接挪威國王及其隨行人員離開特羅姆塞而單獨行動。科克勛爵將護航隊的安排告知總司令，並請求保護以防敵方重型軍艦的襲擊。富比士海軍上將在 6 月 6 日派遣「英勇」號與運輸部隊的第 1 護航隊會合，護送至謝特蘭群島北方，再返回保護第 2 護航隊。總司令雖然事務繁多，仍試圖以戰鬥巡洋艦保護運輸艦。6 月 5 日，他收到情報，稱兩艘不明船隻正駛向冰島；後來又有報告指出敵軍已在該島登陸。因此，他派遣戰鬥巡洋艦調查，但消息不準確。這樣一來，我們在北方海洋可用的力量被廣泛分散。那維克護航隊的航行及其保護，完全遵循過去 6 週無誤的方法。在這條航路上，運輸艦和戰艦，包括航空母艦，以往僅有反潛艇艦隻護送。此前，從未發現過德國重型軍艦的活動。如今，修復早期會戰損壞的德國重型軍艦卻突然在挪威沿海出現。

戰鬥巡洋艦「沙恩霍斯特」號和「格奈森諾」號，帶領巡洋艦「希佩爾」號及 4 艘驅逐艦，於 6 月 4 日從基爾出發，目標是襲擊那維克地區的航運及各基地，以解救他們殘存的登陸部隊。德軍直到 6 月 7 日才獲知我們撤退的意圖。德國海軍司令得知英國護航隊已在海上，於是決定襲擊它們。6 月 8 日清晨，他遭遇了 1 艘由拖網船護送的油船、1 艘空運輸艦「奧拉馬」號及救護船「阿特蘭蒂斯」號。他尊重「阿特蘭蒂斯」號的豁免權，將其餘艦艇擊沉。當天下午，「希佩爾」號和驅逐艦返回特隆赫姆，但兩艘戰鬥巡洋艦繼續在海上搜索獵物。下午 4 時，它們終於得到了回報，發現航空母艦「光榮」號及護送的驅逐艦「阿卡斯塔」號和「熱情」號的濃

第十六章　挪威戰役的終局

煙。「光榮」號因燃料不足，早晨時單獨駛回本國，當時距主要護航隊約 200 英里。但這個解釋不具說服力。「光榮」號應該有足夠燃料，能以護航隊速度同行。所有艦隻都應該集體行動。

雙方的對決約在下午 4 點半展開，彼此相距超過 2 萬 7 千碼。在這個距離上，「光榮」號的 4 英寸炮無法發揮作用。它曾試圖發動魚雷轟炸機，但尚未起飛，前飛機甲板就被擊中起火，毀壞了旋風式飛機，並阻止魚雷從艙底吊上裝載到轟炸機上。在接下來的半小時內，它遭受重創，完全失去逃脫的可能。到了 5 點 20 分，船身嚴重傾斜。艦長因此下令撤離。大約 20 分鐘後，它便沉沒。

同時，兩艘驅逐艦也英勇地投入戰鬥。它們釋放了煙幕，竭力掩護「光榮」號。在被擊沉之前，兩艘驅逐艦均向敵艦發射了魚雷。「熱情」號很快被擊沉。「阿卡斯塔」號由皇家海軍的中校 C.E. 格拉斯弗德指揮，獨自面對明顯優勢的敵艦。艦上的一名倖存者，一等水兵 C. 卡特這樣描述了這段經歷：

艦上的氛圍凝重如死寂，沒有人發一語。此刻，軍艦全速行駛以避開敵方艦隻。隨後，一連串命令傳來：準備煙幕浮子，連接皮帶管，各類準備工作均已就緒。我們繼續規避敵艦，同時釋放煙幕，所有煙幕浮子已全部啟動。艦長隨即向各作戰職位下達命令：「或許你們以為我們在逃避敵艦，實則不然。友艦『熱情』號已被擊沉，『光榮』號亦在下沉，我們至少要給他們一些顏色看看，祝你們幸運。」隨後，我們改變航向，進入自設的煙幕。我被指派負責第 6 和第 7 魚雷發射管的操作。不久，我們穿出煙幕，右舷轉向，從左舷發射魚雷。這時，我首次瞥見敵艦，坦白說，似乎看見一艘大型軍艦護衛著一艘小型軍艦。我們相距不遠。我從尾部魚雷發射管射出兩枚魚雷，前方發射管也同時開火。我們都屏息以待結果。此刻，歡呼聲響徹雲霄，讓我終生難忘。一艘敵艦的左舷船頭閃現黃色光

芒，濃煙升騰，水柱沖天而起。我們知道擊中目標。如此接近，我認為不可能不中。

敵艦對我們毫無攻擊。我認為這次襲擊完全出乎它的意料之外。我們發射魚雷後，回到煙幕中，然後向右舷改變航向。「準備發射剩餘魚雷」。這次，我們剛將艦首伸出煙幕，敵艦立刻猛烈反擊。一顆炮彈命中機器艙，殺死了我的魚雷發射組員。我被拋到射管後方。我一定暈倒了一會兒，因為醒來時，我的手臂疼痛。軍艦已經停止不動，並向左舷傾斜。然而，出乎意料的情節發生了，無論你信不信。我爬回控制座，看見那兩艘軍艦，並發射了剩下的魚雷，沒有人指示我這樣做，我猜我是瘋了。只有上帝知道我為什麼要發射魚雷，但我確實發射了。「阿卡斯塔」號的大炮仍不停地怒吼，儘管艦身傾斜。隨後敵艦數次擊中我們，隨後船尾正中發生了一次大爆炸。我時常懷疑敵艦是否用魚雷襲擊我們？無論如何，這次爆炸似乎將軍艦從海面上提了起來。最終，艦長下令棄船。我永遠不會忘記那位上尉醫官。這是他首次登上軍艦，首次參加戰鬥。在我跳入海中前，我看見他仍在治療傷兵，這是一項絕望的工作。當我在海中時，我看見艦長倚靠在艦橋上，從菸盒中拿出一支菸抽著。我們對他喊叫，請他到我們的艇裡來。他揮著手表示「再會，並祝你們幸運」——一位勇敢的人，就此結束了他的一生。

皇家海軍共有 1,474 名軍官和士兵，以及 41 名皇家空軍人員因此犧牲。在長時間搜索後，僅有 39 人被 1 艘挪威船隻救起並送回國。另有 6 人被敵方船隻救起並帶往德國。「沙恩霍斯特」號遭「阿卡斯塔」號魚雷攻擊，重創後駛向特隆赫姆。

當戰鬥正在激烈進行之際，巡洋艦「得文郡」號正載著挪威國王及其大臣們，位於西南約 100 英里處的海域。「英勇」號正向北航行，意圖與護航隊會合，然而仍距離甚遠。從「光榮」號發出的唯一電訊，由於電碼錯誤頻

第十六章　挪威戰役的終局

繁，意義模糊不清，顯示其主要無線電裝置已遭損壞。僅「得文郡」號接收到該電訊，但因電文重要性未能顯現，未打破當時的寂靜以轉發此消息，因為一旦轉遞，將有暴露其位置的重大風險。在當時情勢下，這是不合適的。直到翌日清晨，疑慮開始浮現。「英勇」號遇見「阿特蘭蒂斯」號，獲知「奧拉馬」號被擊沉的消息，以及敵方主力艦已經出海。「英勇」號立即傳遞此情報，並加速前行與科克勳爵的護航隊會合。總司令富比士海軍上將隨即率領其僅有的「羅德尼」號、「聲威」號及 6 艘驅逐艦出海應對。

英勇的「阿卡斯塔」號對「沙恩霍斯特」號造成的損害，帶來了重大的影響。這兩艘敵方戰鬥巡洋艦因此放棄了進一步的戰鬥行動，立即返回特隆赫姆。德國最高統帥部對海軍司令未能遵循命令並擅自放棄指示任務表示不滿。他們隨即又派出了「希佩爾」號，但此時已經為時已晚。

1940 年 6 月 10 日，富比士海軍上將下令「皇家方舟」號加入他的艦隊。根據各方情報，敵艦據稱在特隆赫姆，他希望能從空中發動襲擊。6 月 11 日，皇家空軍的轟炸機展開攻勢，但未見成效。次日清晨，「皇家方舟」號派出 15 架鷗鳥式飛機進行俯衝轟炸。這些飛機的行動被敵方偵察機提前發現，結果損失了 8 架。最終，我們遭遇了更大的不幸，因為根據目前所知，一架鷗鳥式飛機投下的炸彈命中了「沙恩霍斯特」號，但未能爆炸。

當這些悲劇仍在發生之際，從那維克出發的護航隊順利抵達了目的地，象徵英國在挪威的戰役落下帷幕。

在這場混亂的衝突過程中，一個至關重要的現實因素浮現，而這可能改變了戰爭的命運。德國在與英國海軍的孤注一擲對抗中，犧牲了自己的海軍力量，因此無法應付即將到來的戰爭高潮。在挪威沿海的多次海戰中，盟軍損失包括 1 艘航空母艦、兩艘巡洋艦、1 艘海岸砲艦和 9 艘驅逐艦。此外，還有 6 艘巡洋艦、兩艘海岸砲艦和 8 艘驅逐艦受損，但這些狀

況在我們的海軍實力範圍內還可以進行修復。另一方面，到 1940 年 6 月底這個關鍵時刻，德國可作戰的艦隊僅剩 1 艘配備 8 英寸口徑大砲的巡洋艦、兩艘輕巡洋艦和 4 艘驅逐艦。儘管他們的受損艦艇大多也可以修復，但對於侵略英國這個最高目標而言，德國海軍已不再是重要的威脅。

第十六章　挪威戰役的終局

第十七章
政府崩解

　　在挪威短暫的軍事行動中，發生了許多令人失望和不幸的事件，這在國內引發了深刻的震動，即便是那些長期以來最少參與、最冷漠的人，也開始情緒激昂。反對黨要求就戰爭的形勢進行辯論，這場辯論被安排在1940年5月7日舉行。當天，下議院擠滿了神情激動且悲痛的議員們。張伯倫先生在開始時的宣告，未能平息此起彼落的敵意。在嘲諷聲中，他的發言屢次被打斷。人們要求他回憶起4月5日的演講；當時，他在另一個場合輕率地宣稱「希特勒錯失了良機」。首相解釋了我的新職位，以及我與三軍參謀長的關係；並在答覆赫伯特‧莫里森先生的詢問時，明確說明在挪威戰役中，我尚未獲得此權力。下議院中，來自執政黨和反對黨的議員們紛紛發言，以極為嚴厲和激憤的態度，抨擊政府，尤其是針對領導者。發言者發現他們獲得了整個下議院的支持，四面八方的歡呼聲越來越響亮。而渴望在新的戰爭中建立功勳的羅傑‧凱斯爵士，對海軍參謀部在特隆赫姆行動中的失敗提出了尖銳批評。他表示：「當我看到局勢變得如此不利時，我始終不斷地懇求海軍部和戰時內閣，讓我承擔全部責任，並領導艦隊進攻。」他身穿海軍元帥的制服，以符合當時下議院情緒的方式，提出技術性詳細資料，並以專家的權威為反對黨的指責助威。坐在政府後排的艾默里先生，在響徹下議院的歡呼聲中，引用克倫威爾對長期議會所說的專橫話語：「你們在這裡坐得太久了，再也不會有什麼作為。我說，你們走開！讓我們從此一刀兩斷。看在上帝的面上，走吧！」這句令

第十七章　政府崩解

人痛心的話，竟然出自一位多年來的朋友和同事、一位同樣代表伯明翰區的議員，以及一位聲名卓著的樞密顧問官之口。

次日，即5月8日，儘管議會中的辯論在討論休會動議時仍在繼續，但其性質實際上已經轉為不信任決議。赫伯特·莫里森先生代表反對黨宣布，他們要求進行信任投票。首相再次起身，接受了這一個挑戰，並在一段不幸的發言中向他的支持者們呼籲，希望獲得他們的支持。他有權提出這樣的請求，因為過去他的這些朋友曾支持過他的各種決策與不決策，因此，在那些戰前的「被蝗蟲侵蝕的年代」中，應該共同承擔責任。然而，如今他們感到羞愧，保持沉默，甚至其中一些人已經加入了反對派，展開敵對的行動。這一天，勞合·喬治先生在下議院作出了最後一次具有決定性的干預。在一場不超過20分鐘的演說中，他對政府領導人進行了充滿敵意的攻擊。他試圖為我辯解：「我並不認為海軍大臣應對在挪威發生的一切負全責。」我立即插話宣告：「我對海軍部所作的一切負全責；我也願意承擔應該負的全部責任。」勞合·喬治先生警告我，別為了掩護同僚而將自己變成一個防空洞，然後將矛頭轉向張伯倫先生說：「現在不是誰是首相朋友的問題。當前的問題要大得多。首相曾經呼籲大家作出犧牲。全國都準備作出各種犧牲，但有一個條件，那就是國家必須有領導的人物，政府必須明確表示其目標，全國必須能相信領導者正在盡最大努力。」他最後說：「我莊嚴地宣告，首相應該以身作則，首先作出犧牲，因為在這次戰爭中，沒有比首相放棄自己的職位更能促進勝利的了。」

作為內閣成員，我們全體一致團結。陸軍大臣和空軍大臣都已經發言，我自願承擔結束辯論的演說任務。這不僅是出於對我所服務的領導者的忠誠，也因為在以有限的軍力援救挪威的冒險行動中，我扮演了重要角色。我的演講儘管屢次被主要來自工黨反對黨的聲音打斷，但我竭盡全

力試圖讓政府重新掌控下議院。回想工黨過去的錯誤與危險的和平主義立場，特別是在戰爭爆發前 4 個月他們一致反對徵兵，我在發言時感到振奮。我認為有資格批評他們的唯有我和少數志同道合的朋友，而非他們。當他們打斷我時，我立即反擊且蔑視，幾次喧囂聲大作，幾乎讓我的發言無法被聽清。然而，從始至終，他們的怒火明顯不是針對我，而是對首相而發。我竭力不顧一切為首相辯護。當我在 11 點鐘坐下時，議會進行投票，結果政府獲得 81 票的多數，然而有 30 名保守黨人支持工黨和自由黨投下反對票，另有 60 名保守黨人棄權。這場辯論和投票結果，即使在形式上沒有，實際上無疑強烈表現出下議院對張伯倫先生及其政府的不信任。

辯論結束後，首相邀我前往他的辦公室。我很快察覺到，他對下議院的態度持有最嚴峻的看法。他認為自己無法再繼續執政，主張必須建立聯合政府，因為單一政黨無法承擔這樣的重責。必須有人籌組一個多黨參與的政府，否則，我們將難以度過危機。辯論中的敵意發言令我激動不已，然而我對自己在過去爭端中的立場充滿信心，因此，我堅決主張繼續奮鬥。「這次辯論對我們不利，但你仍擁有穩定的多數支持。不要因為這件事而感到灰心。挪威的情勢實際上比向下議院報告的要好。應該從各方面加強你的政府，繼續奮鬥，直到多數拋棄我們為止。」這是我的建議，但張伯倫先生並未因此感到信服或安慰。當我在午夜前後離開他的時候，心中清楚感覺到，若無其他意外，他必定會堅持自我犧牲的決心，而不願嘗試繼續維持單一政黨政府來領導作戰。

1940 年 5 月 9 日早晨發生的事情，如今我記不太清了，但有如下情況。金斯利・伍德爵士，作為首相的同事和好友，與首相保持著極為緊密的關係。他們長期合作，彼此之間有著充分的信任。從伍德爵士那裡，我了解到張伯倫先生已經下定決心重新籌組一個聯合政府，並且決定如果他

第十七章　政府崩解

無法擔任政府首腦,他願意將此職位讓給他信任且有能力的人。因此,到了下午,我感覺自己可能會被委以領導者的重任。這個情景既未讓我感到興奮,也未讓我驚慌失措。我認為,在當時的形勢之下,這是最為妥當的方案。我心安理得地等待局勢的發展。下午,首相邀我前往唐寧街,在那裡我見到了哈利法克斯勳爵。經過一番對時局的討論後,我得知艾德禮先生和格林伍德先生將在幾分鐘後到訪,一同進行磋商。

待他們抵達後,我們圍坐於桌邊,三位內閣成員在一側,兩位反對黨領袖在另一側。張伯倫先生闡述籌組聯合政府的重要性,並試探工黨是否願在他的領導下參與。此時,工黨正在伯恩默思召開會議。雙方交談和氣,但工黨領袖在未與黨內成員商討前,顯然不願作出承諾,然而,他們暗示工黨可能會不支持。隨後,他們離開。午後陽光明媚,哈利法克斯勳爵與我在唐寧街 10 號的花園裡小坐,隨意閒聊。接著,我返回海軍部,整個晚上直到午夜,都在處理繁忙的公務。

1940 年 5 月 10 日天明後,馬上傳來重大消息。海軍部、陸軍部及外交部不斷送來裝有電報的信盒。德國人已經開始展開他們期待已久的攻擊。荷蘭與比利時同時遭到入侵,兩國多處邊界已被突破。德國軍隊對低地國家與法國的全面行動已經展開。

約莫在 10 點鐘左右,金斯利・伍德爵士拜訪了我,他剛剛與首相會面。他告知我,張伯倫先生因當前戰爭迫在眉睫,認為自己有必要繼續擔任職務。金斯利・伍德向他指出,情況正好相反,鑑於新的危機,成立聯合政府更為迫切,因唯有全民團結的政府方能應對危機。他還提到,張伯倫先生已經認同這個觀點。11 點時,我再次接到首相的召喚,前往唐寧街。在那裡,我又見到了哈利法克斯勳爵。我們坐在桌子的一側,面對著張伯倫先生。他告訴我們,他深知組織聯合政府已非他所能及。來自工黨

領袖的回饋讓他對此毫無疑問。因此，當前的問題是，一旦他個人辭職獲准後，應該向國王推薦誰來組閣。他的態度鎮定自若，從容不迫，專注於討論問題，似乎完全不涉及個人因素。他透過桌子凝視著我們。

在我的政治生涯中，曾經有過許多次關鍵的對話，而這次無疑是最重要的一次。通常我會長篇大論，但這次卻保持沉默。張伯倫顯然心中記著在兩個夜晚之前下議院的紛擾場景，當時我與工黨成員展開了激烈的辯論。儘管我這樣做是為了支持並辯護他，但他認為這可能阻礙我在關鍵時刻獲得工黨的支持。我不記得他當時具體說了什麼，但其意義即是如此。他的傳記作者法伊林指出，他更希望哈利法克斯勛爵來組閣。由於我保持沉默，我們的對話中斷了很久。這段靜默似乎比紀念休戰日的兩分鐘還要漫長。片刻之後，哈利法克斯終於開口。他表示，由於他是上議院議員，沒有下議院席位，在這種戰爭時期，很難執行首相的職責。若他成為首相，將對一切負責，但缺乏領導下議院的權力，而任何政府的存在都依賴下議院的信任。他這番話持續了幾分鐘。當他說完時，責任顯然落在我的肩上——事實上，的確如此。於是我才首次發言。我表示在國王命令我組閣之前，不會與任何一個反對黨交換意見。這次重要的對話就此結束。隨後，我們恢復了平常的輕鬆與隨意；多年來，無論在朝在野，我們都在英國政治舞臺的友好氛圍中共事，彼此相處一向輕鬆隨意。後來，我返回了海軍部，那裡自然有許多事等待著我。

荷蘭的閣員們此刻正在我的辦公室。他們剛從阿姆斯特丹飛抵，面容憔悴不堪，目中盡顯驚恐之色。他們的國家在毫無徵兆或警告下，遭受突如其來的襲擊。大炮與坦克如洪水般越界而來，戰火四起。當敵人遭遇抵抗，荷蘭邊防部隊開火還擊時，隨之而來的是大規模的空襲。荷蘭全國陷入一片混亂；早已籌備的防禦計畫立即啟動，堤防被破壞，洪水泛濫。然

第十七章　政府崩解

而，德軍早已突破外圍防線，正沿著萊茵河岸長驅直入，內線的格拉夫林防線已經被突破，同時須德海的堤道也受到威脅。我們能有何方法加以阻止嗎？幸運的是，我們在不遠處駐有一支小型艦隊，立即奉命轟炸堤道，對侵略者造成重大損傷。荷蘭女王仍在國內，但似乎她已無法久居當地。

這些討論的結果之一是，海軍部向我們附近的所有艦隻發出了大量指令，並與荷蘭皇家海軍建立了密切的聯繫。儘管荷蘭的官員們對於挪威和丹麥最近被征服的事件記憶猶新，但他們似乎仍無法理解，直至前一晚還對荷蘭表示友好的「偉大德國」，竟然會突然發起如此可怕而殘酷的襲擊。為了解決這些及其他問題，時間在一、兩個小時內迅速流逝。受到德軍推進影響的各個邊境傳來的電報如潮水般湧進。德國舊有的施里芬計畫已經擴展到荷蘭，並以適應新局勢的規模，現在似乎已經充分實施。1914年，德國侵略軍的右翼迂迴前進，衝過比利時，但在荷蘭邊界止步。當時，人們都知道，如果戰爭推遲個3、4年爆發，德國可能準備好額外的軍團，並且鐵路終點和交通線也可能改造就緒，以便進行越過荷蘭國境的機動戰。如今，這種著名的機動戰已經開始。它具備了所有便利條件和一切施展突襲與詐術的環境。敵人的決定性打擊並非繞道側翼的迂迴運動，而是正面主力的突破。我們和法國的指揮官都未曾預見這一點。今年早些時候，我在一篇發表的談話紀錄中，根據敵方軍隊的部署、公路和鐵路的發展，以及從繳獲的德國計畫裡面明顯可見的形勢，警告這些中立國家，指出它們即將面臨的命運。然而，我的話卻引起了別人的厭惡。

在這場激烈戰鬥所引發的強大震撼中，我們在唐寧街進行的靜謐談話，在我心中逐漸模糊或消失。然而，我記得有人告訴我，張伯倫先生已經或即將去謁見國王，這是意料之中的。不久，我收到通知，要我在6點鐘前往皇宮。從海軍部經過公園大道到達皇宮，車程僅需兩分鐘。雖然我

猜測晚報上必然充斥著來自歐洲大陸的震撼消息，但對於內閣危機卻隻字未提。民眾尚未有足夠的時間去關注國內外所發生的一切，因此，在皇宮門前，並無等待的群眾。

我立刻被帶去拜見國王。國王陛下對我極為親切，邀我坐下。他用敏銳而奇異的目光凝視了我片刻，隨後問道：「你可能不明白我為何召見你吧？」我順著他的話回答：「陛下，我實在無法猜測。」他笑著說：「我希望你能籌組新政府。」我表示當然願意遵從。

國王並未要求政府必須具備全國一致的特性。我認為我的任命與此條件亦無直接連繫。然而，考慮到已經發生的一切，以及導致張伯倫先生辭職的背景，籌組聯合政府顯然是當前形勢的適宜選擇。如果我無法與反對黨的各政黨達成妥協，那麼，憲法上並不限制我嘗試組織一個最為堅實的政府，吸納所有願意在危急時期為國效勞的人，前提是這個新政府能得到下議院多數的支持。我向國王表示，我將立即會見工黨和自由黨的領袖；我提議組成一個由 5～6 名閣員組成的戰時內閣；同時，希望在午夜前讓他知道至少 5 名候選人。隨後，我辭別國王，返回海軍部。

當晚 7、8 點之間，艾德禮先生應邀來訪，隨行的還有格林伍德先生。我告知他，我已接到組織新政府的任務，並詢問工黨是否有意參與。他表示願意。我提議工黨在政府中應占超過三分之一的席位，在 5～6 人的戰時內閣中應具有兩個職位。我請艾德禮先生提供一份名單，以便我們討論具體的職務安排。我提到貝文先生、亞歷山大先生、莫里森先生和多爾頓先生，認為他們擔任高級職位是當前形勢的迫切需求。當然，艾德禮和格林伍德與我在下議院中早已相識。戰爭爆發前的 10 年裡，我在一定程度上保持獨立立場，與保守黨和聯合政府的衝突遠遠多於與身處反對黨的工黨和自由黨的矛盾。隨後，我們進行了一段愉快的短暫談話，他們便

第十七章　政府崩解

告辭，透過電話聯繫在伯恩默思的朋友和追隨者。他們在過去48小時內一直保持著密切的聯繫。

我邀請張伯倫先生接任樞密院大臣以領導下議院，他在電話中答應並表示已做好安排，決定於當晚9點向全國發表廣播，宣布他的辭職，同時呼籲全國支持他的繼任者。他在廣播中以極其豁達的語氣談及此事。我邀請哈利法克斯勛爵加入戰時內閣，並繼續擔任外交大臣。大約在10點鐘左右，我履行承諾，將5位人選的名單呈交國王。陸、海、空三軍大臣的任命極其重要，這三個職位的人選我早有腹稿。艾登先生負責陸軍部；亞歷山大先生負責海軍部；自由黨領袖阿奇博爾德·辛克萊爵士掌管空軍部。同時，我兼任國防部大臣，但對於國防部的職責範圍不作具體規定。

於是，在1940年5月10日的夜晚，當這場壯烈的戰鬥揭幕之時，我掌握了主持國政的權柄。在隨後歷時5年3個月的世界大戰中，我的權力不斷增強，直至最終，當我們的敵人無一不已無條件投降或正準備投降之際，英國選民立刻解除了我的職務，使我無法再處理他們的事務。

在這場政治危機最後幾天的繁忙之中，我始終未感到特別的激動。我對事態的發展全然接受。然而，對於閱讀這篇真實記載的讀者們，我必須坦白：當我在大約凌晨3點躺下時，我感到一種強烈的如釋重負。我終於獲得了指揮全域性的權力。我感覺自己彷彿正與命運同行，而我以往的一切生活，僅僅是為了這一刻，為了承擔這種考驗而做的準備。在過去的10年中，我在政治上處於在野地位，因此擺脫了通常政黨之間的敵對情緒。我在過去6年中所發出的警告，既頻繁又詳細，現已不幸成真，故無人能責怪我，無人能指責我發動戰爭或對戰爭準備不足。我認為我對戰爭的全面性有深刻的理解，深信不會遭到失敗。因此，雖然我迫切期盼天明，但我卻睡得很熟，無需在夢中尋求安慰，因為現實比夢想更加美妙。

怒海決戰，邱吉爾以海權在二戰初期力挽狂瀾：

決策、戰略與領導力，一場攸關國運的存亡之戰

作　　　者：	[英]溫斯頓・邱吉爾（Winston Churchill）
編　　　譯：	伊莉莎
發 行 人：	黃振庭
出 版 者：	複刻文化事業有限公司
發 行 者：	崧燁文化事業有限公司
E - m a i l：	sonbookservice@gmail.com
粉 絲 頁：	https://www.facebook.com/sonbookss/
網　　　址：	https://sonbook.net/
地　　　址：	台北市中正區重慶南路一段61號8樓 8F., No.61, Sec. 1, Chongqing S. Rd., Zhongzheng Dist., Taipei City 100, Taiwan
電　　　話：	(02)2370-3310
傳　　　真：	(02)2388-1990
印　　　刷：	京峯數位服務有限公司
律師顧問：	廣華律師事務所 張珮琦律師
定　　　價：	350元
發 行 日 期：	2025年03月第一版

◎本書以POD印製

國家圖書館出版品預行編目資料

怒海決戰，邱吉爾以海權在二戰初期力挽狂瀾：決策、戰略與領導力，一場攸關國運的存亡之戰 / [英]溫斯頓・邱吉爾(Winston Churchill)著，伊莉莎 編譯. -- 第一版. -- 臺北市：複刻文化事業有限公司, 2025.03
面；　公分
POD版
譯自：The twilight war
ISBN 978-626-7671-81-8(平裝)
1.CST: 第二次世界大戰
712.84　　　　114002611

電子書購買

爽讀APP　　　臉書